Les Canadiennes

Du même auteur

Marguerite et la Nouvelle France
*
Les Bâtisseuses
Plon, 2004

© Plon, 2005
ISBN 2-259-19903-8

Françoise Lepeltier

Marguerite et la Nouvelle France

**

Les Canadiennes

Roman

Plon

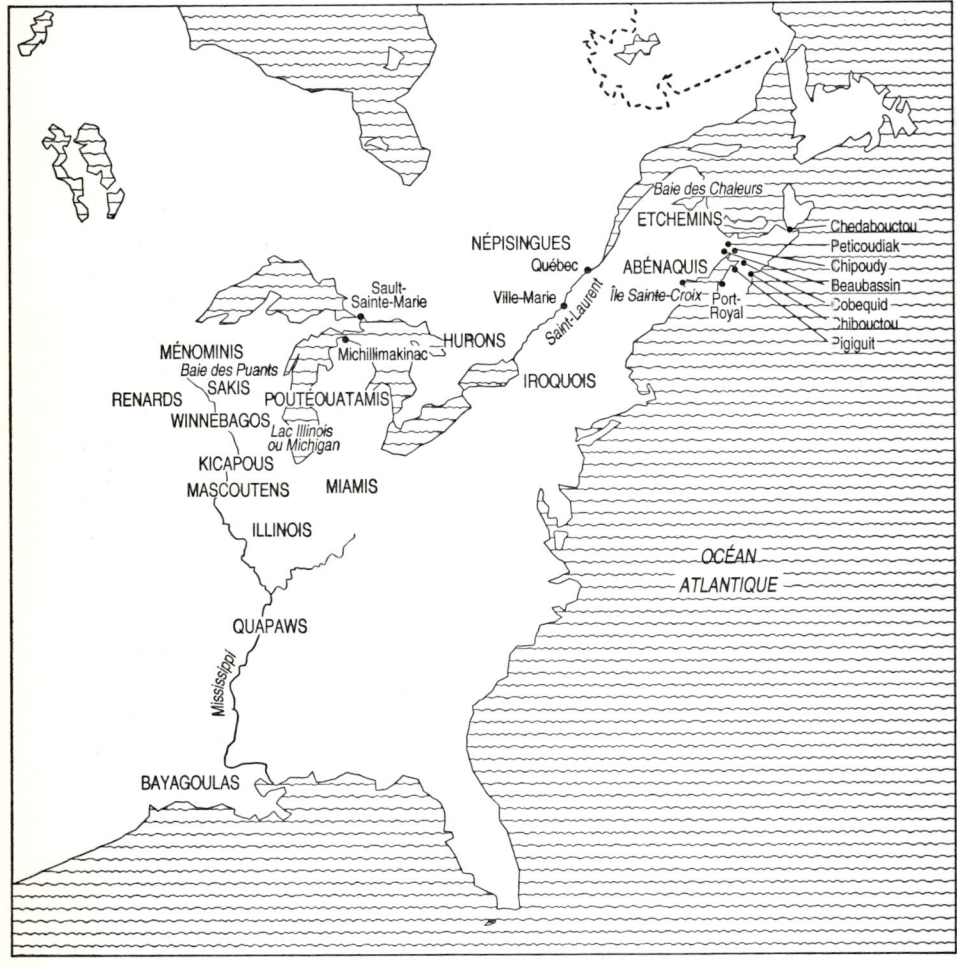

Chapitre I

La nuit est lourde et moite, chargée d'un orage hésitant qui roule ses tambours voilés de noir. De ces nuits d'août où l'été canadien semble offrir à la nature une revanche sur la froidure qui l'a tenue prisonnière pendant d'interminables mois. Furtif, le disque d'une lune rousse se faufile entre les crénelures des nuages, lançant, tel un sémaphore, de brefs éclats qui strient le grand fleuve de giclées de métal en fusion. Puis tout s'éteint à nouveau, happé dans la noirceur menaçante.

Fascinées par la lueur grésillante des chandelles, des phalènes viennent dans un bruit mat heurter les carreaux qu'elles maculent de longues traces duveteuses. Avec des couinements grinçants, des grappes de chauves-souris s'accrochent aux encorbellements du toit. Leurs petits yeux phosphorescents percent la nuit comme des lucioles. Une odeur entêtante de foin et de trèfle envahit la chambre lambrissée de pin du manoir.

Dans un geste tout à la fois de lassitude et de défi, la jeune femme défait les lacets de sa camisole de basin, qui glisse sur le parquet de bois franc. Ses longs cheveux aux reflets d'hématite ondulent jusqu'à sa croupe, accentuant l'arc de ses reins. D'un regard sans complaisance, presque dur, elle scrute cette sauvagesse dont le grand miroir au cadre chantourné lui renvoie l'image.

« Pécheresse! » s'apostrophe-t-elle avec un ricanement amer, en effleurant d'une main étrangère les courbes de sa nudité. Ses seins se font plus lourds de jour en jour. Un trait brun vertical barre le renflement naissant de son ventre. Trois lunes, voilà maintenant trois lunes qu'elle est grosse.

Cette promesse devrait la remplir de joie. Elle ne fait qu'ajouter à son trouble, à ce malaise qui la porte parfois jusqu'à l'écœurement d'elle-même. Cette nuit encore, le dégoût s'empare de tout son être. Une nuit sans sommeil, une de plus, rendue plus oppressante par l'orage, peuplée de ces fantômes obsédants, qui semblent sortir des boursouflures du tain pour lui rappeler sa faute : Réjean, Odilon, Marie-Angélique...

Aux prises avec ses hallucinations nocturnes, la jeune femme revit chacun des instants terribles qui ont fait basculer son existence. Leur succession implacable est toujours la même. Elle se voit montant vers la cabane à sucre de l'érablière. C'est le début du printemps. Des plaques de neige persistent çà et là. Ses pas font crisser le tapis de feuilles mortes. Elle a rendez-vous avec Réjean. Elle répète le discours d'adieu qu'elle a préparé... Puis, elle voit un regard fou qui la fixe : celui de Réjean tandis qu'il la violente. Elle sent le poids de son corps plaqué sur elle, ses mains qui lui enserrent les poignets, et la brûlure fulgurante dans ses entrailles. Elle entend la voix du jeune homme la suppliant de lui pardonner. Puis, c'est le trou noir. Comment est-elle redescendue de l'érablière, comment s'est-elle glissée dans le manoir pour laver les traces de l'outrage ? Elle ne s'en souvient pas.

Une autre scène vient chasser la première : Odilon souriant, ses yeux bleus posés sur elle avec fierté. Il tient son bras d'une main ferme, possessive. Ils descendent tous deux lentement la travée de la chapelle où le père Léonard vient de les unir. Sur le parvis baigné de soleil, les habitants de Saint-Ignace les félicitent. Marie-Angélique s'avance vers elle et la serre sur son cœur en chuchotant : « Anne, ma fille, ma chère fille. » Sur le visage de la maîtresse des Erables, émacié par la maladie, la jeune épousée lit la joie et la reconnaissance.

A ce souvenir, tout le corps de la jeune femme se met à trembler. « J'ai répondu à votre vœu, ma mère, et pourtant je vous ai trahie », murmure-t-elle à l'adresse de ce visage dont elle croit deviner l'ovale dans le miroir. Des larmes coulent sur ses joues. Des larmes identiques à celles qu'elle a versées sur l'oreiller de plumes du lit nuptial. Marie-Angélique avait mis tant de soin à le parer de draps de Sedan brodés du monogramme des Thal des Saugeaies ! Quelle ironie ! Et comme elle s'était méprise, le lendemain, devant le visage angoissé de sa bru ! « Il reviendra, n'aie crainte, le Seigneur y pourvoira », l'avait-elle rassurée. Odilon venait d'embarquer sur la goélette dépêchée par le gouverneur général... C'était le 1er juin 1689.

La guerre était sur le point d'éclater entre la France et l'Angleterre. Guillaume d'Orange, stathouder de Hollande, qui venait de se faire couronner en lieu et place de son beau-père, Jacques II, avait rejoint la ligue d'Augsbourg. Toutes les cours d'Europe levaient leurs armées contre Louis le quatorzième. Pour cet imperator, l'antiquaire Ouvrier venait de sculpter l'emblème d'un soleil dardant ses rayons sur le globe avec cette devise : *Nec pluribus impar*, inspirée de celle de Philippe II d'Espagne.

Quelques mois avant l'ouverture des hostilités, le gouverneur de la Nouvelle-France, le Marquis Jacques-René de Brizay de Denonville, avait averti Versailles que plusieurs tribus indiennes, les Agniers, les Onneiouts, les Onontagués, les Goyogouins et les Tsonnoutouans, se préparaient à reprendre leurs raids barbares sur les établissements français. Mais, disait-il, le véritable ennemi, celui qui armait les Iroquois, était l'Anglais, en la personne du gouverneur de New York, Thomas Dongan. Denonville suggérait que les Français attaquent les premiers. Ils pouvaient, avançait-il, anéantir les villages iroquois en mettant à profit l'expérience des Canadiens, qui avaient appris dès leur prime jeunesse à se battre comme les sauvages. Les Iroquois une fois décimés, on pourrait s'emparer des colonies anglaises. L'idée de Denonville n'était pas neuve : l'industrieux et visionnaire intendant Jean Talon avait proposé en 1667 de prendre « Manatte et Orange ou par voie de conquête ou par celle d'acquisition ». Son successeur Duchesneau, lui aussi, avait voulu acheter cette Manatte devenue New York, afin de supprimer la rivalité marchande des Anglais et d'asseoir définitivement le monopole français des fourrures.

Tout aussi prudent que son père Colbert auquel il avait succédé, le ministre Seignelay rejeta la proposition de Denonville, se limitant à la vague promesse de lui envoyer huit cents hommes de troupe pour aller sus à l'Iroquois. Mais le gouverneur n'avait pas même attendu sa réponse : prenant les devants, il avait lancé ses miliciens contre les Tsnonnoutouans, tentant de disloquer le front iroquois et d'amener les vaincus à négocier. Les pourparlers, malheureusement, n'aboutirent pas, et la guérilla reprit de plus belle. Les Agniers attaquèrent Contrecœur, Saint-Ours, Sorel et Saint-François, à quelques lieues seulement de l'île de Montréal, brûlant les maisons et les granges, égorgeant le bétail.

Après l'échec de l'expédition contre les Tsonnoutouans, Hector de Callières, le gouverneur de l'île de Montréal, le poste le plus vulnérable, émit des doutes sur la détermination du gouverneur général, qui tantôt ferraillait contre l'ennemi tantôt négociait avec lui. Le printemps de cette année 1689 venait de poindre quand Callières se rendit en France, bien décidé à convaincre le Marquis de Seignelay que Denonville n'était pas l'homme de la situation. Il lui donna pour preuve la manière dont le gouverneur général s'était laissé gruger par son allié, Kondiaronk, dit le Rat. C'était en effet le chef des Hurons qui avait fait échouer la tentative de paix avec les Tsonnontouans, craignant que la fureur des Iroquois ne se retourne contre son peuple.

Callières ne s'arrêta pas là. Reprenant à son compte les idées de conquête de Denonville, il réussit à démontrer à son interlocuteur que l'on pouvait aisément, avec l'appui de deux navires de guerre et quelque deux mille hommes de troupe et miliciens remontant la Richelieu, le lac Champlain, puis la vallée de l'Hudson, se rendre maître d'Albany et de New York. Ces deux bastions anglais, affirma-t-il, ne disposaient respectivement que de quatre cent cinquante et cinq cent cinquante défenseurs. Le ministre Seignelay écouta avec attention les arguments de Callières, ne promit rien, mais informa aussitôt le roi.

Deux mois après cette entrevue, en juin 1689, les hommes de la milice de Saint-Ignace, rassemblés par le capitaine René Jolicœur et placés sous le commandement d'Odilon et de Quentin des Saugeaies, embarquaient dans les chaloupes. Le gouvernorat de Jacques-René de Brizay de Denonville touchait à sa fin. Le roi venait de lui faire savoir qu'il requérait ses services auprès de lui. Il le nommait sous-gouverneur de son petit-fils, le duc de Bourgogne – une manière élégante de le désavouer.

Le nom de son successeur était déjà connu : Louis de Buade de Frontenac. Grâce au revirement obtenu par Callières, Louis XIV lui donnait l'ordre de s'emparer de New York et d'Albany par voie de mer et de terre. Lors de son entrevue avec le ministre Seignelay, le gouverneur de l'île de Montréal avait-il fait valoir que cette conquête serait non seulement territoriale mais aussi religieuse ? Toujours est-il que le roi qui, quatre ans plus tôt, avait révoqué l'édit de Nantes, posait une condition : la conquête achevée, Frontenac ne devrait souffrir dans le pays que des sujets catholiques et reconnaissant la souveraineté du roi de France. « A l'égard de tous les autres étrangers, hommes, femmes et enfants, Sa Majesté trouve à propos qu'ils soient mis hors de la colonie et envoyés à la Nouvelle-Angleterre et la Pennsylvanie ou en d'autres endroits. »

La nomination de Frontenac surprit les habitants de la colonie. C'était en effet pour eux une vieille connaissance : déjà, de 1672 à 1682, il avait exercé les fonctions de gouverneur de la Nouvelle-France, laissant le souvenir d'un autocrate au tempérament sanguin. Ses abus de pouvoir, la traite éhontée qu'il pratiquait et ses querelles sans fin avec monseigneur François de Laval avaient fini par irriter jusqu'au monarque et provoquer son renvoi. Mais malgré ses excès, il était aussi l'homme qui avait donné « le repos, l'abondance et la sûreté » à la colonie. Et ce souvenir l'emportait sur le reste.

Durant sa semi-retraite en France, Onnontio, « la Grande Montagne » – surnom que les sauvages donnaient au plus puissant personnage de la colonie – sut se faire discret, vivant des largesses du maréchal de Bellefonds dont il était l'hôte. Et Louis XIV fit de nouveau appel à lui. Le souverain avait besoin de la pugnacité de cet homme d'épée, portant beau ses soixante-sept ans, et de sa connaissance du Canada et de ses habitants. Le monarque prit toutefois ses précautions. Les instructions qu'il donnait à Frontenac dictaient « la nécessité de procurer la paix » au pays; l'ordre de ne se livrer à « aucun commerce » sous son nom; la recommandation de vivre « en bonne intelligence avec l'évêque de Québec »; et celle d'assister les Jésuites « sans néanmoins souffrir qu'ils ne portent l'autorité ecclésiastique plus loin qu'elle ne doit aller ». Preuve que le roi n'ignorait rien des chicanes de prérogatives et de préséances opposant le pouvoir séculier au pouvoir religieux en Nouvelle-France.

Ces changements à la tête de la colonie importaient peu aux miliciens de Saint-Ignace, pour lesquels la guerre n'avait qu'un seul but : anéantir les nations iroquoises qui terrorisaient les habitants depuis près d'un demi-siècle. Et si, par la même occasion, on pouvait pousser jusqu'en Nouvelle-Angleterre et faire passer aux Anglais l'envie d'armer ces fourbes, ma foi !

Odilon n'était pas le dernier à vouloir en découdre. Il était sûr d'une victoire rapide, affirmant même à Anne qu'ils ne feraient qu'une bouchée de l'ennemi. Lui et ses hommes seraient revenus pour la Saint-Jean-

Baptiste, avait-il promis à sa jeune épouse. Elle revoyait la haute silhouette de son mari face aux soldats de la milice alignés devant René Jolicœur, tous mousquet à l'épaule et tapabord noir enfoncé sur les yeux... Le capitaine avait entrepris de les compter, pour s'apercevoir bien vite qu'il en manquait un : Réjean. Jamais Anne ne pourrait oublier comment, frémissant de colère, le capitaine avait marché sur Manon pour l'apostropher en ces termes insultants :

« Ton gars est qu'un déserteur, tu sais c'qu'on leur réserve aux déserteurs, et t'avise pas de l'cacher ! J'le retrouverai, crénom, j'le retrouverai c'te foutriquet ! » Hors d'elle, Manon avait bien failli le frapper : « Mon gars, déserteur, qu'est-c'est c'te menterie, ça s'peut pas, t'entends ! » Chacun savait, à Saint-Ignace, que la sage-femme détestait Jolicœur qu'elle considérait comme un intrigant.

« Ça t'a donc point suffi d'prendre la place qui revenait à mon Simon à la tête d'la milice, faut qu'tu salisses sa mémoire en nous insultant ! », poursuivit Manon, les poings serrés, tremblante. Tout en l'invectivant, elle ne cessait de fouiller du regard les fourrés d'où n'allait pas manquer de surgir son garçon. Mais les chaloupes s'éloignèrent une à une vers le milieu du fleuve, sans que Réjean réapparût. Sur la berge, Anne n'eut pas la force de répondre aux signes d'adieu que lui adressait Odilon.

« Odilon, Réjean... » En cet instant, la jeune femme s'en souvient, ce n'était pas Marie-Angélique mais Manon qu'elle avait eu envie de prendre dans ses bras. Instinctivement, sa main se crispe sur le médaillon d'argent qu'elle porte au cou, tandis qu'elle scrute désespérément le miroir où seule se reflète son image. « Mère, mère, pourquoi m'avez-vous quittée ? gémit-elle tout bas. J'ai tant besoin de vous... » La détresse la submerge, alors qu'elle se remémore cette relevée où Marie-Angélique de Thal des Saugeaies, sa mère adoptive et belle-mère, s'est éteinte.

Peu après le départ des miliciens, l'état de Marie-Angélique s'était mis à empirer. Anne et Manon se relayaient jour et nuit à son chevet, oubliant leurs dissensions dans la tendresse et le dévouement qu'elles lui portaient toutes deux. Ivre de veille et de fatigue, Anne s'efforçait de ne pas penser à Réjean, ni à cet embryon de vie dont elle soupçonnait déjà l'existence dans son ventre. Mais quand, quelques minutes seulement avant sa mort, Marie-Angélique avait posé la main sur son giron, la douleur était revenue comme un coup de poignard. Dans ce brouillard précédant le sommeil éternel, Marie-Angélique avait deviné qu'Anne, sa fille adoptive, sa bru voulue et choisie pour son fils Odilon, portait le fruit qui perpétuerait la lignée.

La jeune femme voulut lui confier ce doute qui la torturait, mais l'agonisante ne l'entendait déjà plus. Dans l'étreinte qui les réunit une dernière fois, le bijou que portait Anne, dissimulé dans un pochon de cuir, se détacha. A la vue de ce petit médaillon d'argent gravé de deux colombes tenant un cœur dans leur bec, le visage de Marie-Angélique s'illumina d'un sourire extatique. « Fleur, Fleur, c'est bien toi, je le savais, je l'ai toujours su ! », souffla-t-elle. Ce furent ses dernières paroles. Une soudaine béatitude vint apaiser ses traits, lui redonnant l'apparence de la jeune fille qu'elle était, vingt-six ans plus tôt. Anne, pétrifiée, fut incapable de faire un geste. A fortiori de parler.

C'est Manon qui, secouée de sanglots, avait fermé les yeux de son amie. Tout autour du lit mortuaire, elle alluma des chandelles qui brûlèrent jusqu'au matin. Agenouillées devant la gisante, Anne et Manon prièrent toute la nuit en silence, côte à côte.

Le lendemain, devant les femmes de la paroisse – hormis Ti-bosse et les gamins, tous les hommes étaient partis à la guerre –, le père Léonard prononça l'oraison funèbre de la maîtresse des Erables. D'une voix éraillée par l'émotion, il évoqua le jour où il l'avait accueillie dans sa paroisse. Il rappela les douleurs qu'elle avait surmontées avec un courage exemplaire, souligna l'infinie bonté avec laquelle elle avait toujours traité ses gens. Il cita en exemple la dévotion qui l'amenait à entreprendre chaque année le pèlerinage de Sainte-Anne-de-Beaupré. Pour terminer, il loua la générosité qui lui avait fait recueillir la petite sauvagesse à laquelle elle avait donné son fils unique.

« Générosité, sauvagesse, fils unique... » Un mois s'est écoulé depuis l'enterrement de Marie-Angélique, et pourtant, Anne entend toujours ces mots résonner dans sa tête. Nue devant son miroir, elle se frappe la poitrine, comme elle le fit ce jour-là devant la dépouille de sa mère adoptive...

Ti-bosse, le marguillier, et l'un de ses fils avaient transporté le cercueil jusqu'au cimetière moussu, face au fleuve. Dans la tombe où ils avaient fait glisser le linceul reposaient déjà les enfants mort-nés de Marie-Angélique. Anne était restée avec Manon sur le seuil de la chapelle, car seuls les fossoyeurs et le curé procédaient à la mise en terre. Il lui semblait encore sentir sur elle les regards des commères de la paroisse, regroupées autour de Mathurine, la femme de Jolicœur. Elle entendait leurs chuchotements :

« La v'là maîtresse du manoir. Qui aurait dit?! Faudra-t-y lui donner du vôt' seigneurie? A une sauvagesse! » Et Mathurine d'ajouter, avec un regard chargé de mépris à l'adresse de Manon : « Et c'te bâdrante qui lui fait des grâces! Qu'elle en oublie qu'elle est la mère d'un déserteur!

– Maudite fieufie! J'pourrais en bavasser sur ton compte! grommela Manon en prenant ostensiblement Anne sous la protection de son bras rondelet. Foin d'nôt' chicane, pas vrai, ma toute belle, on a ben trop d'la misère », ajouta-elle.

Brisée par le chagrin et le remords, c'est seulement bien plus tard qu'Anne pensa à interroger Manon sur le sens des dernières paroles prononcées par Marie-Angélique. Elle espérait que la sage-femme, qui connaissait sa tutrice depuis son arrivée aux Érables, l'éclairerait. Pourquoi ce mystérieux médaillon, que lui avait confié jadis sa vraie mère, avait-il fait jaillir ce prénom énigmatique : « Fleur, Fleur... » ? Mais Manon ne connaissait pas Fleur d'églantine. Tout juste savait-elle qu'elle avait été enlevée par un Iroquois et que Marie-Angélique s'en tenait pour responsable. La sage-femme se désolait de ne pouvoir en dire plus.

Anne l'avait remarqué, l'attitude de Manon à son égard avait changé du tout au tout depuis le jour où Marie-Angélique avait prononcé ces mots sibyllins. Jusqu'à ce brusque retournement, la jeune métisse savait bien que la matrone ne la portait pas dans son cœur – c'était même peu dire ! Manon ne l'appelait que « ct'e sauvagesse, c'te graine d'ivraie ». Il fallait la présence de Marie-Angélique pour qu'elle se décide, à regret, à articuler le prénom chrétien de la jeune métisse : « Anne ».

C'est en effet sous ce nom que le père Léonard l'avait baptisée le jour de la fête des semailles, le 25 avril 1680, peu après son arrivée au manoir. Jusque-là, elle ne s'appelait que Petite Plume, et le monde se résumait pour elle à la hutte longue faite d'écorce de bouleau et tapissée de résineux que sa mère, Gaguesca, avait dressée dans une clairière. Livrées à elles-mêmes, la mère et la fille se nourrissaient des produits de leurs pièges et de leur pêche, arrachant les racines des quatre saisons, l'anonque et le barragan, cueillant les bleuets, les atocas des marais, les fraises des champs et les baies de l'amélanchier. Puis un matin de mars 1680, elles avaient découvert Simon Peltier, grièvement blessé par un loup-cervier.

Sans leur intervention et les soins qu'elles lui avaient prodigués, il serait mort. Pour leur témoigner sa reconnaissance, il leur jura de les arracher à leur ignominieuse condition et de les ramener avec lui à Saint-Ignace. Mais les rivières calaient déjà quand ils purent se mettre en route. La glace du lac Noir n'était plus qu'une pellicule friable, qui céda sous le poids de Gaguesca... Le linceul translucide se referma sur la malheureuse sans que ni Simon ni Petite Plume puissent lui porter secours. Simon en conçut une culpabilité dévorante, que les délires où le plongeait sa blessure mal refermée ne faisaient qu'aggraver. Sa jambe droite était gangrenée jusqu'au genou quand ils parvinrent à Saint-Ignace. Maître Thomet, un ancien chirurgien naviguant, n'eut pas d'autre choix que d'amputer le blessé. Sous l'empire des narcotiques, Simon prononçait sans cesse le nom de Gaguesca et celui de Petite Plume, si bien que Manon en conçut une haine jalouse envers la mère et la fille. Elle ne tarissait pas d'imprécations contre ces diablesses, ces sorcières qui lui avaient pris le corps et le cœur de son homme – et son ressentiment ne devait faire que s'accroître tout au long des années.

L'affection même que Manon vouait à Marie-Angélique fut ternie par sa décision d'adopter Anne. Avec son caractère entier, la sage-femme voulut empêcher cette « folie » qui, disait-elle, ne pouvait apporter que malheur et calamités sur leur petite communauté. Ce jour-là, en présence de sa pupille, Marie-Angélique remit Manon vertement à sa place, lui rappelant son rang, chose à laquelle elle n'aurait jamais seulement songé auparavant. Leur amitié, soudée par les épreuves et le labeur partagé, avait jusqu'ici fait table rase de cette distance qu'imposait le régime seigneurial. Depuis, chaque fois qu'elle croisait Anne, Manon maugréait : « J'dis rien, mais j'en pense pas moins. »

Les troubles circonstances de la mort de Simon et l'amour naissant entre Anne et Réjean ne firent qu'alimenter l'animosité de Manon à l'encontre de la jeune fille. La sage-femme ne commença à se radoucir un peu qu'à la perspective de se remarier avec Télesphore. Elle avait beau prétendre ne convoler que pour échapper à la situation inconfortable de veuve à la charge de ses enfants, elle ne pouvait dissimuler son attirance pour le solide charpentier à la crinière rousse. Devant les femmes de la paroisse, elle se vantait même de son futur statut de bourgeoise – elle qui s'était tant gaussée des gens de la ville !

Lors de ses secondes noces, célébrées le même jour que celles d'Anne et Odilon, Manon s'abstint de toute remarque désobligeante à l'égard de la pupille de

Marie-Angélique. A l'exception d'une seule, qui parvint malencontreusement jusqu'aux oreilles d'Anne, alors qu'Odilon et elle venaient d'échanger leurs consentements : « Voilà une bonne chose de faite ! glissa la sage-femme à l'oreille de Télésphore. Au moins, elle tournera plus autour de mon Réjean. »

Anne en fut profondément peinée. Manon la détesterait toujours, rien n'y ferait.

Et il avait suffi d'un nom prononcé par une mourante pour que tout change ! Avec la même impétuosité qui, la veille encore, lui faisait vouer « la sauvagesse » aux gémonies, Manon l'avait soudain prise sous son aile. Bien plus, elle avait décidé de s'installer pour de bon au manoir afin de veiller sur Anne. Elle lui annonça la nouvelle alors qu'elles allaient toutes deux déposer des fleurs sur la tombe de la défunte. « C'est bien l'moins qu'je dois à nôt' chère Marie-Angélique. J'lui en ai fait la promesse », expliqua-t-elle à la jeune femme d'un ton qui ne souffrait pas la contradiction. Déjà, la veille, après l'enterrement, elle n'avait pas quitté Anne d'une semelle.

Déroutée par cette soudaine sollicitude, Anne protesta qu'elle pouvait fort bien rester seule : au nom de quoi aurait-elle privé Manon de l'affection de son nouvel époux et de ses enfants ? Mais la sage-femme balaya d'un geste ses scrupules. Elle avait réponse à tout : Télésphore s'en était reparti pour la rivière Saint-Charles, où l'on achevait de construire sur ses plans les transports de troupes qui devaient remonter la Richelieu ; ses trois derniers enfants étaient casés : Mathieu travaillait comme apprenti sur le chantier naval, Benoît était valet de ferme chez son aîné Corentin, quant à Luc, hébergé chez Nicolas, il gardait aussi bien les quatre marmots d'Adèle que les pourceaux et les poules. En fait, sans qu'elle le lui avoue, Anne devina que la sage-femme préférait vivre au manoir plutôt que de tourner en rond chez sa belle-fille ou d'étouffer derrière les palissades de Ville-Marie.

« Et Marie-Reine ? » demanda Anne, s'inquiétant pour son amie d'enfance. Elle savait que la dernière fille de Manon pâtissait de l'amour exclusif que portait sa mère à son frère Réjean, de deux ans son cadet. Depuis la naissance de l'enfant chéri, Marie-Reine avait été un peu laissée pour compte. Anne s'était toujours efforcée de faire participer cette fille timide, un peu renfermée, à ses jeux, puis à ses lectures et à sa musique. Au cours de leur adolescence, une amitié et une tendresse mutuelle avaient grandi entre elles, simplement, sereinement, sans démonstration excessive. À de très rares occasions, Marie-Reine montrait qu'elle réprouvait l'attitude bornée de sa mère envers Anne. Mais la plupart du temps, elle obéissait à Manon, sans broncher.

« Marie-Reine va s'en venir tantôt nous retrouver, répondit Manon. Comme tu le sais, la Thérèse, l'aînée de Ti-bosse, a marié un gars de Bécancour. Elle le fréquentait depuis la fête des sucres. Y'a donc point d'servante présentement au manoir. Eh bien, Marie-Reine fera aussi bien l'affaire. C'est qu'y a d'l'ouvrage dans c'te demeure ! »

Anne avait compris qu'il était inutile de vouloir s'opposer à Manon. D'ailleurs, l'idée d'avoir Marie-Reine auprès d'elle lui mettait du baume au cœur. Sa patience et sa gentillesse tempéreraient les excès d'autorité de la sage-femme.

Les jours passant, Anne s'était habituée à ces présences réconfortantes ; aux pas feutrés de Marie-Reine, qui avait toujours peur de la déranger ; à la surveillance inquiète de Manon. Tous les jours, à l'heure du couchant, elle se rendait sur la tombe de sa mère adoptive. Ce rituel l'apaisait. Elle traversait le jardin d'agrément planté par Marie-Angélique, redressait les tiges des lys martagons qui inclinaient leurs étoiles carmin, arrachait quelques herbes folles au pied des massifs de « cœur-qui-saigne », frôlait de la main les gouttes d'azur des hampes de lupins, enfouissait la tête dans le bosquet de viburnums au parfum de miel. Puis elle cueillait quelques marguerites, des gaillardes dont elle faisait un bouquet. Elle en fleurirait le tertre où reposait Marie-Angélique. Chemin faisant, elle croisait les femmes qui revenaient des champs, où elles remplaçaient leurs hommes partis à la guerre. Elle passait devant elles sans les voir : déjà, en pensée, elle était auprès de la morte.

Arrivée au cimetière, elle s'asseyait sur un bloc de granit surplombant les eaux mordorées et froissait nerveusement quelques pétales du buisson de roses qui ployait son dais au-dessus de la tombe. Alors, seulement, elle entamait à haute voix un soliloque qui n'était pas sans rappeler les invocations des chamans aux esprits des défunts.

Parfois, elle réunissait Marie-Angélique et Fleur dans une même plainte interrogative. Agenouillée au pied du tertre, doucement, tendrement, elle caressait du plat de la main la mousse qui le recouvrait : « Oh, marraine, que n'êtes-vous ici pour me guider, pour me dire qui je suis, de cette sauvagesse que vous avez recueillie ou de l'enfant de Fleur d'églantine, votre amie, votre sœur ! Elle devait être si jolie ! Je ne lui ai connu qu'un regard triste, savez-vous ? Il n'y avait que lorsqu'elle chantait des psaumes ou des comptines pour atténuer la misère dans laquelle nous vivions, que ses yeux brillaient. »

Parfois aussi, elle s'adressait gaiement à la morte sur le ton de la conversation. Déambulant devant la tombe, elle lui contait la vie au manoir, les dernières trouvailles culinaires de Manon pour réveiller son appétit, gourmandant Marie-Angélique de lui avoir légué une « nourrice » si tatillonne : « Elle me couve comme une mère poule ! Elle est parfois un peu pesante – admettez-le – à vouloir tout savoir de mes mouvements ! Tout juste si elle ne couche pas au pied de mon lit ! »

Rien n'eût pu empêcher ce rendez-vous quotidien.

C'est pourquoi tout à l'heure aussi, faisant fi du temps menaçant, elle a pris le chemin du cimetière malgré les protestations de Manon. Elle voulait relater à Marie-Angélique les nouvelles que Ti-bosse venait de glaner à Ville-Marie. Accroupie sur la mousse, elle a commencé son récit avec entrain :

« Vous aurez peine à le croire, ma mère, mais ce brave Ti-bosse a été bien disert. Lui auquel, d'habitude,

Les Canadiennes

il faut arracher les mots ! Il vient de nous conter avec force détails le souper auquel l'a invité Jacquelin. C'est qu'il a été fort impressionné par l'assistance. Pensez, des officiers et des notables ! Il n'a pas osé prendre part à la conversation, mais il n'en a pas perdu une miette. »

Comme en confidence, elle a poursuivi, le visage penché vers la tombe : « Il n'a été question, nous a dit Ti-bosse, que de la disgrâce de Monsieur de Denonville et du retour imminent du comte de Frontenac. Oui, c'est bien cela : Monsieur de Frontenac nous revient comme gouverneur. Certains des convives ont déploré le départ d'un honnête homme, incompris, ont-ils dit, du ministre Seignelay; d'autres se sont félicités du choix de son successeur, en assurant qu'avec un tel chef la guerre serait bientôt finie. D'autres, en revanche, ont pesté qu'avec huit cents soldats, il ne pourrait pas faire grand-chose contre les Iroquois et les Anglais. C'est pingrerie et courte vue, ont-ils fulminé. Puis, ils ont cité tous les régiments dont dispose le royaume : cent quatre-vingt mille hommes de troupes réglées, des milices, des dragons, des hussards, des artilleurs ! »

S'échauffant à mesure qu'elle parlait, Anne s'est levée :

« J'ignorais moi-même que l'armée du roi fût si puissante. Je partage l'indignation de ces protestataires : huit cents soldats, c'est en effet bien peu pour défendre la colonie ! D'autant, paraît-il, qu'ils ne sont même pas arrivés ! Et pendant ce temps, les Iroquois sont déjà sur le pied de guerre ! Forcément : eux, au moins, ils sont sûrs d'être approvisionnés en fusils et en poudre par les Anglais !

« Figurez-vous, ma mère, qu'un officier s'est offusqué que l'on puisse mettre en doute le bon vouloir de Sa Majesté envers la colonie ! C'était un crime de trahison ! criait-il. Il a ensuite prétendu que nous, les Canadiens, ne comprenions rien aux véritables enjeux de cette guerre; que le champ européen requérait toute l'attention. Que nous ignorions les sacrifices consentis par Sa Majesté, qui a fait fondre sa vaisselle d'argent pour alimenter les caisses de l'Etat! Beau sacrifice, en vérité!

« Craignant que l'on en arrive aux mains, les proches du gouverneur de Denonville ont piqué du nez dans leur gobelet, en disant que, bien sûr, nul, à cette table, n'aurait osé blâmer le roi. Que d'ailleurs, c'était déjà bien beau qu'il envoie des troupes en renfort! Que huit cents hommes sont amplement suffisants, puisque Monsieur de Denonville lui-même espère encore pouvoir négocier la paix avec les Iroquois. Et qu'il n'y a donc pas lieu de s'alarmer. Mais Ti-bosse, lui, dit qu'ils se trompent. Jacquelin pense aussi qu'il faut craindre le pire... »

La voix d'Anne s'est soudain cassée, tandis qu'elle réalisait toute l'horreur de ces derniers mots. « Le pire... » C'était bien le pire qui attendait Odilon et Quentin, peut-être aussi Réjean! Tremblant de tous ses membres, elle s'est alors laissée tomber à genoux devant la tombe :

« Seigneur, très Sainte Vierge, prenez nos aimés sous votre sainte garde, s'est-elle mise à prier avec ferveur. Faites qu'ils nous reviennent, qu'ils ne connaissent pas cette mauvaise mort qui leur fermerait les portes de la vie éternelle! »

Mais tout en prononçant ces mots, elle ne pensait qu'à Réjean. Elle tourna la tête vers le fleuve, suivant des yeux la courbe bleuissante de la rive. Dans le mirage de la brume qui se levait, elle croyait voir Réjean, l'ombre de Réjean, la silhouette de Réjean qui s'avançait vers elle et lui tendait les bras. « Je deviens folle », songea-t-elle, en s'obligeant à reprendre le chemin du manoir.

Manon l'y attendait devant la porte, un falot à la main. « Y s'fait ben tard ; c'est déjà la noirceur », dit-elle à Anne, avec une nuance de reproche. Puis, levant le falot, elle scruta le visage de la jeune femme : « C'est-y qu't'as encore pleuré ? Pôv' toi! Après l'souper, j'm'en vas t'faire une tisane de millepertuis. Ça t'fera dormir. » Anne soupira, en haussant légèrement les épaules.

Aucune tisane ne saurait lui permettre de trouver le repos, de chasser les fantômes qui l'attendaient, tapis dans le miroir de sa chambre – et qui l'entourent à présent, redoutables et fidèles.

La nuit est avancée. L'orage a enfin éclaté. Le tintamarre du tonnerre finit par avoir raison du sommeil de plomb de Manon, allongée dans la chambre contiguë à celle d'Anne.

Sa longue chemise entortillée autour des rondeurs qu'elle a prises avec les années et les grossesses répétées, les yeux bouffis dans ses bonnes joues piquetées de taches de son, la sage-femme s'appuie un instant contre le chambranle de la porte. Elle a exigé que la jeune femme laisse celle-ci entrouverte : « Des fois qu't'aurais un malaise ou un cauchemar... » A la façon d'une mère gourmandant son enfant, elle dit à mi-voix : « Tss,tss, si c'est pas pitié d'gaspiller ainsi les chandelles. Comme si on en avait d'trop ! » Soudain, le reflet de la glace lui renvoie la nudité d'Anne. Cette vision indécente la réveille tout à fait. « Ah ça, malheureuse ! Qu'est-c'est c'te façon d'offenser le Seigneur ? », s'étrangle-t-elle en jetant la courtepointe sur les épaules d'Anne.

Ses yeux toujours rivés au miroir, la jeune femme n'a pas réagi. Docilement, elle se laisse faire quand Manon la force à se glisser sous le drap. Après une rapide génuflexion devant le tableau représentant la descente de Croix, la sage-femme s'assied dans le fauteuil près du lit et pousse un gros soupir, très inquiète de ces dérèglements qui la dépassent. Elle se penche sur le visage d'Anne maculé de larmes qui, peu à peu, se détend. La respiration de la jeune femme devient régulière, ses paupières se ferment.

Mais Manon, elle, n'a plus du tout sommeil. Du coup, elle va chercher son ravaudage et revient s'asseoir près d'Anne, laissant mécaniquement ses mains tirer les aiguilles. L'orage s'est éloigné vers l'autre bord du fleuve. A travers l'épaisseur des petits carreaux en culs-de-bouteille, on distingue le halo des fanaux qui se balancent dans la nuit. « V'là l'Ti-bosse qui s'en va pêcher l'anguille ! » se dit la sage-femme. Elle pense à tous les hommes de la « côte » qui, eux, sont partis à la guerre, et à son Réjean, qui a disparu. « Seigneur miséricordieux, protégez-le, je vous en conjure. Faites qu'il ne tombe pas entre les mains de Jolicœur ! C'est point un couard, mon fils, vous l'savez bien, vous, Seigneur », prie-t-elle en silence.

Même s'il était porté déserteur, Réjean n'avait pas cherché à fuir le combat. Ce n'était pas un lâche, un trembleux, tant s'en faut. Mais cette guerre dont on parlait depuis des mois, il n'avait pas voulu la mener sous les ordres d'Odilon et de Quentin qui, de par leur rang, commandaient le détachement de milice de Saint-Ignace. Tout, plutôt que de subir la suffisance railleuse d'Odilon qui venait de lui ravir la femme qu'il aimait.

Le jour des noces, il avait eu des envies de meurtre, et sans la présence de sa mère, il aurait étranglé Odilon quand celui-ci était apparu au parvis de la chapelle, Petite Plume soumise à son bras. C'est à ce moment-là qu'il avait décidé de partir. Il avait couru jusqu'en haut de l'érablière, son cœur près d'éclater sous la colère qui l'emplissait. Et puis il s'était effondré dans l'enchevêtrement de fougères et de cornouillers qui tapissait le sous-bois.

Au petit matin, il avait vu la goélette, les chaloupes, entendu le tambour et le tocsin de la chapelle qui appelaient au rassemblement. De loin, il avait reconnu la masse imposante de Jolicœur qui s'agitait. Un instant, il avait eu l'illusion que le capitaine levait le poing dans sa direction...

Quand les embarcations quittèrent le ponton, Réjean se laissa glisser le long de la pente jusqu'à la ferme paternelle. Il savait la trouver déserte, toute la population de Saint-Ignace assistant au départ des miliciens. Rapidement, il se dépouilla de son pourpoint du dimanche, puis il enfila une chemise de toile grosse et une tunique de peau de chevreuil tenue par une ceinture fléchée. Il remplit sa besace de biscuits de mer, d'un sac de pois, de quelques mesures de farine de blé d'Inde, de boulettes séchées de pemmican, d'un écheveau d'étoupe et d'une tapette à feu, d'une manette de tabac et de quelques pièges et collets; il roula une couverte et son capot, enfonça dans la poche de ses chausses sa fourole rouge qui l'aurait fait reconnaître; il troqua les bas et les souliers français qu'il avait accepté de porter à l'occasion des noces, pour faire plaisir à sa mère, contre une paire de souliers sauvages par-dessus lesquels il a lacé ses mitasses. Puis il saisit son mousquet et sa corne à poudre, et, dans un réflexe, il décrocha aussi le fusil de son père. « C'est à moi qu'il revient. Personne d'aut' que moi a l'droit d's'en servir », murmura-t-il d'un ton buté en regardant l'inscription gravée sur la crosse, *La Liberté*. C'était le sobriquet que son père avait gagné en filant entre les pattes des hommes de la prévôté, et dont ses compagnons de la Grande Recrue l'avaient affublé.

Réjean avait quitté la ferme sans se retourner. Il avait marché droit devant lui, sans autre but que de s'éloigner le plus possible de ce lieu de malheur qu'était devenu pour lui Saint-Ignace. Il aurait pu aller vers le nord, vers l'embouchure du fleuve – ce que tout déserteur sensé aurait fait. Là, sous un nom d'emprunt, il aurait embarqué à bord d'un baleinier ou de quelque autre navire. Non! Comme son père lors de cet hiver qui lui avait été fatal, il remonta le cours de la Yamaska. Il s'arrêta un moment devant la passe aux saumons où tant de fois il avait plongé sous les rires de Petite Plume. Puis il reprit son chemin, perdu dans ses sombres pensées dont rien n'aurait pu le distraire, ni le gazouillis du chardonneret des pins, ni les morsures des frappe-d'abord, ni les égratignures que lui infligeaient les ronces de l'hélianthe jaune ou les flagellations urticantes de l'herbe à la puce.

Avant de traverser la Yamaska pour piquer vers le sud, vers l'Iroquoisie, il eut un regard vers ces monts où le père avait coutume d'aller, chaque hiver, trapper le castor. Ah, comme il l'admirait, comme il l'aimait, ce père auquel, paraît-il, il ressemblait tant! Même carrure musculeuse, même tignasse ébouriffée, même maladresse des gestes en société, mais aussi ce regard qui ne se dérobait pas et cette quête de vérité peuplée de doutes sous l'enveloppe un peu rustre...

Jadis, il enviait son père lorsqu'il partait, seul, au fin fond de la forêt, communiant avec un Dieu de justice dans l'harmonie de cette nature inviolée. Jusqu'au jour où la volonté divine avait coupé le fil innocent de la vie de Gaguesca. Alors, la révolte avait perverti l'âme de Simon et le mal s'était insinué, corrosif, destructeur. Cette même révolte habitait maintenant Réjean. En vérité, oui, sous la haute futaie bruissante, au bord de ce cours qui caracolait entre les rochers, jamais le fils n'avait été plus proche du père.

Réjean erra ainsi pendant des semaines. Quand ses jambes n'arrivaient plus à le porter, il s'affalait au pied d'un arbre, trop épuisé pour penser à faire un feu et sortir les provisions de la besace. Sous le regard inquisiteur d'une marmotte ou d'un écureuil gris, il grappillait une poignée de bleuets ou de gadelles pour étancher sa soif. Puis il plongeait, assommé, dans une inconscience qui le délivrait pour un temps de ses démons.

Un matin, le soleil, déjà haut, découpait les flèches des épinettes noires quand un rayon vint éclairer le visage du jeune homme endormi. Sous l'éblouissement de cette brûlure, Réjean commença à s'agiter, mais le froid d'une ombre qui s'interposait soudain l'arracha pour de bon au sommeil. Clignant des yeux, il ne perçut d'abord à contre-jour qu'une silhouette immobile nimbée de lumière, qui semblait monter jusqu'à la cime des arbres. Peu à peu, il en distingua les contours. Ce port de tête, ce torse mince réveillèrent en lui cette fureur que la nuit avait apaisée. Odilon! C'était Odilon qui avait retrouvé sa trace et le menaçait de toute sa hauteur! Le corps de Réjean réagit avant son esprit: déjà, sa main s'était crispée sur le coutelas qu'il portait à la ceinture, ses jambes s'étaient repliées d'elles-mêmes dans la position du fauve prêt à bondir. Mais avec une incroyable vivacité, l'ombre tendit le bras et le faucha dans son élan. Réjean retomba en arrière de tout son poids, étourdi. Il s'attendait à recevoir l'assaut de son rival, mais l'ombre ne bougea pas. Enfin, une voix grave s'éleva, qui n'était pas la voix d'Odilon :

« Tu te méprends, mon frère. Je viens à toi en paix. Je ne suis pas ce chien qui s'est dit ton ami et qui t'a trahi. Ton cœur est plein de haine pour lui, tout comme le mien. »

L'homme se rapprocha. Il se posta devant Réjean et tourna la tête vers le soleil, comme pour lever ses derniers doutes. Puis il poursuivit :

« Voilà longtemps que je t'observe avec la patience du chasseur qui dresse le faucon. Depuis plusieurs lunes. Depuis que tu es revenu du pays des Etchemins. J'ai vu le sang noir de la vengeance envahir ton esprit. »

Troublé par la ressemblance si frappante de cet homme avec son rival, hormis ce regard dont l'amande noire s'étirait vers la tempe, Réjean crut être victime d'une hallucination ou d'une diablerie. Etait-ce Odilon qui aurait pris l'apparence d'un guerrier abénaki pour mieux le tromper ? Ou bien était-il possédé comme Deganawida, le grand chaman iroquois, qui avait eu la vision d'un immense épicéa se dressant vers le ciel pour toucher le Père de toute vie ?

« Qu'est-ce t'es-tu donc, une créature de Satan ?! » articula-t-il. Le rire qui lui répondit le glaça.

« Satan ! C'est ainsi que vos Robes noires appellent l'esprit du mal, n'est-ce pas ? Mokwa, l'Ours valeureux, le père de ma mère, souriait de vos superstitions. C'était il y a bien des hivers, bien avant que la Mère Terre ne t'accueille et que Manon, la femme de Simon La Liberté, ne te porte. »

Réjean n'était pas revenu de sa surprise que l'autre poursuivit avec solennité, comme si les mots qu'il allait prononcer devaient éveiller révérence et crainte.

« Mon nom est Tsonanstoué, fils d'Eau-qui-rit, petit-fils de Mokwa. Je maudis le jour où je fus conçu, car sais-tu ce que ce nom veut dire dans ta langue ? »

Réjean fouilla dans sa mémoire, tout en se demandant ce que lui voulait ce sauvage et pourquoi il lui tenait cet étrange discours. Tsonanstoué, oui, il lui sembla bien avoir entendu sa mère prononcer ce nom le jour où l'on avait retrouvé le corps du père. Il se rappela qu'elle s'était même signée plusieurs fois en le disant et qu'elle tremblait... Méfiant, il fronça les sourcils et fit mine de reculer. Mais le sauvage prévint son mouvement en s'accroupissant pour se mettre à sa hauteur. Réjean constata alors qu'il était mataché de peintures de guerre à la sanguinaire sur tout le corps; sa ressemblance avec Odilon, l'Odilon qu'il haïssait, cynique et hautain, n'en était que plus effrayante.

« Mauvais Frère, voilà mon nom. Ma mère, puis le père de ma mère, en ont emporté le secret avec eux dans la mort. Je n'aurais jamais dû le connaître, et le tonnerre n'aurait jamais dû résonner dans mon cœur. Mais un jour, le sachem, qui avait succédé à Mokwa, est parti au pays des Esprits. Nous étions deux à prétendre être sachem à notre tour. J'avais bandé mon arc et m'apprêtais à faire démonstration de mon adresse quand mon adversaire, prenant à témoin tous les hommes de notre campement qui faisaient cercle, a craché : " Comment ce sang mêlé pourrait-il être votre chef, lui dont le père a renié le serment d'amitié et répudié la mère, notre sœur Eau-qui-rit ? " Les guerriers l'ont approuvé et le chaman a alors dit : " Tu es le fils de l'homme blanc aux cheveux de paille, dont le territoire s'étend de la Yamaska jusqu'à la rive du Chemin qui marche. Son regard est d'eau claire mais sa bouche est pleine de fiel. Mokwa, le sage, lui avait donné sa fille pour qu'il en fasse son épouse. Mais quand la femme qui venait d'au-delà de la terre est arrivée, il a chassé ta mère. Que le tonnerre et la foudre tombent sur lui et sa descendance ! " Par le Soleil ! De cet instant, j'ai résolu de me venger et de les tuer, tous les deux, l'homme blanc dont le sang pourri coule dans mes veines et son fils. J'ai épié leurs mouvements et les tiens. J'ai vu ce double de moi-même qui sortait du temple où vous adorez votre dieu, avec la femme à la peau dorée. Il n'est pas besoin de savoir entendre des yeux pour comprendre que tu l'aimes. J'étais dans l'érablière quand tu es venu t'y cacher et que les hommes au bâton de feu ont embarqué dans les grands canots. J'ai attendu pour savoir si tu étais un lâche qui ne cherchait qu'à fuir la guerre. Mais je t'ai vu prendre les bâtons de feu et partir vers la Yamaska. Alors je t'ai suivi. La nuit dernière, ma mère m'est apparue en songe sous l'aspect d'un chat-huant. Elle m'a dit que son esprit ne pourrait trouver le repos tant que la vengeance ne serait pas accomplie, elle m'a dit que toi, le fils de Simon, l'homme juste, l'ami de Mokwa, tu m'aiderais. »

Le sauvage s'arrêta de parler. Assis, jambes croisées sous lui, il se mit à mâchonner paisiblement de la gomme de sapin en regardant droit devant, comme si l'évidence de son discours n'attendait pas de réponse. Réjean savait combien les songes prophétiques ont valeur de loi chez les sauvages ; s'il cherchait à se dérober, il se retrouverait égorgé et scalpé en moins de temps qu'il n'en faut pour le dire. Et après tout, puisque Mauvais Frère et lui-même partageaient la même haine... Il acquiesça donc d'un hochement de tête à cette proposition inattendue. Ils feraient chemin commun. Quant au reste... Lui, Réjean, n'avait plus de désir meurtrier. C'est justement pour échapper à cette tentation qu'il avait fui Saint-Ignace.

Le sauvage exposa son plan : marcher à travers bois et tourbières jusqu'au lac Champlain, et y attendre le passage du détachement de miliciens conduit par Quentin et Odilon. Pour l'instant, disait-il, les hommes étaient regroupés autour du fort Chambly et attendaient les ordres. Le nouvel « Onontio » devait arriver sous peu avec des renforts.

Réjean demanda à Mauvais Frère d'où il tenait ces renseignements.

« D'Atavia, un Iroquois converti à votre dieu et qui sert d'espion aux Français », répondit le sauvage avec une pointe de mépris. Mauvais Frère avait croisé l'Iroquois alors que celui-ci revenait de Ville-Marie où résidait le gouverneur Denonville avec son épouse, durant les mois d'été. L'espion voulait prévenir ce dernier que les Agniers et les Tsonnoutouans préparaient une offensive sur l'île de Montréal. Mais le gouverneur ne l'avait pas cru : depuis l'expédition menée contre cette nation, il était persuadé que les Tsonnoutouans ne présentaient plus de danger.

« Onontio ne sait pas que sous l'eau trop calme monte la tempête », dit Mauvais Frère en hochant la tête.

Réjean et le sauvage se mirent en route. Ils marchèrent plusieurs jours, progressant sous le couvert de la forêt dès les premières lueurs de l'aube et ne faisant halte qu'à la nuit tombée. Un soir, ils arrivèrent enfin aux limites du territoire iroquois. Ils montèrent leur campement à l'abri d'un bloc de gabbno, en à-pic sur la Richelieu. Là, après s'être assuré que la direction du vent n'entraînerait pas la fumée vers le sud, Mauvais Frère alluma quelques branchages à l'aide de deux morceaux de cèdre bien secs qu'il frottait l'un contre l'autre. Il avait préalablement creusé le morceau le plus plat à l'aide de la dent de castor qu'il portait au cou. Réjean lui proposa d'utiliser sa tapette à feu, mais le sauvage lui fit comprendre que ce bruit incongru portait loin et pouvait donner l'éveil. Lorsque la braise fut suffisamment rouge, le sauvage posa dessus des pierres, jusqu'à ce qu'elles deviennent incandescentes. Alors, sur ce foyer improvisé, il fit griller des oignons de lys, des jarnottes et des rhizomes de quenouille séchés sortis de sa besace. Réjean croqua dans ce frugal souper dont le goût sucré lui rappelait les navets juteux que sa mère faisait rôtir sous la cendre les jours de fête.

Manon, Petite Plume... Une boule monta dans sa gorge. Pour chasser ces réminiscences qui attisaient sa douleur, il s'obligea à suivre les gestes du sauvage. Depuis les étranges confidences du premier jour de leur rencontre, Mauvais Frère n'avait pratiquement plus parlé. Leur repas terminé, le sauvage étouffa les braises.

Puis il détacha son arc de cèdre rouge durci au feu, éprouvant la tension du tendon de babiche, et il tira de son carquois de cuir un faisceau de flèches de roseau empennées de plumes. D'un bref mouvement de tête, il signifia à Réjean qu'il assurerait le premier tour de garde, puis il alla se poster dans une faille en haut du bloc de gabbno. Ramassé contre la roche de granit noir, il se confondait avec elle.

Bien plus tard, lorsqu'il secoua Réjean, celui-ci crut que c'était pour qu'il prenne la relève. La nuit était encore noire. Mais le sauvage lui fit signe d'écouter. Réjean tendit l'oreille et parvint à distinguer des rythmes sourds et réguliers comme les battements d'un cœur. Des tambours, des tambours de guerre! Des Agniers, sans aucun doute, procédant aux rituels et aux danses qui précédent toute expédition.

Malgré la distance, les hommes du fort Chambly les entendaient sûrement, eux aussi, pensa aussitôt le jeune homme. Peut-être même avaient-ils déjà été alertés par un de leurs guetteurs que les Iroquois allaient s'ébranler. Sans aucun doute, ils iraient au-devant d'eux... Un regard à Mauvais Frère lui suffit pour comprendre qu'il en était arrivé à la même déduction. La fébrilité qui s'était emparée du sauvage était palpable : enfin, il tenait l'occasion de sa vengeance.

Sur l'injonction de Mauvais Frère, ils levèrent donc le camp et reprirent leur marche, traversant, courbés, les fougères et les ajoncs, rampant dans les éboulements. Embarrassé par ses deux mousquets qu'il avait chargés pour parer à toute attaque surprise, Réjean ne put retenir un juron quand ses pieds se prirent dans les sarments d'un entrelacs de lampruches. Mieux valait confier l'une des deux armes à Mauvais Frère – ce qu'il fit.

Profitant du rempart fantomatique que leur offrait le brouillard stagnant, les deux hommes traversèrent la Richelieu, de l'eau jusqu'à mi-torse. Puis ils remontèrent à croupetons l'escarpement de la rive.

Le jour s'était levé. Ce qu'ils virent dans la lumière crue qui éclairait la colline devant eux les cloua au sol, tétanisés d'horreur : sur les pieux de la haute palissade

Les Canadiennes

réfléchit Réjean. « Et l'jour était point encore levé qu'ils étaient tous partis sur leurs grands canots... Y a plus personne dans l'village.
— Où sont-y donc allés ? s'inquiéta Réjean.
— A Montréal, sûr, j'les ai entendus ! »
Réjean bondit :
« Y faut donner l'alerte ! » Il pensait à sa mère, qui avait dû rejoindre son époux Télesphore à Ville-Marie. Elle était en danger ! Mauvais Frère l'arrêta d'un geste.
« Tu gaspilles ta salive en vaine agitation, mon frère ! dit-il avec calme. Ces chiens sont déjà loin, ce sont de fameux canoteurs, comment pourrais-tu les devancer ?! Et puis, tu oublies notre vengeance ! »
Réjean ignora ce rappel à l'ordre. Il ne pensait plus qu'à sauver sa mère, même s'il fallait admettre qu'il n'y avait guère de chance d'arriver à temps. Qui sait, d'ailleurs ? Il pouvait courir vite, et les canots des Iroquois étaient lourds... Comme s'il suivait sa pensée, le donné lui montra, échoué dans un renfoncement de la rivière et dissimulé sous les roseaux, un canot d'écorce de bouleau, léger et maniable : celui dans lequel le père Joseph et lui-même remontaient la rivière des Outaouais quand ils avaient été capturés. Les sauvages s'en étaient aussi emparés. Réjean se tourna résolument vers Mauvais Frère :
« Notre Dieu a dit : tu ne tueras point, dit-il avec douceur. Et puis, je me dois... » A peine eut-il prononcé ces dernières paroles qu'il prit conscience que Petite Plume avait usé des mêmes mots, exactement, pour justifier sa décision d'épouser Odilon, conformément à la promesse faite à Marie-Angélique.
« Mokwa, le père de ma mère, m'a dit que l'on reconnaît un brave à ce qu'il ne recule jamais. Tu n'es qu'un pleutre ! » Avec un haussement d'épaules, Mauvais Frère tourna les talons et, d'un pas lent et posé, il reprit sa route vers le sud, tenant toujours le mousquet que lui avait confié Réjean. Mais ce dernier était bien trop occupé à tirer le canot avec le donné pour s'en apercevoir.

Les Canadiennes

Tous deux étaient prêts à se lancer dans les bouillonnements de la rivière à la poursuite des Iroquois. Ils ignoraient que la nuit qui s'annonçait serait à jamais marquée en lettres de sang dans l'histoire de la Nouvelle-France. Au loin, le tonnerre grondait.

C'était le 4 août 1689...

Chapitre II

Les deux hommes brassent, leur semble-t-il, depuis des heures. Guillaume, qui se révèle un habile canoteur, a pris la gouverne. Il évite les écueils, utilisant sa pagaie comme un pivot, repérant les tourbillons et les bois flottants. D'un œil inquiet, il surveille le colmatage de résine de pin et de glaise bousillée de l'esquif qui donne des signes de faiblesse. Ils ont déjà les mitasses gonflées d'eau quand, crevant comme des baudruches, les nuages libèrent des avalanches de grêlons gros comme des œufs de bernaches, qui ont tôt fait de remplir le canot. Ils l'entraîneraient par le fond si Guillaume et Réjean, dans un même élan, n'avaient la présence d'esprit de sauter dans l'eau et de pousser de toutes leurs forces la nacelle de bouleau vers la rive. Au prix de mille efforts, ils parviennent à haler le canot sur la pente ravinée et boueuse. Là, ils le retournent et se tassent sous ce toit improvisé. Le tintamarre des grêlons qui tambourinent sur la coque empêche tout dialogue, mais les visages parlent. Toute la rage que Réjean avait un temps enfouie remonte d'un coup quand il constate que sa besace, son mousquet et sa corne à poudre sont détrempés.

« Criss de roche ! » lâche-t-il soudain, alors qu'il pogne le fusil pour le nettoyer.

Ce n'est pas son arme, qu'a prise Mauvais Frère. C'est celle de son père, son seul héritage, l'objet dont il avait juré de ne jamais se séparer... Quelque chose lui dit que ce n'est pas une simple méprise due à la précipitation, mais un signe de mauvais augure.

Il voudrait bien confier son trouble à son compagnon d'infortune – un donné, c'est un peu comme un homme de Dieu –, mais il ne peut : indifférent à la rafale qui se déchaîne, aux éclairs illuminant les bois, aux grondements du tonnerre qui ébranlent jusqu'au sol, à la rivière qui enfle en un torrent boueux arrachant mottes de terre et arbrisseaux, Guillaume l'Eveillé est en train de prier. Agenouillé, les yeux clos, il est absorbé dans une homélie muette, tenant entre ses mains jointes un chapelet de graines d'arbousier enfilées sur une ficelle de chanvre. « Lui a-t-y fallu d'la piété et du courage pour fabriquer ce pieux objet à la barbe de ses bourreaux ! », se dit Réjean en observant ce visage et ce corps encore adolescents marqués à tout jamais par les « caresses » que lui ont infligées les Iroquois. A la lueur brève des éclairs, il distingue les scarifications qui labourent les joues et le front, les lèvres boursouflées d'avoir été fendues, les cicatrices parallèles du torse qui témoignent de la lente et douloureuse lacération à laquelle on a soumis le malheureux, les tatouages au noir de charbon qui dessinent des serpents autour des jambes et des bras. Rien de tout cela, pourtant, n'arrive à masquer l'air de bonté apaisée qui semble émaner du donné.

Réjean le devine, Guillaume est en train de prier pour le repos de l'âme du père Joseph. Car avant qu'ils ne s'embarquent tous deux, tout à l'heure, l'ancien donné est retourné sur ses pas, malgré les protestations impatientes de son compagnon. Il est remonté jusqu'à la palissade du village, qu'il a escaladée pour en décrocher la tête du missionnaire supplicié. Puis, à l'aide d'un bâton, il a creusé un trou dans la terre pour y enfouir la relique du saint homme, qu'il a surmontée d'une croix de bois. Cet hommage posthume à celui qu'il avait servi pendant des années a forcé l'admiration de Réjean qui en a oublié sa colère. « C'est un homme de bien », se dit-il de nouveau tandis qu'il observe Guillaume. Curieusement, la seule présence de son compagnon suffit à le rasséréner, et il finit par laisser le sommeil envahir tout son être rompu...

Dans un halo blanc, la rivière, qui a retrouvé son lit, exhale des bouffées de brume. Le calme qui règne est irréel. Ce sont les gouttelettes accumulées dans les rainures du canot qui, tombant sur le visage de Réjean, le réveillent en sursaut. Il tâtonne aussitôt près de lui, cherchant la présence de son compère. La place est vide.

« Guillaume ! »

Réjean n'a pas le temps de laisser l'anxiété le gagner qu'une main se tend, tenant dans une feuille roulée en cornet des gadelles et des fraises des prés.

« V'là ton déjeuner, l'ami ! dit le donné en se glissant à son côté.

– On n'a point l'temps, faut appareiller de suite, on peut encore être rendus avant c'te criss de sauvage. Y'z ont ben été empêchés par l'orage comme nous, pas vrai ? »

Le donné hoche la tête, dubitatif. Il ne les connaît que trop, ces sauvages, il sait que rien ne saurait les arrêter, que chez eux l'appel du sang est le plus fort, qu'ils sont plus de quarante à avironner en cadence à bord de chacun de ces lourds canots d'orme conçus pour descendre les cataractes et les rapides. Et s'il n'y avait que les Agniers de son village ! Guillaume sait bien que toutes les nations des Cinq Feux ont déterré la hache de guerre. Durant le festin rituel précédant les préparatifs de l'expédition, il a en effet entendu ses geôliers parler d'un grand rassemblement...

Le donné revoit cette scène impressionnante à laquelle il a assisté. Après avoir invoqué la protection du soleil et de Kijé manito, l'esprit des esprits, le sachem et le chaman ont exhorté les hommes de la Nation du silex à la hardiesse. Ils devaient, leur ont-ils dit, se montrer aussi braves que leurs frères de la Nation de la Grande Montagne : ces derniers ne s'étaient-ils pas relevés, malgré la défaite que leur avait infligée Onnontio, le gouverneur de Kébec, qui commandait aux bouches de feu ? Maintenant, ils allaient rejoindre les plus farouches combattants de la Nation de la Grande Pipe, de celle des Collines et de celle de la Pierre dressée. A eux tous, ils allaient chasser les Français de la vallée du Chemin qui marche : enfin, la route et le territoire des fourrures seraient à eux, à la ligue des Cinq Feux, comme le leur avait promis l'Anglais ! En entendant ces menaces qu'il savait ne pas être des rodomontades, Guillaume a frémi d'effroi. Pour dissimuler son trouble, il s'est écarté de la ronde hystérique des danseurs et a fait mine d'aider les anciens à plier les nattes et les peaux en prévision du départ. Car le sachem avait ordonné que les vieillards, les femmes et les enfants se replient sur un autre village plus éloigné par peur des représailles.

Quoiqu'il fût instruit de l'inéluctable, Guillaume n'a pas eu le cœur de retenir Réjean, quand celui-ci a décidé de se lancer à la poursuite des Iroquois. La seule main de l'homme ne peut brider le mors d'un cheval emballé. L'orage qui s'est dressé sur leur chemin s'en est chargé. Maintenant, il faut parler de raison. Avec une force insoupçonnable compte tenu de sa maigreur, Guillaume oblige Réjean à se rasseoir.

« Il n'est plus temps, l'ami. A c't'heure, les Agniers, les Tsonnoutouans, les Goyogouins, les Onontagués et les Onneiouts ont fait jonction sur la rive droite du lac Saint-Louis. Comment je le sais ? J'ai entendu le sachem clamer que plus de mille cinq cents guerriers allaient s'abattre comme autant d'essaims de guêpes sur l'île de Montréal et alentour, que jamais la ligue des Cinq Feux n'avait rassemblé autant d'hommes, et qu'après leur passage il n'y aurait plus que cendres et cadavres. Regarde mes mains, dont chaque ongle a été arraché, regarde ma peau, qu'ils ont découpée lamelle après lamelle jusqu'à ce que je ne sois plus qu'une plaie à vif que venaient sucer les frappe-d'abord et les maringouins. Veux-tu subir pareil sort ? J'suis point d'venu un trembleux, tu peux m'croire. Il est déjà trop tard, c'est tout. Que pouvons-nous, pauvres hères que nous sommes, avec un fusil mouillé, un canot qui fait eau de toutes ses jointures? Ne t'en prends pas à toi-même, l'ami, c'est Dieu tout-puissant qui règle l'ordre des choses, et il n'a pas voulu que nous nous jetions dans la gueule de ces loups. Prions pour les malheureux qui sont tombés sous leurs coups, prions pour les âmes de ces innocents, que le Seigneur, dans sa miséricorde, leur ouvre grandes les portes du Paradis. »

Réjean ne peut en croire ses oreilles. Guillaume renonce et le conjure de faire de même? Qu'a-t-il dit, mille cinq cents guerriers sur Montréal et alentour? Mais alors, il n'y a pas que sa mère et sa sœur Yvonne qui sont en danger, les gens des Erables aussi! Il laisse échapper un cri d'angoisse impuissante :

« Petite Plume! »

Guillaume a parlé vrai. Les mains nues, seul, il ne peut rien. Réjean se laisse tomber sur le sol humide et, les poings enfoncés sur les yeux, il pleure. Devant cet homme qui a su résister à tant de souffrance par la seule force de sa foi, il n'a pas honte d'avouer ainsi sa faiblesse la plus intime.

Dans la hâte de leur départ, trop occupés ensuite à dompter le fracas de la rivière en crue, les deux hommes n'ont guère eu le temps de se parler, jusqu'à cette halte forcée. Mais à présent, Réjean éprouve le besoin irrépressible de se confesser, de décharger son cœur de ce poids qu'il traîne depuis sa fuite des Erables, depuis l'union de Petite Plume et d'Odilon, depuis qu'il s'est laissé aller à violenter sa bien-aimée. Il ouvre les vannes les plus sombres de son âme à cet homme attentif et patient. En vrac, il libère un discours haché entrecoupé de quintes d'une toux sèche, ses mains fourrageant nerveusement dans sa tignasse qui lui retombe sur les yeux. Guillaume ne l'interrompt pas, ne manifeste pas le moindre étonnement, la moindre mimique de réprobation ou de mépris. Après le déluge, le ciel fait silence, complice de ces aveux.

Lorsque Réjean se tait enfin, le donné lui pose une main sur l'épaule et plonge son regard dans le sien. Alors, pour la première fois, Réjean comprend ce qui donne à son compagnon cet air si étrange de douceur et de compassion : il a les yeux pers. Comme cette découverte le fait sourire, Guillaume s'écrie :
« Ah, voilà qui est mieux ! C'est point d'façon d'te flageller. Le Seigneur miséricordieux a voulu t'éprouver, il te donnera en son heure l'occasion de te racheter de tes péchés. Moi aussi, j'ai failli par amour et luxure.
– Toi ? J'peux pas croire...
– J'ai aimé une de ces sauvagesses. J'suis point digne désormais d'être un donné. Tu vois, nous v'là tous les deux à la même enseigne, des renégats ! Toi parce que t'as déserté, moi parce que j'ai rompu mes vœux. »
Soudain, sans que Réjean ait perçu aucun mouvement anormal, hormis un héron qui prend son envol avec une truite en travers du bec, Guillaume se courbe en deux, l'oreille contre le sol. D'un geste, il intime à Réjean de ne plus émettre un seul bruit et de ramper au couvert des broussailles. Prestement, il camoufle le canot avec de la terre molle et des branchages avant de le rejoindre. Un long moment s'écoule avant que Réjean n'entende à son tour ce qui a mis Guillaume en alerte : des battements réguliers et rapides, accompagnés d'une sorte de halètement diffus. Plus ils se rapprochent, et plus d'autres sons se mêlent ; ce sont des gémissements, des plaintes. Les Agniers ! Ils reviennent avec leurs prisonniers ! Le sang de Réjean ne fait qu'un tour. Il va pour se jeter au-devant des sauvages, mais Guillaume le plaque au sol, le tenant fermement par le col.

Les canots lourdement chargés tapent de leur étrave les vagues de la rivière, faisant jaillir des gerbes scintillantes. Pris de nausée devant le sinistre spectacle, Réjean et Guillaume aperçoivent au milieu des rameurs des corps ligotés, entassés les uns sur les autres. Soudain, à l'arrière du convoi, une ombre bascule par-dessus le franc-bord et glisse dans les remous. Les deux hommes n'y prêtent d'abord pas attention – sans doute un aviron qui aura échappé des mains d'un de ces maudits, trop ivre pour s'en rendre compte. Le dernier canot est maintenant hors de vue et l'ombre flotte, se gonfle, roule sur elle-même avant d'être déportée contre les rochers.

« Une femme, c'est une femme j'dis ! »

Réjean s'est jeté à l'eau. En quelques brasses, il rejoint le corps qu'il saisit par les aisselles, et Guillaume l'aide à le hisser sur la berge. Ce n'est pas une femme, mais une toute jeune fille. Ses boucles brunes ensanglantées sont collées sur son front. Ses mains sont entravées, son visage porte des traces de coups et son jupon rougi relevé sur ses cuisses ne laisse aucun doute sur les sévices que lui ont déjà fait subir ses ravisseurs.

« Elle respire, elle respire encore ! » A la fois soulagé et désemparé, Réjean ne sait que faire, quels gestes salvateurs peuvent ramener cette enfant à la conscience. Guillaume, quant à lui, arrache une touffe de graminées qu'il écrase dans sa main avant d'en frotter les lèvres exsangues. L'odeur forte qui se dégage de cette poignée de « poivre du pauvre » suffit à faire éternuer et cracher la noyée. Elle ouvre lentement les yeux, dans un geste douloureux elle porte à son front ses mains que Réjean a libérées en tranchant leurs liens. Puis, découvrant le visage de Guillaume penché sur elle, elle pousse un hurlement strident. Rabattant son jupon, elle essaie de ramper à reculons, ses talons et ses mains tentant désespérément de prendre appui dans l'argile qui se dérobe.

« Non, non ! Pitié, pitié ! » Elle secoue la tête comme une forcenée, ses mèches brunes s'accrochent aux plaquebières. En vérité, Guillaume a complètement oublié que son aspect physique est maintenant celui d'un Iroquois...

« Tu lui fais peur » explique Réjean, gêné. Puis, s'approchant précautionneusement de la jeune fille : « N'ayez crainte, demoiselle, dit-il d'une voix douce, y a plus d'danger. Les maudits sont loin déjà. On m'appelle Réjean, Réjean Peltier de Saint-Ignace sur le lac Saint-Pierre, et voici Guillaume l'Eveillé. C'est un donné qu'a été pris par les Iroquois avec le saint homme qu'il servait », s'empresse-t-il d'ajouter pour dissiper la terreur qui palpite encore dans les prunelles noisette écarquillées.

Est-ce le contre-coup de son plongeon dans l'eau froide, ou le soulagement de se savoir sauvée ? La jeune fille est soudain agitée de tremblements qui convulsent tous ses membres et elle se met à baver.

« Elle est prise du mal sacré », diagnostique Guillaume. Aussitôt, il desserre les mâchoires crispées pour y introduire un morceau de bois. « C'est cause qu'elle peut s'couper la langue ou pis l'avaler, dit-il à Réjean ahuri. Frictionne-lui les jambes avec des orties pendant que j'm'en vas chercher des herbes à suer. »

La jeune fille a cessé de trembler. Elle est tombée en pamoison et ne réagit même pas aux frictions urticantes que lui administre Réjean, lui-même insensible aux cloques qui constellent ses paumes.

Guillaume revient enfin, chargé d'une brassée de branches d'épinette et de cèdre. Ah, si seulement il avait des glandes de castor séchées ou du musc de civette et un mortier ! il pourrait piler un antispasmodique puissant, comme il a appris à le faire en regardant à la dérobée le chaman. A défaut, une décoction de racines d'hellébore, cette médecine du sous-bois réputée guérir les accès de folie, fera l'affaire. Il a pris la petite chaudière et la tapette à feu de Réjean et en quelques minutes, il allume un foyer sur lequel il pose le récipient plein d'eau.

« Veille à attiser le feu et fais chauffer autant de galets que tu trouveras, j'm'en reviens ! » Le voilà reparti couper des cannes sur le bord de la rivière.

Réjean, qui n'a que peu pratiqué la forêt en dehors de ses virées dans les bois debout bordant la seigneurie des Erables, est ébahi par tant d'agilité et de débrouillardise. Maintenant, Guillaume enfonce des piquets en terre ; à mi-hauteur, il fixe solidement des branches de résineux à l'aide de lianes d'écorce de bouleau. Quand enfin la couche suspendue est prête, il y étend la jeune fille inanimée roulée dans la couverte, puis dispose dessous un lit de pierres chauffées à blanc sur lesquelles il verse de l'eau. La vapeur odorante qui se dégage enveloppe la gisante. Dix fois, vingt fois, Guillaume recommence l'opération, jetant inlassablement des pierres dans le feu pour remplacer celles qui refroidissent. Le procédé s'avère efficace, car la jeune fille se met bientôt à s'agiter, à crier faiblement. Pour prévenir une nouvelle crise, Guillaume demande à Réjean de la forcer à boire la tisane d'hellébore. Le liquide amer et brûlant achève de faire revenir l'adolescente parmi les vivants. Ses joues rosies par la chaleur, elle semble apaisée. Alors, Réjean ose délicatement éponger son front et en détacher les croûtes de sang qui ont coagulé dans ses cheveux. Et tandis qu'il regarde ces pommettes meurtries, ces paupières bleuies et ce pauvre petit corps souffreteux, il pense avec effroi que les sauvages ont peut-être infligé les mêmes tourments à Petite Plume, son aimée qu'il a abandonnée à leur vindicte sanguinaire. Et si Guillaume avait dit vrai ? Si Dieu, en lui envoyant cette enfant, lui faisait comprendre que le rachat de son infamie consiste à la protéger ?

La jeune fille repose à présent, son souffle est redevenu calme. Accroupis autour du feu, les deux hommes font griller des oignons d'iris et des marrons d'eau en attendant que le fusil et la poudre soient suffisamment secs pour aller tirer quelque gibier.

« C'est ben l'diable qu'aucun des nôt' soit aux trousses de ces chiens ! » se dit tout haut Réjean. Ils n'ont pas mesuré le temps passé depuis que le triste convoi a viré par-delà le coude de la rivière, mais c'est déjà la relevée, au vu de l'ombre que projette le chêne sous lequel ils se sont abrités. Or, pas un uniforme, pas un milicien ne s'est montré. Ils n'ont pas même perçu l'écho des canons du fort Chambly. Pourtant, ils n'en sont pas tant éloignés. C'est étrange, anormal, inquiétant : cela semble en effet signifier que les garnisons, trompées par l'orage, ont été attaquées par surprise sans pouvoir riposter et qu'elles ont été elles aussi décimées. Peut-être la jeune fille, si elle trouve la force de parler, éclaircira-t-elle ce mystère ?

Dans l'attente de son réveil, Réjean ne tient pas en place. Il voudrait tant savoir ce qui s'est passé, en quel lieu les Iroquois ont frappé. Il fait les cent pas, s'approche du lit de branches, tourne en rond, casse des brindilles entre ses doigts ulcérés par les orties, étouffe un juron sous l'effet de la brûlure, mâchonne des herbes.

« Elle dort toujours, c'est-y normal ça ? C'est point d'l'eau d'endormi qu'tu lui as fait boire, au moins ?

– Mais non, répond Guillaume sans sourciller, c'est l'effet de la tisane d'hellébore. Te tourne pas les sangs, ses blessures sont superficielles, juste des égratignures.

– Des égratignures, t'appelles ça des égratignures, après c'que ces chiens lui ont fait ! » réplique Réjean, hors de lui, en désignant le jupon maculé.

Depuis qu'il a rencontré Guillaume, c'est la première fois que Réjean s'emporte ainsi contre lui. A moins que ce ne soit contre lui-même, parce que la vision de ces linges déchirés lui rappelle une autre scène, une scène qu'il voudrait n'avoir jamais vécue, un soir de printemps dans l'érablière.

« Pardon, c'est juste que... s'excuse-t-il.

– J'sais. C'est point d'valeur, l'ami », le rassure Guillaume.

Mais voici que la malade se redresse soudain. Elle tâte la couche d'aiguilles de sapin, regarde autour d'elle sans comprendre, puis baisse les yeux sur sa robe en lambeaux et se met à pleurer.

« Va, dit Guillaume, j'voudrais point l'apeurer comme tantôt.

– Là, là, c'est fini, tente maladroitement de la consoler Réjean.

– Mon père, ma mère, mes petits frères, tous morts... le feu, le feu ! »

Les paroles de la jeune fille sortent par saccades. Peu à peu, son discours se fait plus cohérent, bien que toujours entrecoupé de sanglots et de gémissements, tandis qu'elle balance son corps d'avant en arrière en se tordant les mains.

Guillaume s'est rapproché sans se faire voir. Caché sous le lit de branches, il écoute un récit trop souvent entendu et qui le glace toujours d'horreur. Les mêmes mots, les mêmes images, les mêmes appels au secours, la même cruauté : c'est le récit que faisaient les Agniers quand ils revenaient au village après une campagne d'exactions. Réjean, lui, n'a pas cette expérience : les Iroquois ne s'en sont jamais pris directement aux gens de Saint-Ignace, même lorsqu'ils sont remontés jusqu'à Trois Rivières. Chacune des paroles prononcées par la jeune fille, chacun des détails, plus abject que le précédent, le fait pâlir un peu plus.

C'est bien une véritable armée d'Iroquois qui, profitant de l'orage assourdissant, a traversé le lac Saint-Louis, en amont du sault, pour s'abattre sur le village de Lachine. Ce n'est pas par hasard que les sauvages ont choisi de porter leur offensive à cet endroit. Point de départ des grandes expéditions vers les Pays d'En Haut, Lachine regroupe les grands dépôts de marchandises et de pelleteries. Renseignés par leurs espions, les sauvages savaient-ils que ni le gouverneur Denonville ni les Jésuites n'avaient pris au sérieux les dires d'Atavia, l'Iroquois converti, qui les avait pourtant prévenus de l'imminence du danger ? Les deux cents soldats du camp volant installé sur la rive gauche du Saint-Laurent n'ont en effet pas bougé.

A quelques lieues à peine de là, le massacre a commencé. Selon leur tactique éprouvée, les Iroquois se sont scindés en petits groupes, le long de la rive et des bornages des champs. En glapissant leurs clameurs de guerre, ils se sont rués sur les maisons, ont enfoncé les portes, traîné les hommes hors des lits cabanes, les ont égorgés, leur ont fracassé le crâne du pommeau de leur tomahawk. Les femmes et les enfants qui tentaient de chercher quelque abri illusoire derrière des coffres ou des maies, ou dans les appentis, ont été enfumés et brûlés vifs.

Les Canadiennes

A force de patience, Réjean arrive à faire dire son nom à la jeune fille qui jusqu'ici s'y refusait :
« Héloïse, Héloïse Chouart, fille d'Anselme Chouart et de Jeanne Lachance. J'suis l'aînée. Ma mère a connu plusieurs blessures avant la naissance de mes trois frères. Elle est à nouveau grosse de cinq lunes. » Puis elle s'arrête, réalisant soudain qu'elle parle au présent, alors que ces êtres chers ont péri. Car elle a vu sa mère éventrée, et l'enfant qu'elle portait jeté dans le brasier de leur maison en flammes; elle a vu les Iroquois scalper son père qui tentait de protéger ses fils, et décapiter à la hache les trois enfants. Quant à elle, plusieurs des sauvages l'ont ligotée avant de la forcer tour à tour. Leur haleine puait le vin et le rhum, ils avaient les yeux fous, exorbités, et leurs dents carnassières, si blanches, brillaient dans la nuit. La description de l'agonie des habitants de Lachine dépasse en abomination tout ce que Réjean aurait pu concevoir. Pourtant Jacquelin, à maintes reprises, a évoqué devant lui la peur des premiers colons de la Nouvelle-France, avant cette trêve de près de vingt ans que vient de rompre la ligue des Cinq Feux.

« Mais quelqu'un a ben donné l'alerte! Et la garnison du fort Rolland? Les soldats sont-y v'nus à vôt' secours? » Héloïse secoue la tête. Autant qu'elle puisse s'en souvenir, quand les Iroquois ont embarqué leurs prisonniers, personne n'est accouru ni du fort Rolland, ni du camp volant, ni des autres forts protégeant l'île de Montréal, ni de Ville-Marie. Personne. Réjean est abasourdi. C'est donc pire que tout ce qu'il redoutait. Toutes les défenses sont tombées...

La vérité sur le terrible massacre de Lachine est encore plus affligeante. A quatre heures du matin, au moment de l'assaut, le canon du fort Rolland a bien tonné lorsqu'on a vu les flammes s'élever. Vingt hommes du camp volant se sont précipités, un messager est parti en courant vers Ville-Marie. Le commandant Subercase a mis en branle un détachement de cent soldats que sont venus renforcer autant de volontaires.

Mais le messager est revenu porteur des ordres du gouverneur – des ordres ahurissants, incroyables, révoltants : en apprenant l'hécatombe, le Marquis de Denonville, saisi de panique, a tout bonnement fait fermer les portes de Ville-Marie, et interdit de risquer les troupes à la poursuite de l'ennemi. Il a cantonné les officiers dans la ville.

Subercase et plusieurs de ses subalternes ont bien tenté de s'insurger, refusant d'obtempérer à pareille lâcheté alors que nombre d'Iroquois, ivres de l'eau-de-vie qu'ils avaient pillée chez l'habitant, étaient désormais à leur merci, affalés dans les bois et les champs. Mais ils ont été aussitôt rappelés à l'obéissance. Quand enfin Subercase a pu se rendre sur place, les sauvages s'étaient volatilisés. Le bilan est terrible : cinquante-six des soixante-dix-sept maisons que comptait le village ne sont plus que cendres, une centaine d'habitants ont péri, et quelque cent autres ont été enlevés.

Cette guerre à laquelle Réjean a refusé de prendre part vient de le rattraper, en ce 5 août 1689, sous les traits de cette jeune fille martyrisée. Il pense à son père, à ce que Simon a fait lorsqu'il a rencontré Gaguesca, la mère de Petite Plume – comme il a su comprendre sa détresse. Il ressent le même besoin de prendre Héloïse dans ses bras, de lui promettre qu'elle n'est plus seule, qu'il ne l'abandonnera pas. Si, comme elle le dit, toute sa parentèle a péri dans l'assaut, pourquoi ne la confierait-il pas à sa mère Manon ou à sœur Marguerite, les deux âmes les plus généreuses qu'il lui soit donné de connaître ? Pour cela, lui, le déserteur, il lui faudrait aller à Ville-Marie, acceptant le châtiment suprême que lui vaudra immanquablement cette action de pitié.

Héloïse s'est laissée aller sur l'épaule de Réjean. Ses boucles brunes caressent le cou du jeune homme, il sent son souffle chaud, les palpitations de son cœur, la sueur résinée qui affleure sur sa peau – et ce contact le fait chavirer.

Guillaume est sorti de sa cachette, en prenant soin de tourner le dos à la jeune fille. Il regarde le couple enlacé d'un air à la fois gêné et attendri et s'éloigne vers le canot en marmonnant tout bas : « Faut qu'j calfate c'te passoire si on veut s'ranger. » L'air est redevenu sec et chaud, le ciel d'un bleu dur. Tout en radoubant l'esquif avec des lanières de bouleau et de la gomme, Guillaume lance :

« M'est avis qu'y faut point trop rester icitte. Ces maudits pourraient revenir. » L'interpellation fait sortir Réjean de la rêverie dans laquelle il était plongé.

« Ouais, c'est ben juste. Faut qu'on s'rende à Lachine, faut qu'on ramène la pt'ite. P'êt' qu'elle a encore du cousinage, approuve Réjean sans hésitation.

– Lachine ? Qu'est-c'qu'tu m'bâilles ? T'es-tu fou ? Pourquoi pas l'fort Chambly qu'est su' la route ou la garnison d'Ville-Marie, pendant qu't' y es ! J'aurai point ouvert l'bec qu'y m'auront déjà embroché en m'pognant pour un d'ces criss de sauvages, et toi pendu haut et court ! J'sais moi où donc ces maudits et les soldats pourront point nous trouver. Faut aller dans l'Pays d'En Haut. Ben plus loin encore que Sainte-Marie aux Hurons, là où l'père Joseph et moi on d'vait s'rendre. A Michillimakinac ! Sûr ça fait du ch'min et du portage et qu'y faut arriver avant les g'lées. »

Réjean, qui l'a écouté d'un air sombre, secoue obstinément la tête.

« Ecoute, Guillaume, j't'aurai pas d'rancune si tu vas ton chemin. Mais j'peux point laisser Héloïse. J'veux pas êt' damné deux fois !

– Non ! Pas Lachine ! » Héloïse, qui a tout entendu, saute à bas de la couche de résineux et agrippe la tunique de peau de Réjean. « J'peux pas retourner là-bas, j'peux pas ! J'ai plus d'famille, j'ai plus qu'toi, j'veux pas qu'tu t'fasses tuer ! Emmène-moi, emmène-moi avec toi ! »

Tout le corps de Réjean est pris de tremblements. Cette supplique, il aurait tant voulu l'entendre dans la bouche de Petite Plume le soir où il lui a demandé de fuir avec lui. Il croit avoir une hallucination, il lui semble que c'est elle qui étreint son torse et se serre contre lui.

Les Canadiennes

« Réjean, Réjean, tu vas m'emmener, dis ? » La prière d'Héloïse le ramène à la réalité. Il la regarde. Non, elle ne ressemble en rien à Petite Plume. Elle est fine comme une brindille prête à se rompre, et sa peau diaphane accentue cette impression de fragilité. Avant de baiser ces lèvres offertes comme les pétales d'une rose, Réjean a une dernière pensée pour cette autre femme, cet amour interdit qu'il n'oubliera jamais. Il murmure :
« Adieu, ma mie, adieu... »

Au même moment, dans la tiédeur touffue de la chambre des Erables où Manon a obligé Anne à garder le lit, un cri retentit :
« Je l'ai perdu ! »
Manon laisse tomber son ravaudage, les pelotes et les aiguilles roulent sur le parquet tandis qu'elle se précipite vers le baldaquin. Elle en tire brutalement les rideaux et trouve la jeune femme assise, les bras tendus devant elle. Ses longs cheveux défaits lui donnent l'expression d'une démente qui aurait vu un fantôme. D'un coup sec, la sage-femme rejette la courte pointe, la couverte et les draps de lin. Pour elle, ce cri ne peut signifier qu'une chose : Anne est en train de faire une fausse couche. Elle la palpe, l'examine longuement, puis pousse un soupir :
« Ta, ta, c'est juste qu'un cauchemar ma toute belle, c'est c'te maudite rafale qui t'aura fait divaguer ! »
A part elle, Manon est convaincue que toutes ces idées noires qu'Anne ressasse depuis le départ d'Odilon et le décès de Marie-Angélique, c'est pas bon pour l'enfant. Elle le voit bien : la jeune femme se tue à l'ouvrage, la serpette à la main, pour éviter de penser ; dès qu'elle se retrouve entre les murs du manoir, ou pire, prostrée sur la tombe de Marie-Angélique, elle retombe dans cette langueur inquiétante. La sage-femme sait que toutes les attentions qu'elle-même et sa fille Marie-Reine lui portent n'ont guère d'effet sur Anne. Pourtant, elle encourage sa cadette à lui lire des poèmes, lui conter les fables de Monsieur de La Fontaine dans l'espoir de la faire rire.

Marie-Reine déploie des trésors d'imagination pour distraire son amie d'enfance. Comme au temps insouciant de leur prime jeunesse, elle lui a construit une petite cage de roseau pour y enfermer un couple de bouvreuils. Mais Anne lui sourit tristement, en murmurant :

« Je te demande pardon, mon amie, je te sais gré de ton affection et de ta peine. Mais mon affliction est trop grande pour qu'un air de viole ou un quatrain puissent l'effacer. » A voir Anne s'étioler ainsi peu à peu, Manon et Marie-Reine désespèrent. La jeune femme repousse toute nourriture et déjoue tous les subterfuges que la mère et la fille emploient pour lui faire croquer un fruit, un cannelé ou avaler un bol de soupe.

« L'enfant, pense à l'enfant », lui rappelle Manon. Mais chaque fois, Anne se détourne de l'assiette avec un pli de dégoût aux lèvres.

Marie-Reine en est même venue à redouter que son amie n'ait le dessein de mettre fin à ses jours et à ceux du fruit qu'elle porte, en refusant de s'alimenter.

« Il faut faire quelque chose, mère. Le père Léonard serait peut-être de quelque secours. » Le jour où sa fille a émis cette suggestion, Manon a haussé les épaules et levé les yeux au ciel.

« Le père Léonard ! Dieu m'est témoin que j'lui veux point d'la misère, mais a-t-y seulement pu sauver ton père ? Qu'est-ce qu'y comprend des femmes, sinon qu'elles sont bonnes à faire des enfants à chaque semaille ? C'est point lui qui va nous v'nir en aide, pardi. Mais j'sais quelqu'un qui peut... »

Ce jour-là, grâce à sa fille, Manon a eu une idée qui lui a paru autrement plus judicieuse que tous les Ave et les Pater Noster du vieil abbé : il fallait aller à Ville-Marie, il fallait qu'Anne se confie à sœur Marguerite. Elle seule saurait décadenasser ce cœur tourmenté et l'ouvrir à la raison, comme elle avait si bien su le faire pour Marie-Angélique après la disparition de Fleur, et pour elle-même quand elle s'était mise à douter de son amour pour Simon.

Pour amener Anne à quitter les Erables, le prétexte était tout trouvé : puisqu'elle voulait savoir qui était sa mère, qui mieux que sœur Marguerite, qui l'avait accueillie à son arrivée en Nouvelle-France, pouvait lui parler de Fleur d'églantine, de cette tendre amitié qui la liait à Marie-Angélique, et des circonstances tragiques de son enlèvement ? Jacquelin, qui avait offert à Fleur en cadeau de fiançailles ce médaillon d'argent qu'Anne portait à son cou et qu'elle avait si jalousement conservé envers et contre tout, pouvait, lui aussi, lui en conter beaucoup.

Manon, évidemment, s'attendait aux objections que ne manquerait pas de formuler Anne : les Erables requéraient sa présence, elle avait juré à Quentin et à Marie-Angélique de veiller sur le domaine, les moissons étaient à peine achevées et il fallait déjà penser aux semis d'automne... Billevesées, lui répondrait Manon : elle avait fait promesse, elle, sur le lit de mort de Marie-Angélique, de prendre soin de sa fille adoptive et de son enfant, et c'est cela qui importait ! Quant aux labours, elle demanderait à Télésphore de recruter quelques hommes de peine qui, contre écus, viendraient remplir la corvée, si Ti-bosse, Nicolas et les rares maris et fils de Saint-Ignace qui n'avaient pas été enrôlés dans la milice n'y suffisaient pas. Il trouverait sans difficulté quelques engagés – l'intendant de Meulles leur avait donné depuis 1685 l'autorisation de louer leurs services à la journée à raison d'une livre et trois sous par jour, nourriture comprise.

A la pensée de revoir Télésphore, Manon devait s'avouer qu'elle se languissait quelque peu de ses caresses et qu'elle ne bouderait pas leurs retrouvailles. Et si tous ces arguments ne suffisaient pas, elle avait encore un atout dans sa manche : Marie-Reine.

En bonne mère, Manon voulait la voir mariée. De ses trois filles vivantes, c'était la cadette. L'aînée, Guillemette, la bessonne de Corentin, avait voué sa vie au Seigneur en entrant au couvent des Ursulines de Québec ; la seconde, Yvonne, s'était amourachée du cadet des

Simard, Bastien, qui lui avait déjà fait six enfants. Manon n'aimait guère son gendre. Oh, certes, grâce à son frère Jacquelin, il avait du bien, une belle ferme, des bois, des gens, mais elle le trouvait un peu berluzeau. De plus, il avait la réputation d'être un foutre-midrille et elle avait bien vu, la dernière fois qu'elle s'était rendue au lac des Mille Iles, que sa fille n'était point heureuse.

Elle ne voulait pas que pareille mésaventure arrive à Marie-Reine. Elle avait vingt ans passés et ressemblait beaucoup à sa mère – de physionomie, non de tempérament : elle était bien moins guillerette que Manon à son âge, et fort peu jasante. Plusieurs partis s'étaient déjà présentés, mais aucun n'avait eu l'heur de plaire à Marie-Reine. Manon n'en avait tout d'abord pas pris ombrage. Lorsqu'elle-même avait été sur le point de convoler, sœur Marguerite lui avait conseillé de prendre son temps, de réfléchir, « le mariage c'est pour toute la vie ». Tout le monde n'avait pas la chance de tomber du premier coup sur un Simon ou un Télésphore, s'était donc dit Manon en pensant à ses deux époux.

Mais quand tous les jeunes hommes en âge de prendre femme durent partir pour la guerre, Manon s'était faite soucieuse. Où trouver un mari pour sa fille dans ces conditions ? La réponse s'imposait : à Ville-Marie. Un honnête artisan, un clerc, un apothicaire, un officier peut-être ? Pour bien faire, elle demanderait à Esther Simard de l'aider dans cette entreprise. Non qu'elle raffole de cette affuculante qui, depuis qu'elle était séparée de corps d'avec Jacquelin, se faisait appeler Simard de Boismêlé ; mais étant devenue elle-même une dame avec pignon sur rue, elle pouvait prétendre à fréquenter le même monde. Elle était sûre que Télésphore, dont la générosité était à la dimension de sa carrure, ne rechignerait pas à arrondir la dot de cent cinquante livres léguée par Simon à sa fille. Et Esther, qui tenait salon, connaissait tout ce que comptait Ville-Marie de beaux partis et de galants. Bien sûr, Manon tairait à Marie-Reine cette dernière raison de partir au plus vite, de peur d'effaroucher sa trop timide fille. Elle lui assurerait que sa présence était indispensable auprès d'Anne...

Après avoir concocté ce plan sans faille, Manon n'attendait que le moment propice pour le mettre à exécution. Et il semble bien qu'il se présente enfin cette nuit... Sa crise de terreur passée, Anne est retombée dans une hébétude apathique. Réveillée par son hurlement, à peine Marie-Reine a-t-elle passé le seuil de la chambre qu'elle se fait apostropher par sa mère :

« Prépare nos effets et ceux d'Anne, nous partons toutes trois pour Ville-Marie ! Plie ses plus belles robes, ses caracos de satin et de velours, les câlines et les mouchoirs de col en guipure. Ah ! n'oublie point de serrer la cassette à bijoux. Quant à toi, prends ta robe d'Indienne, ton mantelet et ton manchon de ragondin, ces hardes feront l'affaire en attendant un trousseau digne de ce nom. J'veux pas t'voir sortir dans le monde attifée comme une pauvresse ! »

Estourbie par tant d'excitation, Marie-Reine n'a pas relevé le terme de « trousseau » qui pourrait lui mettre la puce à l'oreille. Sous la tornade, elle se garde de poser des questions. Elle connaît sa mère : lorsque celle-ci a une idée en tête, il ne fait point bon la contrarier. Elle se demande seulement pourquoi Manon veut absolument qu'elle emporte ses plus beaux vêtements d'hiver alors que l'on est en plein été. Compte-t-elle séjourner en ville jusqu'à la mauvaise saison ? Comment va-t-elle décider Anne à partir ? Mais là encore, la jeune fille ne doute pas que la détermination de sa mère l'emportera. D'ailleurs, Anne est désormais trop faible pour protester autrement qu'en paroles.

Manon n'a pas perdu de temps : dès le lendemain matin, les trois femmes embarquent dans la gabarre de Ti-bosse, auquel la sage-femme a expliqué, pour justifier l'urgence de leur départ, qu'Anne devait consulter un médecin en ville. Le temps est clément et, malgré la force du courant qui oblige à louvoyer, les voyageuses sont rendues à bon port au soleil couchant. A peine a-t-elle mis pied à terre que Manon cherche du regard un loupiot à dépêcher, moyennant quelque piécette, auprès de Télésphore. D'habitude, ils sont légion à baguenauder près du quai, taquinant l'éperlan ou jouant à ricochée. Mais elle ne voit que des soldats en patrouille, mousquet chargé à l'épaule, la mine longue comme un jour sans pain. « Eh bien puisqu'il le faut, j'irai moi-même ! », dit-elle. Puis elle intime à Ti-bosse l'ordre de rester auprès des jeunes filles jusqu'à son retour.

En remontant la rue Saint-Laurent jusqu'au croisement de la rue Saint-Paul où Télésphore a sa maison, « notre maison », songe-t-elle avec une pointe d'orgueil, elle s'étonne du peu d'animation. Les quelques rares passants arborent des visages sévères et se hâtent de rentrer chez eux. Arrivée devant sa porte, Manon frappe plusieurs fois sans qu'on lui ouvre. « Ah, ça ! Va-t-on me répondre ? » peste-t-elle, agacée, en lançant un peu plus fort le heurtoir de bronze en forme de rabot. Télésphore est très fier de ce symbole de sa charge ; lorsqu'il l'a fait apposer sur la lourde planche de chêne, il lui a conté que Jean sans Peur avait un rabot pour blason. Elle entend encore son mari entonner de sa voix de baryton la chanson composée par maître Adam Billaud, menuisier et poète à ses heures :

« L'astre inhumain qui fut à ma naissance, dans un rabot mit tout mon revenu... »

L'huis grince enfin et dans l'entrebâillement apparaît le minois craintif de Lison, la soubrette que Télésphore a engagée.

« Oh, c'est vous Madame ! s'écrie la gamine, toute surprise, sans bouger pour autant.

– Vas-tu m'ouvrir, coquine ! Es-tu babiche ! » la houspille Manon en poussant la porte et en s'engouffrant dans la maison. La servante se protège instinctivement derrière son tablier de droguet.

« C'est que nôt' maître a dit de barrer la porte et de point ouvrir à quiconque ! se défend-elle.

— Et où est-y donc, maître Tretault ?
— A c't' heure, il est à souper chez Monsieur Simard.
— Eh bien, cours le chercher, ou j'm'en vas t'maudire une claque ! Qu'est-ce t'as donc à bâiller aux corneilles, niquedouille ! »

Lison ne se le fait pas dire deux fois. Elle détale en direction de l'imposante bâtisse à trois feux, deux en pignon et un au centre, signe d'une manifeste prospérité. Cette maison bourgeoise rivalise avec celle que l'ancien coureur des bois devenu commerçant a laissée à son épouse volage, non loin de là.

« Jacquelin est donc en ville ! Cela tombe à pic », pense Manon, toute à son plan. Comment se douterait-elle que l'associé de Télésphore n'a pu rejoindre son domaine mis à sac par les sauvages, et qu'il doit se soumettre comme les autres habitants aux consignes strictes de couvre-feu instaurées par le gouverneur depuis l'attaque de Lachine ?

Soudain, un branle-bas dans l'escalier la fait sursauter. Un, deux, trois... quatre uniformes des compagnies franches de Marine déboulent, puis s'arrêtent net en la voyant. Ils se fendent en un profond salut avant de passer la porte et de reprendre leur chahut. Intriguée, sourcils froncés, Manon les suit des yeux tandis qu'ils descendent vers le port et ses estaminets où, elle en est sûre, ces fringants vont se perdre dans les bras de quelque carogne ou autre toupie. Tout compte fait, elle revient sur son idée de marier sa fille à l'un de ces officiers qui fréquentent les scandaleuses. Et d'abord, que font-ils dans « sa » maison ?

Enfin, la haute stature de Télésphore s'encadre dans la porte restée ouverte. Sous sa tignasse rousse en bataille, il écarquille les yeux de surprise. Manifestement, il ne s'attendait pas à l'arrivée inopinée de sa femme.

« Ah, Manon, ma mie, t'v'là ! Mais quelle mouche t'a piquée de t'adonner ainsi sans m'avertir et sans escorte ! C'est folie ! Le pays fourmille d'Iroquois ! » gronde-t-il, l'air plus contrarié que content de revoir Manon.

Echaudée par l'accueil de son époux qu'elle avait imaginé tout autre, Manon rétorque vertement, poings sur les hanches, poitrine en avant :

« La folie n'est-elle pas de votre côté, Monsieur Tretault, qui remplissez " ma " maison de gabans qui vont faire les garodets dans les tavernes et les tripots dès la nuit tombée? J'attends votre explication! ajoute-t-elle en tapant du pied.

– Là, ma mie, point d'chicane! Le gouverneur, dont je suis l'obligé, je te le rappelle, depuis que je lui dois cette commande de deux cents gabarres, m'a demandé d'héberger ces jeunes officiers et leurs ordonnances. La maison est pleine! Il n'est pas jusqu'à l'appentis et l'atelier qui ne soient jonchés de leurs paillasses! C'est bien le moins que j' pouvais faire pour un homme qui m'a rendu si riche, pas vrai? »

Manon balaie l'argument avec humeur. De ce discours, elle n'a retenu qu'un fait : sa maison est envahie de soldats! A moins qu'ils ne déguerpissent, il serait inconvenant que Marie-Reine et Anne logent sous le même toit qu'eux. Puis elle réfléchit : dans le fond, ce contretemps sert ses desseins. Puisque les deux jeunes femmes ne peuvent décemment habiter chez elle dans ces conditions, elle va demander à Esther de les accueillir. Cette dernière ne pourra refuser. Ainsi, sans le savoir, Marie-Reine aura tout loisir d'être approchée par ces partis que guigne sa mère pour elle, et l'atmosphère galante et primesautière des soupers d'Esther aura peut-être raison de la tristesse d'Anne.

« Trêve de placotage, mon ami, il se fait tard, et j'ai laissé Anne et Marie-Reine avec nos malles à la garde de Ti-bosse sur le ponton d'accostage. Elles doivent s'impatienter. Envoyez, je vous prie, une carriole les quérir.

– Anne, Marie-Reine? Mais que ne me le disais-tu! Je vais les chercher de ce pas! » dit précipitamment Télésphore, interloqué par le ton hautain et le voussoiement employés par son épouse. Puis, se reprenant : « Mais où allons-nous les loger? Ici, c'est impossible avec tous ces gaillards!

— Chez Esther, bien sûr ! répond Manon avec un petit air entendu.
— Chez Esther ? Mais j'croyais qu'tu la t'nais pour une bâdrante !
— Nous sommes parentes, et puis elle a bien changé, m'a-t-on dit.
— Ah bon ? »

Télésphore n'en revient pas. « C'est ben juste qui dit femme varie ben fol qui s'y fie », bougonne-t-il en marchant à grands pas en direction du port, suivi de l'une des ordonnances qui tire le chartil à bras.

Une heure plus tard, les effets des trois femmes ont été chargés sur la carriole. Télésphore, Manon et les deux jeunes filles se présentent à la porte d'Esther. La soubrette qui leur a ouvert s'en va prévenir sa maîtresse. Le son d'une transcription d'un air de Lulli laborieusement tapotée sur un clavicorde s'interrompt. Une exclamation de surprise se fait entendre, bientôt suivie du froufrou d'une robe de satin. Esther fait son entrée dans l'antichambre, apprêtée comme pour se rendre à une audience royale. Bouclettes, dormeuses de perle, châtelaine, dentelles, rien ne manque. Affichant un sourire de convenance, elle s'exclame :

« Mes bonnes, mes très chères ! C'est joie de vous voir ! Quel bon vent vous amène ? »

Mise au courant de la situation par Manon, Esther ne se fait pas prier pour offrir son hospitalité. Cela ne lui déplaît pas, au contraire : elle a le beau rôle. Elle fait mille grâces à celles qu'elle appelle ses « chères cousines », ordonne aussitôt à sa servante d'apprêter une chambre pour les deux jeunes filles.

« Je vous suis si obligée, ma bonne ! minaude sans vergogne Manon, décidée à entrer dans le jeu de son hôtesse pour arriver à ses fins. Vous n'aurez pas affaire à une ingrate », ajoute-t-elle, histoire de lui rappeler que désormais elle aussi est nantie.

Tout en se répandant en politesses, Manon passe les lieux au crible d'un regard inquisiteur. Mazette ! Quel luxe ! Des miroirs biseautés aux lourds cadres chantournés, des fauteuils recouverts de brocart, un tapis de la Savonnerie, des tentures des Flandres et, là, un curieux meuble aux tiroirs ventrus marquetés d'écaille de tortue enchâssés dans des ferrures dorées.

« Je vois que vous admirez ma commode ! remarque Esther avec fierté. C'est l'œuvre d'un ébéniste du roi, un certain Monsieur Boulle... »

Ainsi donc, Esther dépense sans compter son héritage et ses rentes et continue d'imiter tout ce qui se fait à la Cour, s'amuse Manon. Le séjour à Ville-Marie promet d'être cocasse... Elle n'est pas au bout de ses surprises : en soulevant le tapis de soie brochée d'un guéridon, elle découvre un petit être en livrée amarante blotti sous les plis du tissu.

« Ah ! » crie Manon, avec un petit saut en arrière. Interdite, elle interroge Esther du regard, en désignant l'enfant à la peau d'ébène. « Voici Jonas, mon négrillon, dit Esther, fort satisfaite de l'effet produit. Eh bien petit fripon, c'est donc là que vous vous cachiez? Venez demander pardon de votre insolence à votre maîtresse ! »

A quatre pattes, l'enfant s'approche du cothurne de satin brodé que lui tend Esther et baise le soulier. Choquée par ces façons, Manon ne peut réprimer un haut-le-cœur. « C'est le cadeau d'un ami, un ami très proche qui est armateur à Nantes et commerce avec les Antilles. Ce petit bonhomme est aussi doux qu'un chiot et plein de drôlerie. Ces esclaves sont fort à la mode à Paris », explique obligeamment Esther.

Un toussotement impatient vient l'interrompre. C'est Télésphore, qui veut prendre congé : il a promis à Jacquelin de rejoindre le petit groupe de notables que celui-ci a réuni chez lui pour discuter de l'attitude à tenir dans le conflit qui désormais oppose ouvertement les Canadiens aux Anglais et à leurs alliés amérindiens. Manon ne cache pas sa déception : elle qui croyait qu'une fois Anne et Marie-Reine installées chez Esther, elle pourrait enfin jouir des transports tant attendus de son vigoureux époux !

« Quel fâcheux vous faites, mon cher Télésphore ! s'écrie Esther. Eh bien, pour vous punir, je garde Manon à souper, et elle passera la nuitée ici. Il ne serait pas séant qu'une dame de qualité coure les venelles dans la noirceur. J'ai convié quelques-unes de mes connaissances qui meurent d'envie de connaître les potins de Versailles. Car, voyez-vous, j'entretiens une relation épistolaire avec une personne qui a ses entrées dans les salons de la Marquise de Sévigné. Ainsi, je suis à la pointe des moindres nouvelles de la Cour... J'ai encore reçu une missive il y a quelques jours à peine, et je brûle de vous la faire partager. »

Exaspéré par la futilité de ce babillage, Télésphore hausse les épaules, pose un bec sur la joue de sa femme et passe la porte, trop content de s'échapper.

En s'éloignant, le charpentier a juste le temps de voir, se dirigeant à la lueur d'un falot porté par un serviteur, le petit groupe des convives invités au souper qu'Esther donne tous les mercredis, hormis durant le carême. Elle a choisi ce jour, car elle a ouï-dire qu'à Paris, c'était celui de la semaine que consacraient les dames de la noblesse à leur salon littéraire. Elle ne peut que faire de même, c'est évident, bien que sa bibliothèque ne contienne que très peu des quelque six cents romans et recueils de poésie publiés depuis 1660. Aussi, lors de ces soirées, lui arrive-t-il de relire plusieurs fois le même ouvrage. Ce qui ne semble guère indisposer les invités, toujours les mêmes – « mon cercle », dit-elle avec emphase –, qui se pressent vers sa maison.

Ouvrant la marche, il y a d'abord l'apothicaire Aristide Bouillon – « un beau nom à médicamenter » avait plaisanté un jour Télésphore, paraphrasant sans le vouloir Monsieur Molière ; le bonhomme est pressé, impatient d'entendre parler des dernières inventions que patronne le monarque. Dans ses pas vient un marchand regrattier avec lequel Jacquelin a eu maille à partir à propos d'une cargaison de rhum frelaté, cet intermédiaire véreux ayant fait couper l'alcool avec de l'eau ; derrière se dandine un jeune gandin poudré, relégué au Canada par lettre de cachet à la demande expresse de son père ; s'appuyant lourdement à son bras, une dame corpulente en mantille noire, Madame Morin, une couvassière, soi-disant parente de l'astrologue qui a fait le thème astral de l'héritier de la couronne à sa naissance ; suit un homme à l'air revêche, maître Pharamond, le notaire obséquieux d'Esther qui porte sur sa longue figure sa réputation d'avaricieux, mais se pique de bel esprit.

« Joli monde ! Ma pôv' Manon ! Bah, ça t'apprendra à faire la Madame ! » pouffe Télésphore.

Frappant l'une contre l'autre ses petites mains sèches que l'âge commence à friper, Esther fait taire ses invités qui commentent avec des lippes gourmandes les délicatesses du souper qu'elle vient de leur offrir. « Ce potage glacé était un délice. Comment l'appelez-vous déjà ? Une vichyssoise ? Quelle originalité ! Et ces cailles en aspic au verjus ! Un véritable péché ! Je vais devoir aller à confesse dès potron-minet », se trémousse Madame Morin en subtilisant quelques bugnes qu'elle glisse discrètement dans son réticule. Manon et Marie-Reine se sont assises dans les bergères les plus à l'écart possible du cercle des thuriféraires d'Esther. Ce qui n'empêche nullement le jeune gandin poudré de tordre le cou pour lancer des œillades éhontées à Marie-Reine. Se déclarant lasse du voyage et sans appétit, Anne, quant à elle, n'est pas descendue de la chambre.

« Gentes dames et gentils messieurs, commence Esther dans un silence religieux, en dépliant l'épaisse liasse de feuillets avec un air de conspiratrice. Voici ce que m'écrit ma bonne, ma très chère amie, dont vous comprendrez aisément que je doive taire le nom. Une indiscrétion est si vite arrivée et dans sa position, cette personne pourrait en subir les fâcheuses conséquences. »

Et pour cause : l'épistolière, qui fait dûment payer ses services, n'est autre que l'une des femmes de chambre de la Marquise de Sévigné, qui sachant lire et écrire, et se trouvant dotée d'esprit pratique, puise la matière de ses missives dans les lettres de sa maîtresse à Madame de Grignan. Pour faire bon poids, la donzelle ajoute quelques anecdotes de son cru, ou qu'elle a glanées auprès de ses congénères, laquais et soubrettes qui suivent la Cour entre les Tuileries, Saint-Germain, Sceaux et Versailles.

Bras tendu, Esther entreprend la lecture dans une attitude théâtrale qui sied, pense-t-elle, aux premières lignes de la missive.

« Je vous apporte, ma bonne, une bien triste nouvelle, qui a plongé la Cour dans l'affliction. » Esther fait une pause avec une mine tragique, sans se douter, tant elle est dupe de sa correspondante, que celle-ci va jusqu'à reprendre le terme affectueux par lequel Madame de Sévigné s'adresse à sa fille bien-aimée. « La fille de Monsieur est morte. Funeste destin que celui de cette enfant enlevée au monde au même âge que sa mère. Chacun sait qu'elle se morfondait depuis que le roi l'avait obligée à épouser Charles II d'Espagne. La rumeur affirme que craignant qu'elle puisse empêcher son époux de rejoindre la ligue d'Augsbourg contre la France, le conseil autrichien de Charles II avait décidé de se défaire d'elle et qu'elle a été empoisonnée en mangeant une tourte d'anguilles et que ses caméristes qui en ont mangé après elle sont mortes de même. » Hormis Manon et Marie-Reine qui ne s'y retrouvent guère dans ces filiations royales, les auditeurs d'Esther prennent des airs attristés de circonstance, comme s'ils avaient connu la défunte. Madame Morin sort de sa manche un mouchoir bordé de dentelle et se tapote les yeux.

Esther a changé son masque de tragédienne pour un air coquin, signe qu'est venu le temps de nouvelles plus frivoles. « Depuis le mariage de sa fille Mademoiselle de Nantes avec Monsieur le duc, petit-fils du prince de Condé, Madame de Montespan n'est pas reparue à la cour. Elle vit, dit-on, retirée à Paris, où le roi lui sert toujours une rente de mille louis d'or par mois... »

« Mille louis d'or ! » s'exclame le notaire. Agacée de cette interruption, Esther pince le nez, avant de poursuivre :

« Comme chaque année, elle va prendre les eaux à Bourbon. Les méchantes langues disent que cela la console d'avoir été supplantée dans le cœur de notre roi et qu'elle n'est plus dans l'âge où l'imagination frappée par de vives impressions envoie aux carmélites. Ainsi que je vous l'ai déjà écrit, c'est Madame de Maintenon, qu'elle avait tirée de la misère où l'avait plongée son veuvage, qui s'est acquis toutes les prospérités du roi. A plus de cinquante ans passés! On ne saurait imaginer tant d'ingratitude. Elle occupe un appartement de plain-pied à celui du roi, où il se rend tous les jours, après son dîner, avant et après le souper. Mais ce n'est pas tout. Tenez-vous bien ma chère, le roi l'aurait épousée en secret sur les conseils de son confesseur le père La Chaise. D'ailleurs à la messe, elle occupe désormais l'une des tribunes réservées aux souverains, ce qui marque bien son élévation. On la dit fort dévote et à l'écart des intrigues. Elle a fait bâtir, à Saint-Cyr, au bout du parc du château, une maison où elle a rassemblé des jeunes filles pauvres de qualité qu'elle fait élever dans la foi et l'obéissance et qu'elle dote sur les revenus de l'abbaye de Saint-Denis que le roi a fait allouer à cet établissement. Monsieur Racine y a donné une représentation de son *Esther*, dont l'héroïne, chuchote-t-on, ne serait autre que Madame de Maintenon. Le roi a complimenté l'auteur de cet ouvrage en disant : " Racine a bien de l'esprit. " Quant à moi, je le trouve d'un ennui à mourir. Ah! ma chère, depuis que cette dame est entrée en fortune auprès du roi, Versailles n'est plus ce qu'il était. Finies les fêtes fastueuses, les carrousels, les loteries dans le salon de Marly où l'on voyait Madame de Montespan, Madame de Thiange, Madame de Chevreuse jouer à la marchande et tenir boutique. Les chambres vertes des jardins de Monsieur Le Nôtre ne bruissent plus de tendres soupirs, on ne parcourt plus la carte de coquetterie de peur de déplaire. Austérité et sobriété sont de mise. Jugez-en vous-même. Car la plus grande affaire qui soit à la Cour est une chose qui a donné plus de peine à Sa

Majesté et qui lui a coûté plus de temps que ses dernières conquêtes : c'est la défaite des fontanges, à plate couture. Plus de coiffures élevées jusqu'aux nues, plus de bourgogne, plus de jardinières, on fait usage de ses cheveux comme on faisait il y a dix ans ! »

« Ho, ho ! » souffle Madame Morin en fixant la maîtresse de maison avec un méchant sourire qu'elle cache dans les replis de son menton. Esther tâte d'une main tremblante le savant échafaudage qui surmonte son visage pointu. Furieuse de n'avoir pas sauté ce passage qui la ridiculise, elle se mord la lèvre et manque défaillir de honte. Manon essaie de refréner le fou rire qui la gagne. Elle se divertit fort, même si elle ne comprend pas grand-chose à ce galimatias. Marie-Reine, en revanche, s'ennuie. Toute cette vanité, cette inconséquence, ces fadaises que colporte la lettre, l'insupportent.

Comme elle s'apprête à se retirer le plus discrètement possible, elle heurte le coude de l'apothicaire qui s'est assoupi.

« Quoi, qu'est-ce ? » dit le bonhomme, confus d'être pris en flagrant délit d'inattention. Aussitôt, pour reprendre contenance, il demande : « N'est-il point question de sciences dans cette lettre ? » Il brûle de savoir où en est cette méridienne que Louis XIV a fait commencer en 1669 par Caffini et Picard, et que La Hire poursuit vers le nord depuis 1683 ; elle passe pour devoir être le plus beau monument de l'astronomie. Et qu'en est-il des observations de ces physiciens dont le monarque a financé l'expédition à la Cayenne, et qui ont démontré l'aplatissement de la Terre ? Et des travaux du Hollandais Huygens sur l'anneau de Saturne, et de ceux du Danois Rømer sur la vitesse des rayons du soleil – tous deux membres de l'Académie des sciences fondée par Colbert ?

« Non, il n'y est point question de sciences, Monsieur, mais de ce qui se passe à la Cour, répond sèchement Esther en redressant le buste. D'ailleurs n'êtes-vous point abonné au *Journal des Savants* depuis sa création il y a bientôt quinze ans ? »

Cette diversion bienvenue a fait oublier l'incident de la coiffure. L'apothicaire se tasse dans son fauteuil, ne pouvant avouer qu'il n'a plus les moyens de recevoir les doctes feuilles. C'est que depuis qu'il a été cité en 1682 comme témoin au procès en sorcellerie de la cabaretière Anne Lamarque dite La Folleville, accusée de pratiques occultes, ses clients se méfient. Ils ont peur que les crimes qui ont envoyé la Marquise de Brinvilliers, l'empoisonneur Exili et ses disciples Le Sage, la Voisin et la Vigoureux brûler sur le bûcher, n'aient inspiré la coquine et ses acolytes. L'esprit de soupçon qui hante la chambre ardente a traversé l'océan, et le pauvre Bouillon en fait les frais. Son officine périclite ; c'est pour cela qu'il est si assidu aux soupers d'Esther – au moins ces soirs-là mange-t-il à sa faim !

Croyant reprendre la main sur l'assistance, la maîtresse de maison se met à lire des extraits du recueil de François, duc de La Rochefoucauld, un livre que l'on lit avidement à la Cour, précise-t-elle. Mais lorsqu'elle en arrive à cette maxime que « L'amour-propre est le mobile de tout », Madame Morin, qui d'habitude somnole dès les premières minutes de lecture, lève un œil et lui fait remarquer, aigre-douce :

« C'est bien la vingtième fois que vous nous servez ce passage, ma chère.

– C'est que vous n'entendez rien à la philosophie », lui réplique Esther.

Fort à propos, la soubrette arrive, portant un plateau de croxignoles aux amandes et des citronnades au sirop d'orgeat. C'est le signal que les convives vont devoir se retirer.

A voir les lèvres pincées d'Esther et à l'entendre soupirer « des perles aux cochons » en repliant la précieuse lettre qu'elle lie d'un ruban, Manon se doute que ce n'est pas le moment de lui parler de ses projets de mariage. Mieux vaut la flatter afin qu'elle soit dans de meilleures dispositions. Aussi, une fois les invités partis, tout en sirotant son verre de citronnade, Manon susurre-t-elle :

« Ma chère, qui croirait, après un tel souper et autant de jeux d'esprit, que la guerre est à notre porte?
— Oh, la guerre, la guerre, ne parlez point de choses aussi fâcheuses, quel ennui! » soupire Esther. Puis, se regardant dans un miroir de Venise soufflé de paillettes d'or, elle ajoute, songeuse : « Les cheveux comme on faisait il y a dix ans... »

La guerre est pourtant devenue la préoccupation première. Elle est au centre des conversations des habitants de Ville-Marie, et en particulier du petit groupe d'hommes qui, autour de Jacquelin, discutent d'un air sombre, dans les volutes bleues de leurs pipes de plâtre. Non pas cette guerre qui, en Europe, dresse les armées du roi — les trente régiments de milice, les compagnies de cadets des cent cinquante places frontières, les quatre cent cinquante mille hommes de troupe — contre leurs ennemis. Ce n'est pas de ce conflit-là que l'on parle — même si l'on dit qu'il sera la deuxième guerre de Cent Ans entre la France et l'Angleterre —, non plus que de l'annonce des avancées victorieuses vers Mons, Nice, Namur; ici, il n'est question que des conséquences pour la colonie. Révolté comme ses compagnons par le massacre de Lachine où il a perdu la quasi-totalité de son cheptel, de ses fourrages et de ses récoltes, mais surtout la plupart de ses voisins de ligne, des amis de toujours, Jacquelin brûle d'en découdre avec l'Iroquois. Monsieur de Frontenac doit arriver sous peu — avec, espère-t-on, des troupes dignes de ce nom. On se souvient, avec amertume, des prétendus renforts envoyés par le Marquis de Seignelay en 1684 : des gamins d'à peine quinze ans! Comme son père quand il s'agit de la colonie, le ministre de la Marine se montre parcimonieux en hommes et en deniers.

En attendant, on ne doit compter que sur soi-même, puisque Monsieur de Denonville a fait la triste démonstration de son incurie devant le désastre. Il faut donner la chasse à l'ennemi dès qu'on le signale, et non pas se terrer à l'image du gouverneur. Pour cela, il convient de mettre sur pied un détachement d'hommes aguerris, des « mousquetaires » qui sachent débusquer ces bêtes malfaisantes dans leur repaire; en un mot, il faut lever une centaine de coureurs des bois auxquels la traque en forêt et le corps à corps avec l'Iroquois ne font pas peur.

En lançant cette idée qui sera effectivement reprise quelques mois plus tard par Monsieur de Frontenac, Jacquelin pense à ses jeunes années. Il pense au courage d'hommes tels que Dollard des Ormeaux et ses compagnons, qui ont perdu la vie au Long-Sault mais dont l'action téméraire a sauvé la colonie. C'était il y a trente ans.

« Mouais, bougonne Télésphore en dépliant ses grandes jambes et en se frappant la panse. C'est plus d'nôt' âge c't'e course au sauvage. La nuit est déjà pas mal avancée. J'm'en vas m'ranger. Faut qu' j'garde mes forces pour Manon, ajoute-t-il, soudain égrillard.

– Manon? Elle est point à Saint-Ignace?

– Non, elle est arrivée tantôt avec Marie-Reine et la bru de Quentin qu'est grosse. Paraît qu'la jeune dame est point trop en santé et pis qu'elle cherche des renseignements sur sa mère, une Fille du Roy qui s'rait arrivée avec Marie-Angélique et qu'aurait été enlevée par l'Iroquois. Enfin, est-ce que j'sais... J'pouvais point les loger avec tous ces braillards qui ont mis leur fourbi dans ma maison, alors elles sont chez ta femme. Mais qu'est-c' t'as donc? C'est qu'elles soient chez Esther qui t'achale?

– Non, mais non, bien sûr! » proteste vivement Jacquelin.

Peu lui importe de savoir qui son épouse reçoit, du moment qu'elle ne fait pas scandale et qu'elle ne nuit pas à ses affaires. En l'occurrence, elle fait preuve d'une hospitalité aussi bienvenue que surprenante envers des parentes qu'elle ne s'est pas privée jusqu'ici de dénigrer. Non, c'est cette allusion à une Fille du Roy enlevée par les sauvages qui a réveillé en lui des souvenirs cuisants dont il croyait que le temps, le mariage, la paternité et la réussite l'avaient libéré. Il est vrai que son union avec Esther s'est révélée très vite une suite de faux-semblants et de menteries. Quant à ses enfants... il ne s'est jamais senti porté vers eux. Adèle a très vite quitté le foyer familial pour épouser Nicolas, le fils de Manon et de Simon, et vit loin d'ici, à Saint-Ignace. Géraud, qui est tout le portrait d'Esther et sur lequel elle a reporté tous ses espoirs, après l'humiliation de voir sa seule fille convoler avec un apprenti menuisier, est devenu le secrétaire particulier de monseigneur de Saint-Vallier, le nouvel évêque. Autant dire que ses manières raffinées et obséquieuses sont aux antipodes de celles de son père.

Reste Gaétan qui a, semble-t-il, échappé à l'influence de sa mère et qui n'a qu'une idée en tête : tracer la route, depuis qu'il a entendu les récits des voyageurs de retour des Pays d'En Haut. Il rêve d'horizons lointains, de sauvagesses lascives et peu farouches, et de fortune facile. Jacquelin a bien essayé de lui sortir ces sornettes de l'esprit, il a même intrigué sans succès pour lui obtenir l'une de ces vingt nouvelles seigneuries que l'intendant de Meulles vient d'attribuer. Mais Gaétan n'a montré aucun intérêt dans l'acquisition d'un domaine que son père était prêt à lui offrir. Il s'est même moqué de lui, rappelant à Jacquelin que lui aussi, en son temps, piaffait d'aller dans un chemin de bois. Il a cette même insolente impatience qui tenaillait Jacquelin quand il n'était encore qu'un trappeur, et qui mettait en rage le vieux Simard. Aujourd'hui, en voyant Gaétan courir les bouges et les marchandes d'amour, frayer avec des écornifleurs patibulaires, des tranche-montagnes qui lui farcissent la tête de leurs aventures dans les Pays d'En Haut, Jacquelin comprend les affres dans lesquelles il a plongé son père.

« Faudrait l'marier, p't'ben qu'ça lui mettrait du plomb dans la caboche. Une bonne fille, point bâdrante. La Marie-Reine p't'êt' ben qu'elle f'rait l'affaire ? »

Télésphore a laissé son ami à ses pensées. De l'autre côté du fleuve, le ciel s'éclaircit déjà, et il lui tarde de prendre quelque repos avant d'aller retrouver sa moitié. C'est qu'il se veut aussi fringant qu'un jeune homme. En cet instant, la guerre, l'Iroquois, le retard pris dans la livraison des dernières gabarres, les difficultés financières qu'il traverse, dues à la pénurie de numéraire dans la colonie, tout cela n'est que le cadet de ses soucis. Tandis qu'il procède à ses ablutions matinales, tout son corps anticipe déjà la chaleur de leurs ébats. Il ne voit que les seins généreux de Manon, ses tétons durcis par le désir qu'elle a de lui, il ne sent que l'odeur suave de ses cuisses rondes, il n'entend que ses gloussements de plaisir. C'est qu'ils ont été séparés trop longtemps! Avec un sourire plein de concupiscence, il s'apprête à heurter la porte du logis d'Esther, quand elle s'ouvre sur une personne vêtue d'une robe puce à crevés, la gorge pudiquement voilée par une guimpe de linon blanc. Le cheveu, plat et terne, est sagement séparé par une raie au milieu sous une câline noire, les mains gantées tiennent un missel et un chapelet. Télésphore croit s'être trompé de maison, quand il entend la voix aiguë d'Esther sortir de cet étrange accoutrement :

« Allons, mes très chères, dépêchez-vous! Nous allons être en retard à matines! »

Allons bon, voilà qui est nouveau. Depuis quand Esther est-elle devenue une baragouine? Et d'où sort-elle ces hardes de carême si peu conformes aux atours extravagants dont elle aime faire étalage? Ses excentricités lui ont même valu, avant que le prélat ne prenne sa retraite, une sévère réprimande de monseigneur de Laval qui fustigeait les femmes paraissant à l'église « avec des habits indécents, faisant voir des nudités scandaleuses de bras, d'épaules et de gorges ». Son successeur, monseigneur de Saint-Vallier, prône la même rigueur. Lors de l'une de ses rares visites à sa mère, Géraud a vertement rappelé à Esther l'anathème lancé par son supérieur contre le luxe et la vanité qui s'étalent dans tout le pays, contre « les festins, le bal, la danse, les comédies et autres déclamations ».

Heureusement, Manon, qui se présente à son tour sur le seuil, suivie de Marie-Reine et d'Anne, n'a pas revêtu de costume de pénitente. En voyant l'air ahuri de Télésphore, elle rit silencieusement et lui fait signe de ne pas broncher.

« Qu'est-ce donc qu'c'te mascarade de bigoterie? l'interroge enfin Télésphore, alors que la petite troupe descend la rue pour se rendre à Notre-Dame-de-Bon-Secours.

– La dernière mode à la Cour, mon cher, la mode imposée par la nouvelle favorite du roi, Madame de Maintenon, souffle Manon en imitant le ton flûté d'Esther.

– Ah ça, tu vas point t'attifer d'même et t'laisser manigancer par c'te cauteleuse! grommelle Télésphore.

– Ben non, gros bêta, mais j'ai besoin d'elle. Pour Marie-Reine. Pour lui trouver un bon parti. J'sais être finaude moi aussi, quand j'veux. » Puis, redevenue sérieuse, elle ajoute : « Mais c'est point seulement pour ça qu'nous v'là icitte. J'me soucie pour Anne. Faut qu'elle parle avec sœur Marguerite, et puis avec Jacquelin, aussi.

– Jacquelin, pourquoi?

– Cause qu'elle est la fille de Fleur d'églantine, l'amie de Marie-Angélique. »

Télésphore sursaute et la regarde avec incrédulité.

« Anne, la fille de Fleur d'églantine? C'est à croire! Ça a pas d'bon sens! C'est l'Jacquelin qui va êt' surpris! Après si longtemps... J'crois ben qu'il l'a jamais oubliée, sa Fleur d'églantine. » Il se tait un moment, puis ajoute avec un sourire ému : « Faut dire qu'elle était ben jolie et ben fraîche, et elle chantait si bien... »

A cette évocation admirative, Manon se sent piquée par la jalousie.

« C'est vrai qu'tu l'as connue, toi! P't'êt même ben qu't'aurais aimé la marier à la place du Jacquelin, dit-elle avec une pointe d'aigreur.

– T'es-tu donc sotte! »

La cloche de la chapelle de Bon-Secours vient mettre fin à cette passe d'armes galante. Bâti en 1675 sur l'emplacement choisi par sœur Marguerite et donné par

Monsieur de Bretonvilliers, premier seigneur de l'île de Montréal et curé de Saint-Sulpice à Paris, l'édifice fait depuis deux ans partie à perpétuité de la paroisse de Ville-Marie. Avec la ténacité et l'ardeur religieuse dont elle a toujours su faire preuve, Marguerite a réussi à amasser deux mille livres pour la construction et à faire plier l'évêque de Québec. Le sanctuaire, dont la façade porte une plaque de plomb enchâssée dans la pierre avec l'inscription « A Dieu très bon et très grand. A la bienheureuse Vierge Marie et sous le titre de Son Assomption », est devenu le lieu de pèlerinage de tous les dévots de la ville.

Et ils sont nombreux, en ce matin d'août, à implorer la protection de la Vierge et à prier pour les défunts de Lachine. Pour une fois, marguilliers, militaires et officiers de justice n'ont pas joué des coudes pour occuper le premier rang. Cette trêve du deuil a eu raison de la jalousie des préséances. Pour combien de temps? se demande Télésphore.

Profondément recueillie, Anne s'est agenouillée, la tête dans les mains. Mais lorsque s'élèvent les notes du premier cantique, sa voix monte et domine toutes les autres. Une voix d'archange dont la pureté étonne jusqu'aux sœurs de la Congrégation, et qui évoque irrésistiblement aux oreilles de Marguerite une autre voix, celle d'une de ses premières enfants, orpheline perdue dans un nouveau monde, qu'elle accueillit un quart de siècle auparavant...

Lorsque, à la fin de l'office, Manon s'approche de Marguerite pour lui présenter Anne, la religieuse a la confirmation qu'elle n'a pas été victime d'une illusion auditive. « Voici Anne, ma mère. Elle était encore enfant lorsque vous êtes venue pour la dernière fois à Saint-Ignace. Marie-Angélique, que son âme généreuse soit au Paradis auprès de Notre-Seigneur et de tous les saints, l'avait adoptée, vous en souvenez-vous? Nôt' chère sœur nous a quittées et dans ses derniers moments, elle a connu l' bonheur d'apprendre qu'Anne est la fille de Fleur d'églantine. Notre très sainte mère la

Vierge Marie a accompli un miracle en faisant que c'te petite soit précisément sauvée d'sa condition d'sauvagesse par Marie-Angélique. Mais... » Manon baisse le ton et prend sœur Marguerite en aparté. « Cette enfant a été par trop affectée par la révélation de sa naissance et la mort de sa bienfaitrice. Et puis, son époux Odilon, qu'est officier de milice et commande le détachement de Saint-Ignace avec son père, nôt' seigneur Quentin, a dû partir au lendemain de leurs noces. Elle en est sans nouvelles. Et la v'là grosse de plus de quat' lunes. Son esprit bataille avec des démons, elle est en proie à des crises de mélancolie qui la laissent dans un tel état, ça m'fait peur pour l'enfant qu'elle porte. Vous seule pouvez la raisonner, lui parler de sa mère. »

Sœur Marguerite va sur ses soixante-dix ans, mais l'âge ne semble pas avoir de prise sur ce regard à la fois vif et rempli de compassion. Avec un doux sourire, elle accède à la requête de Manon. Si cette dernière n'était pas aussi préoccupée par l'état d'Anne, elle aurait remarqué la fascination que sœur Marguerite a exercée d'emblée sur Marie-Reine.

La jeune fille ne quitte pas la religieuse des yeux. Et lorsque Manon lui demande d'accompagner Anne à la Providence chaque fois qu'elle ira s'entretenir avec sœur Marguerite, son cœur bondit de joie. Se pourrait-il que ce séjour impromptu à Ville-Marie lui donne l'occasion de réaliser son vœu – le vœu qu'elle a formé depuis qu'elle a secondé sœur Cécile, l'institutrice déléguée par la Congrégation de Notre-Dame dans la paroisse de Saint-Ignace ?

Dépitée de voir que sa nouvelle toilette n'a pas fait lever un seul sourcil dans la communauté des paroissiens, sinon chez cette bigote de Madame Morin qui lui lance un petit sourire signifiant : « Je ne suis pas dupe », Esther vient s'interposer entre Manon et sœur Marguerite. Tendant ostensiblement à la religieuse un épais jeu de cartes dont chacune est coupée de moitié, elle lui dit : « Pour vos œuvres. » Manon, qui n'est pas venue en ville depuis fort longtemps, attrape le bras de son époux et lui glisse :

« C'est-y qu'elle est d'venue folle à donner c't'e bout d'papier en croyant c'est d'l'argent ?

— Non point, ces bouts d'carton valent leur pesant de livres », lui affirme Télésphore qui a rapidement calculé le don munificent qu'Esther vient de faire à la Communauté de Notre-Dame. Et d'expliquer à son épouse que, voilà quatre ans, l'intendant Jacques de Meulles a eu l'idée d'utiliser des cartes à jouer comme monnaie, en quelque sorte des lettres de change ou des billets à ordre garantis par la couronne. Car les fonds que le roi alloue à la colonie n'arrivant qu'à l'automne, la pénurie d'argent frais est devenue chronique. Ces morceaux de cartes dûment marqués du chiffre de l'intendant sont échangés contre pièces sonnantes dès l'arrivée des fonds. Mais le succès de l'expédient est tel que notables et bourgeois thésaurisent sur la valeur à venir de ces as de trèfle et autres rois de cœur. Si bien que l'intendant est obligé d'émettre de nouvelles cartes...

Manon tourne et retourne avec méfiance la demi-dame de pique que Télésphore vient de sortir de son gousset pour appuyer sa démonstration. Elle a toujours évalué ses biens en louis, en livres, en écus et en sols, voire en peaux de castor, et cette nouveauté ne lui dit rien qui vaille. Surtout par temps de guerre. Et si le roi ne remboursait pas les sommes ainsi avancées ?

« T'as point d'dettes, au moins ? » s'enquiert-elle, brusquement inquiète. Sans répondre, Télésphore lui presse le bras pour la rassurer. Il a autre chose en tête pour le moment.

Quittant le parvis, les derniers paroissiens s'égaillent dans les rues avoisinantes. Comme on est vendredi, l'un des deux jours de la semaine où les paysans sont autorisés à vendre leurs denrées aux citadins, Manon insiste pour se rendre place du Marché, malgré les protestations de Télésphore qui voudrait rentrer tout de suite chez eux.

« Ça distraira les petites », dit Manon.

La place du Marché est en effet le lieu de rencontre de tous les bourgeois. On s'y montre, on s'y salue, on s'y donne du « Monsieur » et du « Madame ». C'est le cœur de la ville, là où avaient lieu les duels – on se souvient encore de celui qui opposa le gouverneur Perrot et Monsieur de Sainte-Hélène en 1684 – jusqu'au moment où le roi a interdit cette pratique par décret. C'est là que les huissiers lisent les arrêts, les édits et les ordonnances. Et c'est là aussi que les criminels subissent leur châtiment public. Un cheval de bois, un carcan et une potence y sont dressés en permanence, pour rappeler aux manants que l'éloignement ne les exempte pas de la justice du roi. Un petit groupe est d'ailleurs agglutiné au pied du sinistre trépan où se balance ce que Manon, Anne et Marie-Reine, horrifiées, prennent d'abord pour un pendu. Mais ce n'est que l'effigie d'un condamné par contumace.

« Un fieufi d'déserteur » commente un badaud en crachant par terre. A ces mots, Manon enfonce ses ongles dans la paume de son époux et Anne, d'une pâleur de marbre, vacille au bras de Marie-Reine. Toutes deux ont aussitôt pensé à Réjean. C'est lui qu'elles imaginent dans ce pantin de son qui se balance dans le vent. Le cœur de la mère et celui de l'amante battent du même rythme angoissé.

« Est-il seulement en vie, mon gars ? » souffle Manon, des larmes dans les yeux.

Chapitre III

Le comte de Buade de Frontenac s'apprête à accoster à Québec avec la lune des feuilles mortes. D'aucuns veulent voir dans cette arrivée au moment où la forêt s'embrase le symbole du regain d'une ardeur éteinte. Où que le regard se tourne, les érables jettent les éclats or, rouge, carmin, vermillon, orangé de leur dernière montée de sève. Leurs couleurs pavoisent les frondaisons, offrant des oriflammes éphémères au nouveau gouverneur.

Jacquelin et Télésphore n'ont pas voulu manquer un tel événement. Ils sont au nombre des badauds qui assistent au débarquement du comte et de sa suite. Ils ont bien proposé à Manon de les accompagner, mais elle a préféré rester auprès d'Anne dont la grossesse s'avère difficile.

Contrairement à ce qu'escomptait Manon, l'installation à Ville-Marie n'a guère amélioré l'état de la jeune femme : sujette à des nausées et à des pertes de connaissance, elle ne quitte la maison d'Esther que pour se rendre à La Providence auprès de sœur Marguerite, ou chez Jacquelin.

Ce dernier l'a aussitôt traitée comme sa fille. Sans doute s'est-il dit que si Fleur ne lui avait pas été ravie prématurément, Anne serait son enfant pour de bon. Sans cesse, il cherche dans ses traits ceux de cette piquante jeune femme qui le prit dans ses rets à peine débarquée du navire venu de France. Ses yeux se sont embués en reconnaissant le médaillon d'argent qu'il avait offert à Fleur et en entendant Anne lui raconter les sombres années de leur bannissement dans les bois. De son côté, elle ne se lasse pas de le questionner ; elle veut tout savoir de ce passé, de ces souvenirs perdus dans le néant de l'amnésie et qu'elle n'a pu partager avec sa mère.

« Etait-elle jolie alors ? Est-il vrai que j'ai sa voix ? Et ses yeux, n'est-ce pas ? », lui a-t-elle demandé un jour. Jacquelin a répondu par l'affirmative, rehaussant encore les couleurs de ce bonheur fugace que les Iroquois lui ont arraché. Oui, elle a les yeux de basilic de sa mère, et c'est ce qui l'a frappé avant même qu'il ne sache qui elle était. Et ce timbre de voix si pur qui fait naître en lui une délicieuse souffrance. Il se remémore le pari stupide qu'il avait fait avec Télésphore, la rencontre inopinée à l'arrivée de la goélette, et comment il a succombé à ce rire mutin.

« Elle était joyeuse, elle riait ? s'est étonnée Anne. Je l'ai si peu entendue rire, même lorsqu'elle me contait des fables. » Puis, elle a ajouté, avec tristesse : « Ah ! si je n'avais pas caché ce médaillon, si ma très chère marraine, Marie-Angélique, n'avait pas été rappelée si tôt par le Seigneur... »

Dans ces moments-là, Jacquelin trouve en lui les ressorts cachés d'une tendresse qu'il n'a jamais su montrer à ses propres enfants. Mais il ne peut satisfaire à toutes ces interrogations fébriles. « Ce que je ne sais, sœur Marguerite, elle, peut te l'apprendre », la console-t-il.

La fondatrice de l'ordre séculier de la Congrégation de Notre-Dame en Nouvelle-France a une mémoire étonnante pour son âge. Elle se souvient parfaitement, et dans les moindres détails, de l'arrivée de ce premier convoi d'épouseuses qu'elle a prises sous son aile. Elle n'avait pu, alors, s'empêcher de porter un intérêt particulier à cette amitié indéfectible qui liait Marie-Angélique et Fleur d'églantine, si différentes et pourtant si complémentaires. De leurs premières années, de leur vie avant leur exil volontaire dans la colonie, elle ne connaissait hélas que leur état d'orphelines reléguées à la Salpêtrière. « Orpheline ! », la résonance de ce mot fait frissonner Anne. Est-ce donc une malédiction qui se transmet de mère en fille ? L'enfant qu'elle porte connaîtra-t-il le même sort ? N'est-ce déjà pas à moitié le cas, puisqu'elle ne peut dire qui en est le père ? Saura-t-elle l'aimer ?

Auprès de la religieuse, elle cherche le réconfort dans la prière, dans la lumière que peut lui apporter la lecture des Saintes Ecritures ; mais elle se sent sale, indigne du regard plein de bonté et d'indulgence que pose sur elle la supérieure de la Congrégation de Notre-Dame.

« Je ne souhaite à personne les tourments dans lesquels cette enfant se débat », a dit un jour sœur Marguerite à Manon venue la visiter. Pourtant, elle-même n'a pas été épargnée par les épreuves, qui ont marqué son apostolat. En 1683, le feu a consumé la maison de la Communauté. Sœur Geneviève Durosoy, maîtresse des pensionnaires, et Marguerite Soumillard, économe, dont elle pensait qu'elles pourraient lui succéder, ont péri dans l'incendie. La mort lui a également ravi seize autres compagnes, privant son œuvre d'autant de missionnaires. Les difficultés financières se sont accumulées, et les ordres de l'évêque ne répondaient pas toujours à ce qu'elle estimait être la voie que le Seigneur lui avait tracée. Mais il lui fallait obéir, et toujours sa foi l'a sauvée du découragement et de l'abandon.

Dans le dessein de convaincre Anne qu'elle porte en elle le don le plus précieux : la vie, la sainte femme lui a cité la parabole des talents : « Celui qui ne fait pas fructifier ce qu'il a reçu du Seigneur, sera jeté dans les ténèbres. Qu'as-tu fait de ton talent ? » Et elle lui rappelle la parole de Jésus : « Va, il sera fait selon ta foi. » Anne prie, prie sans cesse, elle s'abîme dans des neuvaines, cherchant désespérément à y puiser la sérénité qui la fuit depuis cette étreinte qui a fait d'elle une pécheresse.

Mais l'angoisse, le remords la taraudent toujours, les visages d'Odilon et de Réjean hantent ses nuits. Réjean surtout, qui lui apparaît souriant, heureux au bras d'une autre dont elle ne distingue pas les traits. Elle se prend à supplier le Seigneur de la laisser mourir avant que l'enfant ne naisse.

De plus en plus inquiètes, Manon et Marie-Reine voient ses joues se creuser, ses pommettes saillir. Même Esther n'est pas indifférente à ce calvaire que semble s'imposer la jeune femme. Elle a fait placer une statuette de la Vierge et un prie-dieu dans la chambre qu'occupe Anne.

En vérité, depuis la lecture de la fameuse lettre relatant les changements introduits à Versailles par Madame de Maintenon, elle-même est devenue confite en dévotions. Elle a remisé les romans libertins, abandonné la lecture de *La Princesse de Montpensier*, où Madame de La Fayette dépeint les intrigues amoureuses de la Cour, et se plonge désormais dans les œuvres arides et sévères de Fénelon et de Bossuet. A l'image de ces penseurs, elle prône « l'instruction de l'esprit par la correction des mœurs où il faut toujours faire voir la vertu couronnée et le vice châtié ».

Pour convaincre Manon de partir sans crainte à Québec, elle lui a assuré qu'elle veillerait sur Anne comme sur sa propre fille et qu'elle interdirait désormais toute visite tardive. Mais Manon a refusé catégoriquement. « Quand le diable se fait vieux, il devient moine » : les simagrées d'Esther ne lui inspirent aucune confiance, s'il suffit d'une malheureuse lettre pour la transformer ainsi ! Bien sûr, elle regrette de ne pouvoir s'accorder cette escapade, aussi a-t-elle recommandé à Télésphore de ne laisser échapper aucun détail, pour lui faire à son retour le récit le plus circonstancié de ce qu'il aura vu.

Le comte de Frontenac a été accueilli comme un sauveur par le Conseil souverain escorté de la population en liesse. Partout, on acclame le valeureux guerrier. La ville est illuminée de flambeaux, de lanternes et de lampes ; on tire des salves de canon et de mousqueterie.

Les Canadiennes

Mais le gouverneur ne s'attarde pas dans la capitale de Nouvelle-France. Instruit de l'attaque de Lachine et de la consternation où le massacre a jeté les habitants, il fait aussitôt voile vers Ville-Marie.

A peine arrivé, il y apprend que son prédécesseur, désemparé face à la guérilla, vient de donner pour dernier ordre d'abandonner la redoute qui porte son nom, le fort Frontenac. Privés de ce verrou stratégique, les Pays d'En Haut, la région des Grands Lacs et les territoires de l'Ouest sont désormais livrés à l'appétit des Iroquois et des Anglais... Dans la dernière semaine d'octobre, après avoir jeté à l'eau provisions et canons, et miné les murailles, la garnison a donc évacué la place et pris le chemin de retour vers Ville-Marie. Par l'envoi d'un convoi de cinquante canots, Frontenac essaye vainement de prévenir cette désertion : son détachement doit faire demi-tour avant même d'avoir dépassé la pointe au Calumet.

Depuis, le nouveau gouverneur enrage. D'autant qu'il lui est pour l'instant impossible de mettre aussitôt à exécution les ordres du roi : s'emparer d'Albany et de New York. La saison, en effet, est trop avancée ; l'hiver, le redoutable hiver est déjà là, avec ses poudreries de neige qui tourbillonnent et entravent toute progression.

Les Iroquois n'en poursuivent pas moins leur harcèlement. Ils viennent narguer jusque sous ses fenêtres cet Onnontio qui les avait amenés, lors de son premier mandat, à déposer les armes. Le 10 novembre, ils mettent le feu au village de Saint-François-du-Lac ; trois jours plus tard, cent cinquante guerriers se ruent sur les habitations de La Chesnaye et de l'île Jésus, face à l'île de Montréal, tuant vingt personnes et en capturant vingt autres.

Les colons vivent à nouveau dans la terreur. Manon a voulu cacher à Anne la nouvelle de ces attaques perpétrées à moins de cinq lieues des Erables, mais à Ville-Marie on ne parle que de cela. Et un matin, elle trouve la jeune femme appareillée de pied en cap :

« Je retourne aux Erables ! lance Anne d'un air de défi. Seule s'il le faut. Tu ne pourras m'en empêcher ! »

Les Canadiennes

Et elle bouscule Manon qui cherche à lui barrer le passage. Heureusement, Marie-Reine a eu l'idée d'aller chercher Jacquelin à la rescousse. Lui seul réussit à faire entendre raison à Anne, lui démontrant qu'elle ne pourra rien apporter de plus en étant là-bas, sinon se faire tuer ou être enlevée, comme sa mère. Il faut, affirme-t-il, se fier au gouverneur, qui ne laissera pas ces provocations sans réponse...

Jacquelin a vu juste : Frontenac réorganise bel et bien les défenses. Il distribue soldats et officiers dans les postes les plus menacés. Tous sont équipés de canons, qu'ils doivent tirer afin de prévenir les habitants dès le moindre signe d'intrusion de l'ennemi. Mais le vieux briscard doit se rendre à l'évidence : bien des villages restent malgré tout à la merci des Iroquois, les troupes sont insuffisantes. Il implore, sans trop y croire, le Marquis de Seignelay de lui accorder l'envoi de « secours considérables afin de réprimer la hardiesse de ces maudits sauvages ». Mais il sait que, au mieux, les renforts demandés n'arriveront qu'au printemps, avec la libération des glaces.

Pas question d'attendre jusque-là. On ne peut risquer que les Anglais, profitant du désarroi provoqué par leurs alliés iroquois, lancent une offensive d'envergure sur le Canada. De son expérience passée, Frontenac a retenu que dans ce pays, il est vain de vouloir combattre en ordre. Il décide donc d'abandonner la tactique de la « grande guerre » pour celle de la « petite guerre », et de former des commandos de miliciens et de sauvages – Iroquois convertis, Abénakis et Hurons – pour se lancer à l'assaut des établissements anglais.

Ces hommes, il a mis du temps à les apprécier en raison de leur répugnance à toute discipline. Mais, aujourd'hui, il reconnaît tout à la fois leur bravoure et leur endurance. Il sait qu'ils n'ont pas peur des rigueurs de l'hiver. Abattre chaque jour trois à quatre lieues, chaussés de leurs raquettes et tirant leurs traînes, ne leur fait pas peur. Ils se dirigent à l'estime, ne se perdant jamais dans une vastitude sans chemins ni repères, couchant à la dure sur des branchages, se nourrissant de lièvres gelés, de biscuits et de suif. Ils sont prêts à tous les sacrifices pour défendre ce pays qui est le leur. Ils se battent pour la gloire, avec leurs propres fusils, ils ne reçoivent ni solde, ni munitions, ni nourriture, ni compensation pour avoir dû laisser leur ferme. Leur pugnacité est à toute épreuve, pourvu qu'on les laisse guerroyer à leur façon.

Trois expéditions sont ainsi préparées minutieusement, dont Frontenac confie le commandement à trois Canadiens. Le plus jeune n'a que vingt-sept ans : d'Ailleboust de Manthet est natif de Ville-Marie. Il a pour mission de s'emparer de Schenectady, qui n'est qu'à six lieues d'Albany. Robineau de Bécancour n'est guère plus âgé, mais ce Québécois a pour lui d'avoir combattu dès sa prime jeunesse en Acadie. Il connaît cette côte qui doit le mener jusqu'à Casco Bay. Le dernier flanc de cette manœuvre en tenaille, qui doit surprendre et broyer les défenses anglaises, sera dirigé par le plus expérimenté de tous : François Hertel, quarante-huit ans, originaire de Trois-Rivières. Captif des Iroquois alors qu'il n'avait que seize ans, il connaît toutes leurs ruses. Il se portera avec ses hommes et ses sauvages à l'assaut des fortins qui défendent Salmon Falls, au nord de Boston.

On est au cœur de l'hiver, et il leur faudra plusieurs semaines dans le blizzard et les bancs de neige pour parcourir les cent cinquante lieues qui les séparent de leurs objectifs. Ces trois attaques concomitantes, dont les habitants de la Nouvelle-Angleterre sont loin de se douter, vont changer la face du conflit. Pour la première fois depuis le siège de Québec par la flotte des frères Kirke, Français et Anglais vont se retrouver face à face.

« C'est point trop tôt ! » s'est exclamé Jacquelin en assistant au conseil de guerre que le comte de Frontenac a réuni dans le fort. Comme les autres, il a bruyamment approuvé le jeune Le Moyne d'Iberville lorsqu'il a exprimé ce que tous pensaient en disant : « Je ne vois pas les raisons que l'on a de ne pas leur faire ce qu'ils nous font. » Le mot d'ordre était lancé : désormais ce serait coup pour coup, et l'initiative est du côté des Français.

« Que ne puis-je y prendre part ! » s'emporte-t-il, après avoir relaté à Anne le déroulement du conseil. Mais le gouverneur de Ville-Marie, Hector de Callières, lui a fait comprendre qu'il avait passé l'âge de courir les bois et qu'il serait plus utile, en cas de besoin, dans la défense de la cité. Il a eu beau protester, arguant que Quentin de Thal des Saugaies, qui commande la patrouille de milice de Saint-Ignace, a deux ans de plus que lui : Callières a souri devant cette fougue patriotique, mais il a rappelé que le vicomte est de noblesse d'épée et donc officier par son rang.

« Ah, comme j'envie Quentin et Odilon qui ont ordre de couvrir les arrières du détachement de d'Ailleboust contre une attaque des Iroquois ! Les fourmis me démangent de les rejoindre ! »

Quentin ! Odilon ! En entendant ces deux noms, Anne tressaille, comme s'ils surgissaient du tréfonds de sa mémoire.

« Vous savez donc où ils sont, vous avez eu des nouvelles ? demande-t-elle en blêmissant.

– Non point directement, mais le gouverneur de Callières m'a laissé entendre qu'ils seraient présentement en marche vers le fort de l'Île-aux-Noix, à la pointe du lac Champlain. Ils vont être aux premières loges ! » ajoute-t-il, sans mesurer l'effet de ses paroles. La jeune femme porte la main à son giron et glisse, inconsciente, de la chaise où elle était assise.

Affolé, Jacquelin crie aussitôt à sa servante de courir chez Esther quérir Manon sans perdre un instant. Il jette pêle-mêle de grosses bûches dans l'âtre, espérant que la chaleur va faire revenir la jeune femme. Il lui tapote les joues, légèrement d'abord, puis de plus en plus fort au fur et à mesure que grandit sa peur de la voir trépasser sous ses yeux. Enfin, la sage-femme pénètre dans la salle, avec Esther sur les talons. Alléchée par le drame, celle-ci n'a pas résisté à l'envie de la suivre, et elle se précipite sur Anne.

« Poussez-vous donc, vous allez l'étouffer pour de bon ! » tempête Manon en lui décochant un grand coup de coude. Puis elle arrache les lacets du caraco d'Anne, ouvre la camisole, et sent au travers du tissu les contractions du ventre.

« Son temps est passé. L'enfant se présente », dit-elle très vite. Elle cherche anxieusement un signe de vie sur le visage d'Anne que les douleurs aiguës et rapprochées de l'enfantement n'arrivent pas à réveiller. « Des linges propres, de l'eau bouillie, des coussins, un chaudron ! » Manon lance les ordres. Mais elle s'avise soudain qu'elle n'a pas le droit d'exercer sa charge en dehors de la paroisse où elle a prêté serment. « Il faut une accoucheuse, vite ! » Jacquelin et Esther la regardent comme si elle venait de proférer une incongruité. N'est-elle pas sage-femme ? Manon ignore leur air ahuri et dépêche la soubrette, en lui recommandant de mander la praticienne la plus réputée de Ville-Marie. Puis, se tournant vers Esther, elle lui intime d'aller jusqu'à la chapelle de Notre-Dame-de-Bon-Secours et de n'en revenir qu'avec le curé. « Mon Dieu, très Sainte Vierge ! » s'étrangle Esther qui a enfin compris que les jours d'Anne et de l'enfant étaient en danger.

La matrone et le prêtre arrivent de conserve. Anne a repris ses esprits, mais elle est faible et souffre le martyre. Craignant peut-être de devoir subir les conseils de sa consœur, dont la réputation de caractère bien trempé est arrivée jusqu'à elle, la sage-femme exige de Manon, Esther et Jacquelin qu'ils sortent de la pièce où elle reste seule avec le curé au chevet de la parturiente. Ainsi l'officiant pourra-t-il administrer les derniers sacrements si la mère ou l'enfant, ou les deux, ne survivent pas, ce qui n'est que trop fréquent.

Il a fallu pousser Manon de force hors de la salle. Trop nerveuse pour s'asseoir, elle déambule dans la cuisine en bougonnant :

« Ct'e gueuse, sait-elle seulement y faire ! L'avait les mains ben sales et c'te figure de câlisse, j'ai point confiance. » Puis, s'en prenant à la servante : « Et toi friponne, es-tu sûre d'avoir mandé la bonne personne ?

– Mère, calmez-vous, la petite a fait pour le mieux », intervient doucement Marie-Reine, qui est arrivée peu de temps après la sage-femme. De retour de la ferme de La Providence où elle passe une partie de ses journées, ne voyant personne au logis d'Esther, elle s'est rendue derechef chez Jacquelin, sûre d'y trouver Anne à cette heure. A peine a-t-elle prononcé ces mots que les vagissements d'un nourrisson leur parviennent. Tous se précipitent vers la salle, à l'exception d'Esther que ces émotions fortes ont épuisée ; avisant une carafe de vin de Bordeaux, elle en lampe un grand gobelet.

« C'est une fille ! Une belle petite bougresse, bien en santé ! » s'exclame la matrone d'une voix tonitruante, à leur arrivée. Elle se rengorge comme si l'on ne devait ce chef-d'œuvre qu'à son seul talent.

« C'est-y ben vrai ? N'est-elle point un peu bleue qu'elle s'rait arrivée avec le cordon ? Est-elle bien formée, l'avez-vous donc palpée comme il faut ? » s'enquiert Manon, un peu méfiante – mais surtout pour faire bisquer sa consœur. En vérité, elle ne voit de l'enfant qu'une épaisse touffe de cheveux bruns qui émergent du lange dans lequel elle est enroulée.

La matrone redresse le menton, vexée. Manon lui trouve un air de tapinois, ainsi qu'au prêtre qui manipule ses fioles de saintes huiles et d'eau bénite pour baptiser l'enfant. Comme s'ils cachotaient quelque chose d'inavouable, de honteux. Sous le coup de la douleur, la peur de mourir aurait-elle poussé Anne à se confesser au religieux ? Lui aurait-elle livré la cause profonde de ses tourments ? Manon s'en veut de ne pas avoir davantage lutté pour rester dans la pièce, car la sage-femme, tout comme le prêtre, est tenue à la confidentialité. Or, Manon brûle de savoir, non par sordide curiosité, bien sûr, mais pour pouvoir enfin venir en aide à Anne.

D'autorité, elle prend le nourrisson des bras de la sage-femme et s'approche de l'empilage de coussins et d'oreillers où repose l'accouchée. Elle va pour allonger l'enfant entre les cuisses de sa mère, comme le veut l'usage, mais Anne serre les jambes et se recroqueville sur le côté. Choquée par cette attitude de refus si peu conforme à celle d'une jeune mère, Manon veut alors lui tendre l'enfant, mais Anne détourne la tête.

« Par tous les saints ! Tu veux donc point prendre ta fille ? »

Complètement déroutée, Manon se tourne vers le prêtre. L'air sévère, ce dernier lève les yeux vers le crucifix accroché au-dessus du manteau de la cheminée et lâche, en desserrant à peine les lèvres :

« Seigneur, pardonnez-lui comme vous avez pardonné à ceux qui vous ont offensé. » Manon comprend de moins en moins. Pourtant, elle en a vu dans sa longue pratique, des femmes accouchant dans les circonstances les plus extrêmes ! Après avoir mis au monde leur dixième ou leur douzième enfant, certaines faisaient montre, avec quelque raison, de lassitude, mais jamais d'indifférence. Car chaque petite vie nouvelle était un cadeau de Dieu.

« À qui ressemble-t-elle ? » Trop pompette pour sentir la tension qui remplit la salle, Esther a fait irruption et écarte les linges pour dégager la frimousse de l'enfant. « Oh, elle a le teint bien coloré et les cheveux bien noirs ! Est-ce drôle, on dirait qu'elle a un air de feu votre époux. C'est cette petite tignasse tout en désordre, sans doute. Mais que dis-je, c'est absurde ! » se reprend Esther en croisant les yeux de Manon qui la voudrait, en ce moment même, à six pieds sous terre. La réflexion idiote de cette jacassière vient de jeter un doute inexplicable et effrayant dans son cœur.

« Sainte mère de Dieu, se pourrait-il...? Non, ça s'peut pas ! » tremble Manon en scrutant avec une crainte indicible le petit visage rougeaud encore englué de sécrétions. Mais c'est plus fort qu'elle : cette petite bouille chiffonnée lui rappelle trop celle de Réjean à sa naissance. Elle essaie de cacher son trouble, surtout à Esther, qui ne manquerait pas d'en tirer des conclusions hâtives, et se donne des raisons de ne pas croire à cette ressemblance si frappante. « C'est une p'tite quarteronne après tout, c'est ben normal qu'elle ait la peau et les cheveux de sa mère. On voudrait tout d'même pas qu'elle ait hérité la blondeur d'Odilon. C'est toujours comme ça les métissages, à c'qu'on dit. » Elle cherche dans sa mémoire un exemple qui pourrait la rassurer, confirmer cette théorie, mais elle n'en trouve pas. Elle a toujours accouché des femmes de colons qui n'avaient point fricoté avec des sauvages.

Fine mouche, Esther a compris qu'elle pouvait profiter de cette confusion qui fait passer le visage de Manon par toutes les teintes de l'arc en ciel, pour attirer l'attention et se mettre en valeur.

« J'espère bien être choisie pour marraine de cette enfant. Après tout, il s'en est fallu de peu qu'elle ne naisse sous mon toit! C'est bien le moins que vous puissiez faire pour me remercier de mon hospitalité », dit-elle d'une voix aigrelette. Devant l'air médusé de Manon qui, pour une fois ne sait que répliquer et manque lâcher le nourrisson, elle jubile intérieurement.

C'est Marie-Reine qui sauve la mise de sa mère en lui prenant l'enfant des bras et en affirmant :

« Je regrette, Madame, mais c'est moi qui serai la marraine de cette petite. C'est un choix de longue date. Nous n'étions encore que des enfants, Anne et moi, quand nous avons fait le serment que nous serions chacune la marraine du premier-né de l'autre. Je sais aussi, car elle nous en a fait récemment la confidence, qu'elle souhaite que maître Simard en soit le parrain. » Manon ouvre de grands yeux, elle ne se souvient de rien de tel. Elle cherche l'approbation d'Anne, mais la jeune mère, la tête toujours enfouie contre les coussins, semble ne rien entendre.

Esther, qui n'a pas cru un mot des arguments de Marie-Reine, ne s'avoue pas vaincue et revient à la charge :

« Eh bien, puisqu'il s'agit d'un serment d'amitié, je m'incline, mais alors, elle pourrait au moins porter mon prénom. » Cette fois-ci, c'est le prêtre qui la fait taire en s'approchant pour prononcer, selon le rituel gallican, les formules d'exorcisme destinées à extirper Satan du corps du nouveau-né. Il oint le front de l'enfant que tient toujours Marie-Reine. Puis, lorsque vient le moment de prononcer le nom par lequel le nourrisson est accueilli dans la Sainte Eglise, c'est lui qui, non sans avoir jeté un coup d'œil aigu à Esther, articule bien distinctement :

« Au nom du Père, du Fils et du Saint-Esprit, je te baptise Marguerite, Angélique, Marie. Amen. »

Manon et Marie-Reine sourient. Ainsi, Anne, durant sa confession, a-t-elle exprimé le désir de mettre son enfant sous la protection de ces trois femmes qu'elle admire et vénère. Tout ému, et pas mécontent que l'homme d'Eglise ait rabattu le caquet de son horripilante épouse, Jacquelin caresse de ses gros doigts le petit menton en opinant. « Marguerite, c'est un ben beau nom pour une Canadienne. Un nom de fleur... » ajoute-t-il, pensif. Puis, s'avisant de l'inconfort dans lequel se trouve la jeune accouchée, il la soulève comme il le ferait d'un sac de plumes. « J'm'en vas la porter jusqu'à la grande chambre. Elle restera ici jusqu'à ses relevailles et autant qu'elle voudra. Et toi aussi Marie-Reine, t'es la bienvenue. »

Voyant que la situation lui échappe, Esther a sorti un petit éventail à nervures de nacre qu'elle agite nerveusement. Elle soupire avec affectation : « On suffoque ici ! » Puis elle emboîte le pas du curé qui sort de la salle, caressant sans doute l'espoir de lui soutirer quelque explication sur l'étrange atmosphère de cet accouchement. Car on ne lui sortira pas de l'idée que ce nourrisson n'a rien, mais absolument rien d'un Thal des Saugeaies. Et elle est bien placée pour flairer l'adultère à vingt lieues !

Contrairement à son habitude, Manon a laissé Jacquelin et Marie-Reine décider de tout sans la moindre réaction. Même l'étonnante sagacité dont sa fille a su faire preuve ne l'a pas fait ciller. Le doute qui s'est insinué en elle est trop énorme, ses pensées s'entrechoquent. Toutes les précautions qu'elle a prises, tous les obstacles qu'elle a dressés pour tuer dans l'œuf cet amour qui portait Anne et Réjean l'un vers l'autre, n'auraient donc servi de rien ? Ils auraient bravé l'interdit, osé offenser le Ciel et se damner en se donnant l'un à l'autre alors qu'Anne était déjà promise à Odilon ? Lesquels de ceux qui ont assisté à la naissance de la petite Marguerite peuvent avoir eu vent de la vérité ? Le curé, la sage-femme ? Probablement. Et Esther ? Ne soupçonne-t-elle pas quelque chose ? Manon sait gré à Jacquelin d'avoir pris l'initiative d'éloigner Anne de cette placoteuse et des commères qui fréquentent sa maison. Et d'avoir eu la délicatesse de proposer à Marie-Reine de veiller sur son amie.

Tant pis pour les projets de mariage. D'ailleurs, l'échantillon d'humanité que Manon a vu défiler dans le salon d'Esther l'a dissuadée d'avoir recours à ses services pour trouver un parti digne de Marie-Reine. Télésphore avait bien raison de se moquer de son stratagème : « T'f'rais ben d'te méfier d'c'te craqueuse qui fait accroire ce qu'elle n'est point. Si l'Jacquelin était pas si bonne pâte, y a belle lurette qu'elle s'rait sur la paille, avec toute c'te coutange pour ses franfreluches et ses falbalas. » D'abord impressionnée par le décor dans lequel évoluait Esther, Manon n'avait pas écouté son époux. Et puis, Esther lui rendait un fameux service en hébergeant Anne et Marie-Reine. Mais à des petits riens, à de petites mesquineries domestiques, et surtout aux tics qui déformaient le visage d'Esther après chacune des fréquentes visites de maître Pharamond, Manon avait fini par se dire que Télésphore avait peut-être raison et que la badrante vivait au-dessus de ses moyens.

La solution que vient de proposer Jacquelin est donc doublement la bienvenue. Elle déleste Manon d'une dette morale qui commençait à lui peser, et elle permet de garder toute la discrétion nécessaire autour de la naissance de Marguerite. Ce ne sont certes pas Madame Morin et autres cancanières de Ville-Marie qui vont venir frapper à la porte de Jacquelin, lequel ne se priverait pas de les recevoir comme il se doit. Et puis le bonhomme a l'air si heureux qu'il en a presque oublié sa frustration de ne pouvoir participer à l'offensive sur la Nouvelle-Angleterre.

Aux bourrasques de janvier a succédé la splendeur glaciale de février, où l'œil ne peut soutenir l'éclat du soleil que réverbèrent les escarpements de neige. Puis est venue la lune d'aigle annonciatrice du dégel. Depuis la naissance de la petite Marguerite, les journées se sont enchaînées, identiques. Manon vient prendre le relais de Marie-Reine auprès d'Anne, chaque fois que sa fille se rend à la Pointe Saint-Charles. Manon s'est bien un peu étonnée de cette assiduité auprès de la communauté des sœurs de Notre-Dame, mais la jeune fille a endormi sa méfiance en lui assurant qu'elle allait s'y perfectionner en arts ménagers et en couture, de manière à pouvoir un jour prochain ouvrir boutique. Elle s'en veut de ce mensonge mais elle n'ose pas, enfin pas encore, révéler à sa mère sa véritable vocation. Manon a gobé cette histoire. Elle a même encouragé sa fille, en soulignant la qualité de l'enseignement prodigué dans cet atelier dont mère Marguerite a eu l'initiative pour permettre aux jeunes filles d'avoir un métier entre les mains et d'être capables de se débrouiller, quoi que le destin leur réserve. Car cette pionnière, en avance sur les mœurs de son temps, n'a jamais faibli dans sa conviction que ce sont les femmes qui font les maisons, et que l'éducation est le fondement de la vie personnelle, familiale et paroissiale.

Renouant avec un temps ancien, Manon profite de ses visites pour faire mijoter des chaudrons entiers de bouillon de relevailles – lequel consiste en une demi-poule, des oignons, du poivre, de la carotte râpée et des queues de persil. Elle s'arrange toujours pour être présente au moment où Anne doit nourrir son enfant. Elle espère que ce contact charnel avec le petit être qu'elle a mis au monde va enfin éveiller chez la jeune femme des sentiments maternels. Vainement, elle guette un sourire, un regard de tendresse tandis qu'Anne ouvre sa camisole et que la petite fille se presse goulûment contre le sein de sa mère. Dès qu'elle en a fini, Anne repose l'enfant dans la panière qui lui sert de berceau en attendant que Télésphore ait achevé la petite balancelle qu'il a entrepris de sculpter. « Elle ne veut pas s'attacher à cette enfant, elle la repousse comme si c'était le fruit d'une union avec le diable », se dit Manon qui voit dans cette attitude contre nature la confirmation de ses craintes. Alors, c'est elle qui prend la petite, la berce et lui chante des berceuses pour l'endormir :

> *Mon doux berger, n'as-tu point vu,*
> *une fillett' la beauté même,*
> *si tu l'as vue dans ces vallons,*
> *berger, faut que tu me l'enseignes.*

Un soir, alors qu'elle vient de démailloter le bébé de ses langes et des bandelettes qui l'enserrent, Manon remarque pour la première fois, à l'angle du talon, une minuscule tache brune en forme de trèfle. La même marque de naissance que son fils. « Vierge Marie ! » C'en est trop, elle ne peut plus se taire, faire semblant. Tenant à bout de bras le petit corps dénudé qui gigote, elle se plante devant Anne.

« C't'e ptiote est la fille de mon Réjean ! J'le sais, ne nie pas ! Qu'est-ce t'as donc fait, malheureuse ! »

Sous la brutalité de l'interpellation, le regard d'Anne se trouble. Elle baisse la tête et, d'une voix étranglée :

« Ne me juge pas, Manon, supplie-t-elle. Dieu seul sait. Il m'a déjà punie en m'envoyant cette enfant qui ressemble tant à Réjean et qui sans cesse me rappelle ma faute. Je suis damnée. Oh, Manon ! Que vais-je faire au retour de Quentin et d'Odilon ? »

Anne est en larmes. Toute cette dureté dans laquelle elle s'était enfermée comme dans un scapulaire, toutes

ses défenses sont tombées d'un coup. Elle saisit sa fille et la serre sur son cœur. Manon, attendrie, en oublie les discours de morale qu'elle s'apprêtait à lui faire. Après tout, n'a-t-elle pas elle aussi, en un temps, failli succomber à la tentation ? Si sœur Marguerite ne l'avait pas retenue au bord du précipice de la turpitude...
Aussi répond-elle sans barguigner :
« Tu vas te taire, voilà tout ! Les hommes sont assez benêts pour prendre des vessies pour des lanternes. Odilon, tel que j'le connais, s'ra ben trop fier ; quant à Quentin, il va être gâteux de c'te p'tit bout. N'est-elle point mignonne ? » Puis soudain soucieuse, elle interroge :
« Qui c'est-y qui sait ? Mère Marguerite, le curé, la matrone ?
— Oui, murmure Anne.
— Le curé n'est pas un mauvais homme, malgré ses airs bourrus, et il ne trahira pas ce que tu lui as dit en confession ; quant à la matrone, si elle veut continuer son ministère, elle a point intérêt à piper mot. » Manon est bien placée pour savoir que la loi impose à la bonne femme l'obligation de garder le secret sur les indispositions et infirmités de celles qui ont recours à ses services, lorsque ces renseignements sont de nature à compromettre l'honneur ou à causer quelque honte, comme les accouchements de filles.
« Et Télésphore et Jacquelin ? s'inquiète Anne.
— Bah, Jacquelin connaît point mon gars tant qu'ça. Y verra pas l'mal et pis y t'aime trop pour t'faire d'la misère. Et Télésphore, j'voudrais ben voir qu'y bavasse. »
Justement, Jacquelin et Télésphore viennent d'entrer dans la salle, portant le berceau destiné à Marguerite. Ils le posent devant Anne comme s'il s'agissait du saint sacrement. Et les voilà tous les deux à genoux, à faire risette à l'enfant en agitant chacun un hochet à grelots.
« R'garde donc ces deux grands dadais, ont-y l'air nigauds ! » Manon se tient les côtes. Anne, à son tour, accepte enfin de se laisser gagner par cette hilarité.

Les Canadiennes

Intrigués par les éclats de voix, des gamins qui jouaient à la glissade en raclant leurs sabots sur le sol gelé viennent coller leur nez rougi par le froid contre les carreaux en faisant des grimaces.

« Ah, les pt'its drôles ! » rugit Manon en faisant mine de les chasser et en riant de plus belle.

Cette soudaine gaieté semble avoir libéré les cœurs. Anne reprend des couleurs, échange un regard de tendresse complice avec Manon. Désormais, elle n'est plus seule, elle partage avec elle ce secret de femmes. En vieux compagnons de ripaille, jamais en peine d'une occasion de festoyer, Jacquelin et Télésphore apostrophent Manon : « Holà ! la belle, on a soif ! » Bientôt, sur la table, trônent deux pichets de clairet que Télésphore accueille avec le refrain rituel des charpentiers :

« Encore un p'tit gouspillon pour nous r'mettre, pour nous r'mettre à la raison... »

Les libations aidant, la conversation s'anime et les deux hommes en viennent à parler des succès foudroyants de ces Canadiens partis à la conquête de la Nouvelle-Angleterre.

Malgré le redoux, précoce cette année, qui les oblige à marcher dans la gadoue avec de l'eau jusqu'en haut des mitasses, ils sont parvenus au but. Nicolas d'Ailleboust, secondé par les frères Le Moyne d'Iberville et Le Moyne de Sainte-Hélène, a traversé avec son groupe l'étendue glaciale et battue par les vents du lac Champlain, sans se faire repérer. Ils ont fondu sur Schenectady. Personne ne montait la garde, aussi sont-ils entrés sans peine dans la place. Le cri d'attaque a été lancé à la manière des sauvages et toute la troupe a donné en même temps. Quatre-vingts maisons ont été brûlées, une soixantaine d'habitants tués, le reste s'est rendu sans résistance.

François Hertel et ses Abénakis ont, eux aussi, atteint Salmon Falls qu'ils ont encerclé, aidés par les deux cents habitants du village acadien tout proche de Pescadouet. A peine la reddition de Salmon Falls eut-elle été acquise, que Hertel est parti prêter main forte à Robineau. Avec ses cent dix hommes, ce dernier faisait le siège de Casco Bay défendu par les huit pièces de canon de son fort et de ses quatre redoutes. Mais au bout de deux jours, les Anglais ont hissé le pavillon blanc et la garnison s'est inclinée sans avoir réellement combattu.

L'humiliation anglaise est totale et le gouverneur de Frontenac peut savourer la réussite de sa manœuvre qui a semé la panique chez l'ennemi. En homme juste, il reconnaît que les Canadiens ont « accompli des choses surprenantes ».

« Ah, Ah, des choses surprenantes ! Voilà c'qu'il a dit. Ce sont ses propres mots. T'entends Télésphore ? » A l'évocation de ces faits d'armes reconnus comme ils le méritent, Jacquelin s'emballe, comme s'il en prenait un peu sa part. « J'aurais voulu que l'Quentin entende ça, poursuit-il. Sûr qu'avec son détachement, il a barré la route aux Iroquois qui guettaient d'Ailleboust et ses hommes. Y sait y faire l'Quentin, chacun son arbre, comme les sauvages, et pas d'quartier. Quelle fête quand il va nous conter ça ! »

Le visage d'Anne s'est soudain assombri, Manon essaie désespérément d'arrêter ce torrent de paroles en se raclant la gorge.

« Ben quoi ? Qu'est-c'qu'j'ai dit ? » demande Jacquelin, avec le sentiment diffus d'avoir commis une maladresse. Voyant les larmes perler aux paupières d'Anne, il bafouille : « Pleure donc pas fillette, à c't'heure y sont p'têt' ben déjà en ch'min, y s'ront tantôt icitte. Après la volée qu'on vient d'leur maudire, c'est pas c'te trembleux d'tuniques rouges qui vont leur courir après ! »

Jacquelin se montre par trop fanfaron. Car si les attaques montées par Monsieur de Frontenac ont bien semé l'alarme dans les colonies anglaises, elles ont aussi suscité chez leurs habitants un féroce désir de revanche. Le plus virulent de tous est le pasteur Cotton Mather qui, dans son temple de Boston, hurle en chaire : « *Canada must be reduced !* » Il prêche l'anéantissement de la colonie française, la croisade contre ces « papistes métissés de sauvages ».

La riposte doit être à la mesure du camouflet : ce ne sont pas quelques centaines de paysans et de coureurs des bois que la Nouvelle-Angleterre se propose d'aligner dans la bataille, mais pas moins de deux mille miliciens, mille hommes de troupe, mille cinq cents Iroquois et trente-quatre navires de guerre. L'amiral Phips s'emparera de Port-Royal en Acadie avant de contourner Cap-Breton, de s'engager dans le détroit de Cabot puis dans le golfe, enfin de remonter le Saint-Laurent avec sa flotte pour venir assiéger Québec. Pendant ce temps, les troupes terrestres commandées par Peter Schuyler emprunteront la vallée de l'Hudson jusqu'au lac Champlain et, de là, feront route vers l'île de Montréal.

Colportée par des pêcheurs de l'île Percée et amplifiée par des matelots débarqués à Québec, la rumeur de cette invasion est parvenue jusqu'à Ville-Marie, mais ni Jacquelin ni Télésphore n'y attachent de crédit. D'ailleurs personne n'y croit, à commencer par le gouverneur. Alors !

Non, les deux hommes jugent beaucoup plus préoccupante la reprise des attaques des Agniers et des Tsonnoutouans sur Bécancour, Sorel et la Pointe-aux-Trembles, et la menace de sédition des alliés outaouais alléchés par les prix du castor que pratiquent les marchands d'Albany. D'autres nations des Pays d'En Haut, grandes pourvoyeuses de fourrures, pourraient être tentées d'en faire autant. Leur propre commerce de traite risque d'en pâtir, d'autant que la guerre a provoqué un effondrement des cours du castor sur le marché français. Sans compter que l'un de leurs petits navires marchands, qui fait la navette entre les Antilles et Québec, a été arraisonné par la flibuste anglaise, sa cargaison pillée et son équipage fait prisonnier. Si on veut obtenir sa libération, il faudra verser une forte rançon. Voilà qui n'arrange pas les affaires. Et puis, les deux associés s'inquiètent bien un peu de n'avoir aucune nouvelle de Quentin. Le court printemps va faire place à l'été, et les miliciens devraient être libérés pour les travaux des champs.

Heureusement, il y a Marguerite. Auprès de ce poupon dont ils suivent béatement les progrès, les deux hommes oublient leurs soucis. Télésphore et Manon viennent quotidiennement souper chez Jacquelin où Marie-Reine fait montre de ses talents de cuisinière. Gaétan se joint parfois à eux. Jacquelin adresse alors force compliments à la jeune fille sur ses pâtés en croûte, ses tourtières ou sa manière d'accommoder les restes de biscuits secs en bagatelles. « En voilà une qui fera une bonne épouse ! Et point portée à la dépense avec ça. S'ra ben chanceux celui qui la mariera », insiste-t-il lourdement en espérant éveiller quelque intérêt chez son fils. Peine perdue : il ne réussit qu'à faire rougir Marie-Reine et à faire fuir Gaétan qui, la dernière bouchée avalée, s'empresse d'aller rejoindre ses compagnons de débauche.

Pourtant, un soir, Gaétan rentre plus tôt et moins éméché qu'à l'ordinaire de chez Duguas dit Lafortune, où il a ses habitudes. Jacquelin se dit que son fêtard de fils a peut-être retenu la leçon : pour une fois, il a entendu la cloche qui, en application du règlement de police de 1676, défend aux tenanciers de tavernes et autres aubergistes de « donner à boire la nuit passé neuf heures du soir sous peine d'amende ». Règlement que Gaétan et tous les godelureaux de Ville-Marie transgressent allègrement.

Mais ce n'est pas un retour de sagesse qui explique cet air embarrassé, cette manière confuse de vouloir parler sans pouvoir trouver les mots. Jacquelin soupçonne alors que son fils s'est fait plumer jusqu'au dernier sol à la table de cartes qui se tient à l'étage du tripot.

« T'as perdu gros ? gronde-t-il en l'attrapant par le col et en l'obligeant à le regarder dans les yeux.

– C'est point ça, père, j'te jure, se défend le garçon. C'est que les soldats qu'ont bataillé en Nouvelle-Angleterre sont r'venus et qu'y jasent pas mal. J'ai surpris une drôle d'histoire. Un gars du régiment de d'Ailleboust a raconté qu'en revenant de Schenectady, ils

avaient fait halte dans un campement de miliciens, au bord du lac Champlain. Ils ont cru qu'il venait d'y avoir une embuscade vu que le camp était sens dessus dessous. Les hommes couraient dans tous les sens parce que leurs officiers v'naient d'tomber. Le plus jeune était mort et l'autre saignait comme un veau. Ça avait ben un peu étonné les gars de d'Ailleboust, parce qu'ils avaient point vu trace d'Iroquois su'l' chemin. Et puis le jeune officier avait un trou bien net dans le front et le capitaine criait à ses hommes de fouiller les bois et de mettre la main sur l'assassin. Quand j'ai demandé au gars s'il savait de quelle paroisse v'nait la milice, il m'a répondu : " D'Saint-Ignace, j'crois ben. " Mais c'est pt'êt' que des bavasseries d'trompette de régiment.
— Ouais, p'êt ben. Mais tiens ta langue, t'en va pas causer d'ça devant les dames, t'entends, ou j'te maudis une raclée dont tu t'souviendras. »

Jacquelin sent une sueur glacée lui couler dans le dos. Il en a l'intime conviction, ce que vient de lui narrer son fils n'est pas un racontar d'ivrogne : Odilon – parce que ce ne peut être que lui – a bien été tué, et Quentin grièvement blessé, dans des circonstances étranges. Mais tant qu'il n'en aura pas confirmation, il faut protéger Anne à tout prix. Il faut prendre le temps de la préparer à un si terrible coup du sort. Elle est encore fragile, et il suffit d'un rien pour la faire rempirer, pour que son regard passe sans transition de la gaieté à la tristesse.

Le lendemain matin, alors qu'il sort de chez lui pour se rendre chez le gouverneur de Callières afin d'en savoir plus, il se heurte à son épouse amanchée comme une veuve. Sont-ce les ragots qui sont parvenus jusqu'à elle, ou bien est-ce Gaétan qui n'a pas cru devoir se taire devant sa mère ? Toujours est-il qu'Esther a pris pour argent comptant la mort d'Odilon, et qu'elle s'apprête de ce pas à jouer les pleureuses auprès d'Anne et Manon.

« C'est affreux, quelle désolation, quelle misère, ce pauvre Odilon, si jeune ! Mais peut-être est-ce mieux ainsi. Le Seigneur s'est voulu magnanime qui l'a laissé dans l'ignorance.

– Dans l'ignorance de quoi ? Qu'est-c'est donc encore que c'te menterie ?

– Oh, je sais de quoi je parle », dit Esther d'un ton plein de sous-entendus en saisissant le heurtoir de la porte.

Jacquelin l'empoigne sans ménagement.

« Fieufie cauteleuse, t'avise point d'montrer ta face de jocrisse dans ma maison ! la menace-t-il.

– Voulez-vous bien me lâcher, espèce d'escapia !

– Coquine, j'te laisserai point !

– Gredin !

– Sacripante !

– Scélérat ! Vous oubliez à qui vous parlez !

– Oh, j'le sais qu'trop bien, carogne ! J'me suis laissé mener comme un benêt, un berluzeau. Mais c'est fini, j'en ai plus qu'assez d'tes manigances et de ta coutange, t'auras plus un sol ! »

Sous ce coup inattendu, Esther s'étouffe, cherche une dernière amabilité à jeter à la tête de Jacquelin et lâche un : « Vous n'êtes qu'un grille-boudin ! » en ramassant ses jupes.

Cette bordée d'injures a eu beau s'échanger à voix basse, elle n'a pourtant pas échappé à l'oreille fine et toujours aux aguets de Madame Morin, qui prenait le chemin de la chapelle de Bon-Secours. Voilà longtemps qu'elle attendait le moment de rendre la monnaie de sa pièce à cette Esther qui lui a fermé sa porte au prétexte qu'elle la soupçonnait de lui avoir dérobé une bonbonnière en vermeil. Elle se promet de référer aussitôt de ces écarts de langage au curé. De tels manquements sont, en effet, punis par l'Eglise depuis que monseigneur de Saint-Vallier a recommandé aux confesseurs de refuser l'absolution à ceux qui se donnent la liberté de proférer en toutes rencontres des paroles déshonnêtes.

Débarrassé d'Esther, Jacquelin croit avoir écarté le danger, sans imaginer que le pire reste à venir. Nicolas d'Ailleboust a bien rendu compte à Monsieur de Callières de l'incident du camp volant de la milice de

Les Canadiennes

Saint-Ignace et de la manière dont ses hommes se sont joints aux colons pour fouiller les bois alentour. Le dégel étant déjà bien avancé, le lac commençait à caler et ils n'ont pu s'attarder plus longtemps. Ils ont assisté à l'inhumation du jeune officier. Il a fallu l'enterrer sur place, malgré les protestations du blessé, son père, qui voulait ramener le corps jusqu'à Saint-Ignace pour que sa mère le voie une dernière fois et qu'il repose dans le petit cimetière au pied de la chapelle. Jacquelin sursaute à ces derniers mots, réalisant soudain que Quentin ignore que Marie-Angélique a quitté ce bas monde.

« C'est trop d'la misère ! soupire-t-il.

– Certes », approuve avec compassion Hector de Callières, avant de poursuivre son récit.

La balle qui a atteint le vicomte des Saugeaies a transpercé le torse de part en part, mais sans toucher semble-t-il d'organe vital. Il a perdu beaucoup de sang et malgré les médecines que lui ont administrées les Abénakis du détachement, il ne pourra être transporté avant plusieurs semaines. L'origine des coups de feu, deux d'après le bruit des détonations, n'avait toujours pas été élucidée lorsque le détachement a repris la route, mais le capitaine, un gros bonhomme au faciès sanguin, se faisait fort de retrouver la trace de celui qui avait tiré. « C'est un meurtre, un meurtre prémédité et j'ai mon idée... L'maudit n'ira pas loin ! » répétait-il.

Hector de Callières connaît les liens d'amitié et d'affaires qui unissent Jacquelin au seigneur des Erables. Il compatit à sa peine, mais la mort est une compagne familière qui a fauché tant de colons depuis la fondation de la Nouvelle-France ! C'est le tribut à payer pour défendre ce pays.

« *Fiat voluntas tua, sicut in caelo et in terra*, dit le gouverneur de Montréal, qui n'a pas oublié ses années de séminaire.

– Après ce que vous v'nez de m'dire, vous croyez vraiment que c'est la volonté de Dieu ? ne peut s'empêcher de répliquer Jacquelin.

– S'il s'agit d'un meurtre – il reste à le prouver et à en retrouver l'auteur –, je vous fais le serment que justice sera rendue et que vous verrez ce gibier de potence se balancer sur la place du Marché. »

« Si on le retrouve... et s'il n'est pas déjà à mille lieues, caché dans quelque tribu de sauvages ! » ajoute in petto Jacquelin, regrettant que le gouverneur ne manifeste pas plus de zèle à traquer l'assassin d'Odilon. Toujours est-il qu'il ne sait comment présenter cette catastrophe à Anne. Mieux vaut peut-être attendre le retour de Quentin ? La jeune femme saura toujours bien assez tôt qu'elle est maintenant veuve, et sa fille orpheline... Jacquelin essaie de se convaincre que ce n'est pas par lâcheté qu'il gardera le silence, mais pour le bien de la petite. D'ailleurs, Quentin sera bientôt là. Il va pour s'enquérir du probable rapatriement du blessé à Ville-Marie, mais le gouverneur de Montréal est appelé d'urgence auprès du comte de Frontenac : de terribles nouvelles viennent de tomber...

Faisant appel à ses talents d'habile négociateur, et grâce à moult présents, le gouverneur général de la Nouvelle-France a réussi à faire capoter le projet d'alliance entre les Iroquois et ceux qu'il appelle ses « enfants » outaouais. Pour prévenir toute autre dissidence, il a délégué La Porte de Louvigny auprès des autres nations des Pays d'En Haut. Les discours persuasifs, les mousquets et les wampuns blancs, signes d'amitié et de paix, ont fait leur effet, puisque près de cinq cents Hurons, Nippissins, Cristinaux et Outaouais viennent d'aborder l'île de Montréal avec cent dix canots remplis à ras bords de fourrures. Frontenac met à profit ce rassemblement pour retourner ceux qui, si peu de temps auparavant, étaient prêts à changer de parti, et les exhorter à combattre les Iroquois à ses côtés. La moustache et la barbiche savamment gominées, en habit de cour chamarré et brodé de galons d'or, le large feutre emplumé, épée au fourreau et casse-tête à la main, Frontenac a déployé tout le décorum nécessaire pour impressionner ses hôtes. Et pour parachever cette coalition, il les régale d'un festin grandiose de bœufs rôtis et de chiens à la broche, un de leurs plats favoris.

Si le risque d'encerclement à l'ouest et au sud est ainsi évité, le péril se rapproche à l'est et au nord. Car la menace d'invasion anglaise n'était pas un leurre. L'amiral Phips s'est bel et bien emparé de Port-Royal, en Acadie, et sa flotte vogue maintenant dans le golfe du Saint-Laurent. Et l'on a signalé l'avant-garde de l'infanterie anglaise à Chambly. Schuyler et ses hommes ne seraient plus qu'à deux jours de Ville-Marie. La ville a pris des allures de place forte depuis que Frontenac, prévoyant, l'a fait entourer d'une enceinte de pieux renforcée de redoutes de pierre.

« Ils sont à La Prairie, ils sont à Tadoussac ! » L'estafette vient d'entrer en trombe dans le bureau du gouverneur de Callières au moment où Jacquelin allait s'enquérir du retour de Quentin. La nouvelle de la progression anglaise se répand comme traînée de poudre. Lorsque Jacquelin entend que le colonel Winthrop rassemble le gros de ses troupes au lac Champlain, il désespère de jamais revoir Quentin. Les quelques miliciens qui sont restés auprès de lui ont-ils seulement eu le temps d'évacuer le blessé sans être pris par les tuniques rouges, ou, pire, par leurs sicaires iroquois ?

En quittant le fort et en remontant la côte qui mène à son logis, Jacquelin essaie de se composer un visage impavide, mais il y réussit bien mal. Car à peine a-t-il franchi le seuil que Manon, pressentant un désastre, se lève d'un bond et l'entraîne loin d'Anne. « Qu'est-c'est donc ? Qu'est-ce qu'est arrivé ? C'est Quentin, c'est Odilon, c'est Réjean ? »

Le bonhomme n'a pas la force de nier. Il est presque soulagé que Manon ait deviné qu'il était porteur de sinistres messages. Il lui raconte tout, les ragots glanés par Gaétan au cabaret, comment le gouverneur de Callières lui a donné confirmation qu'Odilon avait été tué et Quentin atteint à la poitrine. Que le blessé n'aurait point dû tarder si...

« Si quoi ?

– Les Anglais ! Ils sont à Tadoussac et au lac Champlain. Ils marchent sur Montréal. Le gouverneur de

Les Canadiennes

Callières a reçu l'ordre de descendre sur Québec pour renforcer les défenses de la ville avec ses troupes et ses miliciens. Y sont qu'deux cents soldats à Québec et on dit qu'l'Anglais a plus de deux mille hommes à pied et autant d'embarqués sur trente-quatre navires. J'crois ben qu'c'est la fin, ma bonne Manon. Mais y nous auront pas vivants, c'te maudits d'parpaillots ! » Atterrée à l'idée de devoir dire la vérité à Anne, Manon ne l'écoute déjà plus lorsqu'il ajoute :

« On va pas s'rendre comme ça sans s'battre ! »

Se rendre ? S'il est un verbe qui n'a jamais appartenu au vocabulaire du comte de Frontenac, c'est bien celui-là. Toutes les batteries de la haute et de la basse ville de Québec sont en position de tir, monseigneur de Saint-Vallier – répondant mot pour mot au pasteur Mather – exhorte ses paroissiens à la lutte « contre les ennemis non seulement de nous, Français, mais de notre foi et de notre sainte religion », quand la flotte commandée par Phips s'embosse entre l'île d'Orléans et le cap Diamant.

L'amiral anglais dépêche aussitôt à terre un émissaire porteur d'un message sommant Frontenac de se rendre, sinon lui et ses hommes s'empareront de la place, avec l'aide de Dieu et par la force des armes. Dès la descente de la chaloupe, on a pris soin de bander les yeux du commissionnaire et de le tromper par toutes sortes de bousculades, de manière à lui faire accroire que les défenseurs de la ville sont fort nombreux. Lorsqu'il ouvre enfin les yeux dans la grande salle du fort Saint-Louis, c'est pour se trouver devant un Frontenac en grande pompe, canons et jabot de dentelle, perruque poudrée, qui le toise avec superbe et le renvoie en ces mots :

« Non, je n'ai point de réponse à faire à votre général que par la bouche de mes canons et à coups de fusil ; qu'il apprenne que ce n'est pas de la sorte qu'on envoie sommer un homme comme moi ! »

Pendant six jours, les boulets français répondent à la mitraille et aux canons anglais. Deux cents volontaires canadiens protégés par les taillis, insaisissables comme des chats, parviennent à repousser les Anglais qui ont débarqué à Beauport et avancent en ligne, commettant l'erreur de se battre à l'européenne quand Frontenac a compris depuis longtemps que cela ne mène à rien. Au sixième jour, la flotte anglaise met à la voile. A terre comme sur les flots, l'ennemi bat en retraite. Une poignée d'hommes, grâce à la combativité inébranlable de leur commandant en chef, a fait perdre la face à toute une armada.

La honte au front, Phips rentre à Boston. Outre six cents tués dans ses rangs, il laisse dans les profondeurs du Saint-Laurent les épaves de six navires pour vestiges de sa défaite. Il doit maintenant rendre compte à ses « commanditaires », les marchands d'Albany, qui ont déboursé cinquante mille livres pour ce fiasco et voient anéanties leurs prétentions au monopole des fourrures en Amérique du Nord. Sans même lui laisser le temps de s'expliquer, ils le fustigent par ces mots : « A quoi bon une armée de lions quand elle doit marcher sous la conduite d'un lièvre peureux ? »

Pendant ce temps, Québec pavoise, et dans la cathédrale où l'on expose le pavillon pris à l'ennemi, monseigneur de Saint-Vallier entonne le *Te Deum*. Dans tout le pays, bourgeois, gentilshommes, paysans se congratulent. On en oublie même la rivalité qui a toujours dressé les Québécois contre les Montréalais – les premiers qualifiant avec mépris les seconds de « loups » parce qu'ils fréquentent les sauvages et les bois, les seconds traitant les premiers de « moutons ». Au lendemain de la victoire, il n'y a plus que des Canadiens.

Frontenac voudrait mettre à profit ce double succès qui a réveillé l'ardeur belliqueuse des colons et de la troupe. Il compte bien que Louis XIV lui sera reconnaissant d'avoir si magistralement défendu la colonie. Après ce triomphe, peut-être le monarque va-t-il enfin lui accorder ces renforts qu'il quémande pour conquérir définitivement la Nouvelle-Angleterre ? Il ignore, hélas, que son ministre de tutelle, le Marquis de Seignelay, vient de mourir, et que son successeur Pontchartrain se débat pour trouver les finances nécessaires à la poursuite de la guerre en Europe. Que le corps expéditionnaire français envoyé par Louis XIV en Irlande pour soutenir les troupes catholiques de Jacques II, son protégé chassé du trône d'Angleterre par le stathouder de Hollande, vient d'être anéanti à La Boyne par les Orangistes. Il ignore, enfin, que sous la bannière fleurdelisée, les fantassins se sont lancés à l'assaut du Palatinat et du Piémont. Au regard du champ de bataille européen où, désormais, toutes les armées des princes sont entrées en lice, les mérites de Frontenac paraissent bien peu de chose. En récompense de ses hauts faits, ce n'est pas un régiment, pas un bataillon, pas même une brigade que lui envoie le monarque, mais une médaille commémorative portant l'inscription : « *Francia in novo orbi victrix Kebecca liberata* », à la France victorieuse dans le Nouveau Monde et à Québec libéré. En faisant graver ce morceau de métal, le Roi-Soleil est loin d'imaginer que cette dernière formule est appelée à traverser l'Histoire.

A Ville-Marie aussi, on a fêté dignement la déroute anglaise et remercié la Vierge Marie d'avoir, une fois encore, sauvé la cité qui lui est dédiée. Les habitants se prennent à espérer des jours meilleurs, si ce n'est la paix. Mais dans la haute ville, chez Manon et Télésphore, chez Jacquelin, on n'a pas le cœur à se réjouir. On vient d'apprendre que Quentin est enfin arrivé, porté sur un brancard par deux miliciens de Saint-Ignace conduits par Jolicœur, le capitaine, et qu'il est soigné à l'Hôtel-Dieu. Manon sait que l'instant tant redouté est arrivé, qu'elle ne peut plus reculer : il lui faut parler à Anne, lui annoncer la mort de son époux, avant que de se rendre auprès du blessé.

« Mort ? Mort ? »

Anne est hagarde. Ses lèvres tremblent. Le sang se retire de son visage. Le choc est si grand qu'elle s'évanouit, et qu'il faut plusieurs minutes pour la ranimer.

« Ma faute est donc si grande que Dieu doive me punir doublement ? » interroge-t-elle faiblement en revenant à elle. A voir sa détresse, la sage-femme juge que ce serait folie de la laisser se rendre au chevet de Quentin. Mais lorsqu'elle demande à Télésphore de porter Anne jusque dans sa chambre, celle-ci se débat :

« Non, je veux voir mon père, je me dois ! » Au ton de sa voix, Manon comprend qu'il est inutile d'insister. Elle sait Anne sujette à ces retournements d'humeur qui la font passer de l'abattement à une détermination que rien ne saurait entamer.

« Puisqu'il en est ainsi, nous irons tous les quatre » consent-elle, en demandant à Marie-Reine de veiller sur sa filleule.

Tandis que le ciel bas déverse ses premières pelletées de neige molle sur la ville, emmitouflés dans leurs mantes et leurs capots, Manon, Anne, Télésphore et Jacquelin entrent en silence dans la salle voûtée de l'Hôtel-Dieu. Tout au fond, amaigri, presque squelettique, Quentin repose sur un lit étroit. Sa belle chevelure, jadis brillante comme les blés au soleil, a pris la couleur de la paille après la pluie. Il n'est pas seul. Au pied de sa couche, trois hommes discutent avec animation. Manon reconnaît l'un des fils Mercier, un des gars de Saint-Ignace, et surtout René Jolicœur, le capitaine de milice qui s'adresse avec force gestes à un personnage austère – qu'elle n'a jamais vu, celui-là.

« Le procureur du Roi, qu'est-ce qu'y fait donc là ? se demande Télésphore à voix haute.

– Pt' êt' ben qu'le gouverneur a demandé une enquête sur la mort d'Odilon », suggère Jacquelin, qui en vient à regretter son insistance auprès de Monsieur de Callières. Car la venue de l'un des plus hauts officiers de justice du pays lui fait redouter un nouveau malheur. Manon aussi est prise d'un mauvais pressentiment, et elle serre la main d'Anne à la broyer. Elle n'a pas oublié les menaces proférées par Jolicœur lorsque Réjean ne s'est pas présenté à l'embarquement de la milice. Mais le procureur du Roi, lui, ne se serait pas déplacé pour un vulgaire déserteur.

Apercevant le petit groupe qui s'avance, Jolicœur fait signe à l'officier de justice en désignant alternativement

Manon et Anne. Télésphore l'entend siffler : « Sûr qu'elles le protègent et qu'elles savent où il est, c'te reste de gibet ! »

« Vous êtes la femme Peltier, mère de Réjean Peltier, de la paroisse de Saint-Ignace ? » demande le procureur d'une voix pleine de la solennité de sa fonction. Manon flageole sur ses jambes. On ne l'a jamais appelée ainsi depuis son remariage avec Télésphore. L'air perdu, elle se tourne vers son époux qui s'interpose. Les représentants de l'autorité royale n'ont jamais fait peur à quiconque en ce pays.

« Qu'est-ce donc qu'vous voulez à ma femme, à Madame Tretault ? »

Devant la stature du maître charpentier qui le domine de deux têtes, et son air pas commode, le procureur se ratatine un peu. C'est Jolicœur qui répond à sa place, un rictus méchant déformant sa face rubiconde :

« Y a qu'son gars est un assassin, qu'il a trucidé l'jeune seigneur et blessé le sieur Quentin avec l'mousquet d'son père, le Simon ! »

A ces mots, Télésphore écarte violemment le procureur, et, ses mains levées comme des battoirs, il s'apprête à se colleter avec Jolicœur. Mais le capitaine saisit une arme posée au pied du lit et la brandit sous le nez de son adversaire.

« Et ça, c'est-y pas une preuve, ça ? C'te vergogne ! » lance-t-il en montrant la crosse gravée du sobriquet de Simon, La Liberté.

A la vue de l'inscription, Manon et Anne s'affaissent toutes deux en poussant le même cri de bête blessée. Une sœur de la Congrégation se précipite aussitôt avec un flacon de sels. Mais Jolicœur, imperturbable, poursuit :

« J'y ai mis l'temps mais j'l'ai pogné. J'savais ben qu'ça pouvait point être un sauvage qu'était embusqué à nous guetter. L'aurait point été tout seul. Et pis, l'fusil on l'avait j'té dans les broussailles, comme par bravade ! » Devant la démonstration du capitaine,

Télesphore reste coi. En son for intérieur, il doit admettre qu'apparemment, tout accuse Réjean : sa jalousie, les propos qu'il a tenus lors du mariage d'Odilon et que toute l'assistance a entendus, sa désertion... et maintenant, ce mousquet qu'il a dû prendre avec lui dans sa fuite, avec le dessein de s'en servir contre son rival. Mais sa vengeance accomplie, pourquoi a-t-il aussi visé Quentin ?

Télesphore a beau ne pas éprouver de sympathie particulière pour son beau-fils, qui le lui rend bien, il ne peut admettre qu'il soit ainsi condamné sur le seul indice que représente ce fusil, et l'intime conviction d'un capitaine de milice vindicatif et revanchard. Mais dès lors que le criminel présumé est en fuite, on peut craindre que le lieutenant général qui préside le tribunal de juridiction royale se laisse convaincre par ces arguments. Appliquant en Nouvelle-France, comme dans le reste du royaume, une justice discrétionnaire, c'est à lui seul qu'appartient de choisir le châtiment qu'il estime approprié, et il prononcera sans nul doute la peine de mort par contumace. Si Réjean se fait prendre, on ne lui laissera pas le temps de prouver son innocence, si tant est qu'il soit innocent. On le livrera au maître des hautes œuvres. Compte tenu de l'ignominie du geste dont on l'accuse, il sera soumis à la question extraordinaire, écartelé sur la géhenne, et on lui appliquera les coins jusqu'à ce que, fou de douleur, les membres brisés, il avoue ce qu'on voudra pour faire cesser la torture.

Devant le triste spectacle de Manon et Anne sanglotant dans les bras l'une de l'autre, Télesphore et Jacquelin, sans se concerter, partagent le même espoir : que Réjean, quoi qu'il ait fait, soit loin. Très loin.

Comme s'il avait lu dans leurs pensées, Jolicœur lâche fielleusement :

« Comptez point trop sur la providence, y'en a point pour c't' engeance de banni. On lui donnera la chasse. Le sieur Quentin laissera point la mort de son fils impunie. Y l'a juré d'vant moi. Demandez-lui donc ! »

Télésphore a bien du mal à se retenir d'écraser cette face d'hypocrite qui le défie. Mal à l'aise, le magistrat, quant à lui, se retire sur ces paroles énigmatiques : « J'ai entendu ce que je voulais entendre. »

« Il se réveille, il souhaite vous parler », dit alors l'une des sœurs de la Congrégation de Notre-Dame, en tirant Jacquelin et Télésphore par la manche. Confus d'avoir un temps oublié le blessé, les deux hommes s'approchent vivement de son lit. Le ton impérieux de ce dernier les surprend :

« Mes amis, le temps de me lamenter sur mon sort est passé. Dieu a voulu m'éprouver en m'enlevant ma chère épouse. Sans doute n'était-ce pas assez pour racheter les péchés que j'ai pu commettre, puisqu'il m'a aussi pris mon fils unique dans la fleur de l'âge, le privant de la belle mort à laquelle tout chrétien doit se préparer. Je voudrais avoir la mansuétude de Notre-Seigneur Jésus, savoir tendre l'autre joue. Mais je n'ai pas cette force d'âme. »

Quentin se redresse, ses yeux deviennent d'un bleu d'encre.

« Jolicœur a dit vrai, poursuit-il d'une voix vibrante. Je n'aurai de cesse que de retrouver l'assassin de mon enfant afin que justice soit rendue. Car pour moi, il ne fait aucun doute que Réjean a tué Odilon et que la seconde balle qui m'a touché lui était aussi destinée. Je paierai de fortes récompenses à quiconque pourra me renseigner sur l'endroit où il se cache, et alors je monterai une expédition pour le capturer. Au nom de notre amitié, je compte que vous me soutiendrez dans cette entreprise. »

Pétrifiés, ni Jacquelin ni Télésphore ne se sentent le courage de le contredire. Personne n'a remarqué les deux femmes, serrées l'une contre l'autre, le visage défait, qui se sont glissées sans bruit auprès du lit. Soudain, les traits du blessé s'éclairent et il tend une main tremblante vers sa bru :

« Anne, ma chère enfant, ma chère fille, viens près de moi que je baise ton front. Je ne prête aucune foi aux allégations de Jolicœur te concernant. Elles ne peuvent être que mensongères. Le bonhomme s'est laissé emporter, mais il m'est très dévoué. Je sais que ton chagrin, comme le mien, est immense, et que rien ne comblera jamais le vide cruel que laissent ces êtres chéris. Mais Dieu est miséricordieux qui atténue notre souffrance et t'a bénie en t'envoyant un enfant, l'enfant d'Odilon. Je l'ai appris du révérend qui vient chaque matin célébrer la sainte messe. Comment l'as-tu appelé?

– Mar... Marguerite... », balbutie Anne, qui arrive à peine à parler à travers ses larmes, butant sur les syllabes. Elle reprend : « Marguerite, Angélique, Marie.

– Ainsi, c'est une fille... » Quentin ne peut cacher une moue de déception, mais bien vite il attire Anne contre lui.

« Père, père, pardonnez-moi, souffle Anne en étreignant Quentin. J'ai... »

D'un geste brusque, Manon fait taire la jeune femme qu'elle croit sur le point d'avouer sa faute. Mais Quentin, heureusement, se méprend sur le sens des paroles de sa bru :

« Allons, allons, Odilon aurait été fier d'avoir une fille. Elle aura la beauté de sa mère et la sagesse de son aïeule : dans ses veines coule le sang des Sommerville et des Thal des Saugeaies. Nous l'élèverons dans la foi, l'honneur et la droiture. » Et comme Manon, baissant ses paupières rougies, n'ose le regarder, il prend un ton rassurant : « Manon, ma pauvre Manon. Je ne puis t'en vouloir. Tu n'es pour rien dans cette folie. Hélas, chaque troupeau a sa brebis galeuse. »

Manon veut trouver l'énergie de se défendre, de défendre son fils, elle s'accroche au bras de Télesphore et bégaie :

« Il a pas fait ça, ça s'peut pas, pas mon gars ! » Mais elle est interrompue par la sœur soignante qui saisit le poignet du blessé pour tâter son pouls.

« C'est trop d'agitation. La fièvre le reprend. Il vous faut le laisser », dit-elle en prenant doucement Anne par les épaules pour la forcer à se lever. Docile, le petit groupe suit la religieuse jusqu'à la porte du dortoir, croisant une femme encore jeune, en grand deuil, qui va de lit en lit.

« C'est la veuve du lieutenant de Brettevilliers, les informe la sœur. Son époux a perdu la vie à l'anse à la Famine, lors de l'expédition de Monsieur de Denonville contre les Tsonnoutouans. Ses deux fils ont succombé à l'épidémie de petite vérole. C'est une dame d'une grande piété et d'une grande noblesse. Mère Marguerite a pris soin d'elle et de ses compagnes lors de l'arrivée du dernier convoi d'épouseuses que le ministre Colbert a envoyé dans la colonie en 1673. Elle vient chaque jour visiter les malades. »

Lorsque la veuve passe devant elle et la salue d'une brève inclinaison de la tête, Anne sent un frisson la parcourir, comme si le regard froid de cette femme l'avait percée à jour.

Avant que de refermer la porte sur les visiteurs, la sœur les a prévenus que la convalescence de Quentin serait longue et qu'il était préférable qu'il reste à l'Hôtel-Dieu pour le moment, tant qu'il avait encore ces accès de fièvre. Jacquelin et Télésphore échangent un regard lourd de signification. Aussi longtemps que Quentin est cloué sur ce lit d'hôpital, il ne peut rien entreprendre.

Dans la rue balayée par des tourbillons de flocons, Manon craint pour la santé d'Anne, à peine sortie de ses relevailles. Elle force la jeune femme à presser le pas, laissant Jacquelin et Télésphore loin derrière elles. Se remémorant les paroles de la sœur hospitalière, le charpentier réfléchit à haute voix :

« Cela nous laisse le temps de nous renseigner, de mener notre enquête. Car j' peux point croire que Réjean soit l'auteur d'un tel forfait. Ce n'est pas un mauvais gars, malgré sa tête de pioche. Sa désertion veut pas dire qu'il soit devenu un criminel. Et puis, à y repenser, c't' histoire de fusil me chiffonne. Ce Jolicœur m'paraît point franc du collier. Il va ben vite en besogne. S'rait pt'êt' ben d'la calomnie, ou un coup monté. Réjean aimait ben trop son père – j'en sais que'qu'chose puisqu'il m'a toujours fait reproche que je puisse le remplacer auprès de sa mère – pour abandonner ainsi ce mousquet gravé du nom de Simon. J'peux pas laisser ma Manon s'ronger les sangs sans rien faire. Faudrait qu'on r'trouve Réjean. » Saisi par un subit découragement, il ajoute en soupirant : « Mais va savoir où il est à c'te heure ! »

Ses épaules se sont affaissées, il courbe le dos. Son pas se fait plus pesant. Voulant le réconforter, Jacquelin le prend par le bras.

« Pt'êt' ben qu't'as raison. Moi aussi, j'peux pas l'croire ! » Puis, s'arrêtant soudain sous le coup d'une idée : « Mais j'y pense, s'écrie-t-il, pour une fois, mon fêtard de freluquet pourrait ben nous servir à que'qu' chose ! Il traîne tous les soirs chez Dupuy dit La Garenne ou chez La Fortune. C'est là qu'il a entendu ces racontars sur l' trépas d'Odilon. C'est ben le diable, avec tous les coureurs des bois qui viennent dilapider leurs deniers au passe-dix ou à la quinquenove, s'il glane pas que'que confidence pour peu qu'il leur paye le coup. Tôt ou tard l'un d'entre eux aura croisé les pas de Réjean, dans un poste de traite ou dans une mission. »

Télesphore le regarde, dubitatif.

« Parce que tu crois qu'il s'est réfugié dans les grands bois ?

– Aussi vrai qu'j'aurais fait d'même. Et pis c'est l'fils de Simon. »

Cette remarque semble redonner un peu d'espoir à Télesphore, qui se redresse.

« Oui, Manon m'a dit qu'il voulait toujours suivre l'exemple de son père quand il partait à la trappe, et puis elle m'a souvent répété c'te phrase qu'Simon avait dite à Réjean quand il avait partagé ses biens : " Tu rest'ras point icitte mon gars, t'iras voir du pays. " Su'l' coup ça l'avait intriguée. Maintenant, c'est à croire qu'il lisait dans l'avenir, l'Simon... »

Gaétan a été quelque peu surpris que son père l'encourage à s'adonner à ces plaisirs qu'il lui reprochait si peu de temps auparavant. Il l'est encore plus quand Jacquelin lui tend une bourse bien remplie en lui disant de ne pas regarder à la dépense pour soutirer des renseignements sur l'endroit où Réjean pouvait s'être rendu. Mais il remplit sa mission au-delà des espérances paternelles : au bout de trois semaines, il a recueilli de la bouche d'une brigade de voyageurs ce que Jacquelin et Télésphore attendent. Un énergumène répondant au signalement de Réjean, accompagné d'une jeune fille et d'un drôle d'oiseau qui se disait donné, ont hiverné à la mission du Sault-Sainte-Marie, avant de repartir vers le sud. L'homme a troqué avec les voyageurs des peaux de castor et de renard contre un minot de blé d'Inde, du suif, deux couvertes et de la poudre. « Mais c'est point l'nom qu'tu dis, a fait remarquer le moins soûl des voyageurs. Y s'faisait appeler La Liberté, et sa femme était grosse. Un beau brin d'fille. » Sur ce, le soiffard, avec un rire grasseyant, a jeté sur la table les deniers qu'il venait de gagner si facilement, en criant : « Tavernier, une chopine ! »

Tout en débitant son récit, Gaétan observe son père et Télésphore, plongés dans d'intenses réflexions.

« Sault-Sainte-Marie, c'est qu'ça fait un bout d'chemin, marmonne Télésphore. On pourra rien tenter avant l'dégel. Mais l'Quentin non plus. On a d'l'avance sur lui et pis y sait pas. » Toujours à court d'argent, Gaétan se dit que puisque ces renseignements ont l'air si précieux, il pourrait bien monnayer encore quelques subsides. Il n'a pas plus tôt émis cette demande que son père lui maudit une claque :

« Vaurien, filou, t'es ben l'fils de ta mère ! s'écrie Jacquelin, outré. Va donc la retrouver c't'e vilaine et r'mets point les pieds chez moi ! »

Se retrouvant beaujean comme devant, Gaétan s'en va effectivement demander asile à Esther, mais chemin faisant il fait le rapprochement entre les informations éparses dont il dispose. Et si le suspect que l'on recherche pour le meurtre d'Odilon n'était autre que le fils de Manon? Et pourquoi les deux hommes ont-ils si peur que Quentin puisse apprendre dans quelle direction Réjean s'est enfui? Tiens, tiens! Il y a peut-être quelque argent à se faire de ce côté-là. Il va en parler à sa mère. Elle saura bien démêler le vrai du faux dans toute cette histoire...

Depuis que Jacquelin lui a signifié qu'il lui coupait les vivres, Esther ne décolère pas, cherchant comment se venger de ce « rapia ». Elle vient de recevoir la énième visite de maître Pharamond qui, de l'instant où il a appris les nouvelles dispositions prises par Jacquelin à l'encontre de son épouse, s'est départi de toute galanterie. Brutalement, il lui a mis sous le nez des relevés de compte, d'où il ressort qu'elle lui doit plus de trois mille livres, prêt qu'il ne lui avait consenti qu'avec la certitude que Jacquelin se portait garant. Il l'a menacée de mettre ses tapisseries, ses tableaux, ses commodes, ses bijoux, ses pelisses, et jusqu'à son négrillon à l'encan, si elle ne trouvait le moyen de se refaire et de régler ses dettes, intérêt et principal, dans les plus brefs délais. Esther s'est dressée sur ses ergots, lui répliquant que le prêt à usure était interdit par l'Eglise et qu'il risquait gros s'il venait à ébruiter leur arrangement. Surpris de se retrouver face à si forte partie, maître Pharamond lui a conseillé de se défaire de quelques-unes de ses châtelaines et de ses dormeuses en les lui confiant – il se chargerait lui-même de les négocier au mieux. Avec le produit de cette vente, il lui suggérait de se lancer dans la traite des fourrures, qui, grâce aux accords négociés par le gouverneur avec les nations des Pays d'En Haut, ne pouvait que s'avérer florissante à l'avenir.

« Mais je suis une femme, je ne puis acquérir un permis de traite, vous le savez fort bien! lui a rétorqué Esther. De plus, mon rang m'interdit de me commettre dans les affaires.

– Je comprends vos scrupules, encore que le roi a donné autorisation aux gentilshommes de la colonie de

Les Canadiennes

déroger pour faire commerce, a répondu l'homme de loi, nullement impressionné par les soi-disant quartiers de noblesse de la dame. Mais qu'à cela ne tienne, je vous servirai de prête-nom. Nous partagerons les bénéfices, et ainsi j'aurai une garantie que votre époux n'est plus en mesure de m'assurer », a-t-il ajouté, sarcastique.

Esther était prise au piège. Où trouver mille six cents livres, le prix d'un permis de traite ? Les bijoux qu'elle avait confiés à maître Pharamond n'y suffiraient pas, et puis il fallait armer un canot, recruter un équipage de voyageurs, acheter des vivres, des munitions...

Elle est en train de ressasser ses déboires, quand Gaétan lui expose le motif de l'altercation qu'il vient d'avoir avec son père. Esther n'a pas besoin de longtemps pour comprendre. Si Jacquelin et Télésphore mettent autant de zèle à retrouver la trace de Réjean et à cacher à Quentin ce que Gaétan leur a appris, c'est que le fils de Simon est pour quelque chose dans la mort d'Odilon. Ah, son mari veut sa perte ? Manon, cette manante à laquelle elle a ouvert sa maison, lui bat froid ? Ce balourd de Télésphore l'a toujours moquée ? Sans parler de cette Anne, cette demi-sauvagesse qui prend des grands airs de pénitente et qui n'est qu'une putain ! Eh bien, ils vont voir !

« Dès demain, je me rends à l'Hôtel-Dieu. Avec ce que tu viens de me dire, Quentin ne pourra refuser de m'écouter ! »

Le goût de l'intrigue l'a reprise tout entière.

Le jour n'est pas encore levé qu'Esther revêt une robe de serge grise modestement éclairée par un col de dentelle d'Alençon et une croix de marcassite, sur laquelle elle jette une mante à capuchon bordée de petit-gris. A la chapelle de Bon-Secours où elle fait ses dévotions matinales avant de se rendre à l'hospice, elle ignore Madame Morin qui, en l'apercevant, prend un air matois, la bouche en cul de poule comme si elle suçotait un bonbon au miel. Si Esther lui prêtait attention, elle verrait que la matrone, sous sa mantille, arbore la paire de dormeuses en perles fines qu'elle a remise la veille à maître Pharamond. Mais elle est trop absorbée par le discours qu'elle va tenir à Quentin.

Elle trouve le blessé calé contre les oreillers, en train d'écouter attentivement la lecture du sermon de Bossuet que lui fait Madame de Brettevilliers.

« Je vois que nous prisons les mêmes penseurs », dit Esther en forme d'introduction. Comme la dame fait mine de se lever pour la laisser seule avec Quentin, elle se récrie : « Non point, ma chère, je vous en prie. Je n'ai rien à dire à mon cher Quentin que vous ne puissiez entendre. »

Un témoin de plus et la rumeur devient ouragan, pense-t-elle. D'un regard excédé, Quentin fait comprendre à Madame de Brettevilliers qu'il en aura vite fini avec cette fâcheuse. Puis, tournant la tête vers Esther, il l'apostrophe d'un ton sec :

« Qu'avez-vous donc à me dire ? Soyez brève ! »

Esther ne se démonte pas. Le buste incliné, une main posée sur l'avant-bras de Quentin, elle prend un ton de conspiratrice pour dire :

« Des choses graves, très cher Quentin. Des révélations sur l'assassin de votre fils... » Elle laisse sa phrase en suspens. Quentin tend le cou. L'exaspération fait place à l'impatience :

« Parlez ! Mais parlez donc ! »

Lorsque Esther en a terminé avec son exposé, Quentin est abasourdi. Mais, bientôt, en lui, le doute le dispute à l'indignation.

« Etes-vous sûre de ce que vous avancez ? Mes propres amis comploteraient contre moi pour sauver la peau de ce maudit ? Réjean serait parvenu dans les Pays d'En Haut ? On l'aurait vu, dites-vous, au Sault-Sainte-Marie ? Je paierais cher pour qu'on me le ramène mort ou vif !

– Je compatis, ô combien, à votre douleur et à votre colère, qui ne sont que légitimes, dit Esther avec conviction. On ne peut laisser un tel crime impuni, n'est-ce pas ? » Esther cherche l'approbation de Madame de Brettevilliers, dont elle espère se faire une alliée. Mais la veuve la gratifie d'un regard hautain et affecte de se replonger dans la lecture de Bossuet. Esther, dépitée, ne peut retenir un petit mouvement d'épaules. Puis, après une pause qui lui paraît suffisamment décente, elle reprend :

« Il se trouve, mon très cher Quentin, que nos intérêts se rejoignent. Vous voulez retrouver le meurtrier de votre enfant, et je veux monter une expédition de traite dans les Pays d'En Haut. Gaétan, mon fils, y prendra part. Puisque vous n'êtes point en état vous-même de mener la traque, vous aurez besoin d'un homme de confiance. Vous pourriez lui confier la tâche de retrouver Réjean.

– Combien ? » Quentin va droit au fait, son regard s'est fait dur comme le fer. Il connaît Esther, il sait que seul l'appât du gain motive son empressement à vouloir l'aider, mais puisqu'il ne peut compter sur Télésphore et Jacquelin, il n'a pas le choix.

« Mille livres vous paraît-il convenable ? Il faut engager de tels frais... susurre Esther, qui demanderait encore plus si elle ne craignait un refus.

– Mille livres ? Soit ! acquiesce Quentin, sans paraître choqué par le montant de cette exigence. Commencez les préparatifs dès maintenant, et envoyez-moi votre fils pour m'en rendre compte. Je veux qu'il soit en route dès le premier jour du printemps. »

Sur ce, il adresse à Esther un geste signifiant qu'ils n'ont plus rien à se dire et qu'il ne souhaite pas la revoir. Comme Madame de Brettevilliers laisse transparaître son étonnement devant ce vil marchandage, il se justifie :

« Tout, je suis prêt à tout, même à m'allier au diable, pour mettre la main sur Réjean ! Dût-il se terrer au fin fond de la baie des Puants, je le débusquerai... »

Chapitre IV

Quentin de Thal des Saugeaies ne croit pas si bien dire en imaginant que le « gibier de potence » qu'il tient pour l'assassin de son fils unique puisse s'être tapi dans les ramifications marécageuses de la baie des Puants. Car c'est bien vers le pays du Peuple de la Parole vraie qu'en ce mois de juin 1690, Réjean progresse à grands coups de pagaie. Il dirige la chaloupe de tête, dont il a affalé la voile à l'approche de la côte. Dans son sillage, Guillaume mène la seconde embarcation de l'expédition qui les conduit jusqu'à la mission Saint-François-Xavier. En promettant à Héloïse, onze mois plus tôt, de l'emmener avec lui dans les Pays d'En Haut, Réjean était bien loin, pourtant, d'imaginer que leur fuite éperdue les entraînerait à plus de trois cents lieues de Ville-Marie...
Rafistolé par Guillaume, le canot leur avait permis de traverser le lac Saint-François, puis de s'engager par le dédale du lac des Mille Îles jusque sur le cours de la rivière des Outaouais. Le temps était redevenu clément, une douce chaleur baignait les membres endoloris des pagayeurs. Pour prévenir le risque toujours possible de tomber sur une bande de guerriers iroquois ou un détachement de miliciens à la poursuite des massacreurs de Lachine, ils ramaient de préférence au petit matin, masqués par les bancs de brume, et même de nuit lorsque la clarté de la lune le permettait. Le jour, ils chassaient à

tour de rôle, pour ne pas laisser Héloïse seule à la merci de ces convulsions qui tétanisaient ses membres.

Réjean usait parcimonieusement de son mousquet, à la fois pour économiser ses munitions et pour ne pas donner l'éveil : il ne tenait pas à rencontrer quelque curieux susceptible de demander des explications sur leur présence au profond des bois avec une femme blanche.

Guillaume, en revanche, ne revenait jamais bredouille de ses virées. Dans le panier en dirca des marais qu'il avait patiemment tordu et noué et qu'il portait comme une gibecière, il y avait toujours un lièvre, une perdrix, un rat musqué – mais aussi des bottes de baragan, des rhizomes de quenouille, quantité de faînes, les petits fruits du hêtre qu'il ferait rôtir pour ensuite les piler en farine.

Les nuits où ils ne pouvaient pas naviguer, on le voyait partir d'un pas souple à la chasse au porc-épic. Il ne craignait pas de débusquer ce nyctalope au sortir de son terrier, ce qui était fort dangereux car l'animal se hérissait alors de tous ses dards aussi acérés que des pointes de lances.

Nul n'entendait Guillaume s'éloigner, nul ne l'entendait revenir. Réjean et Héloïse sursautaient toujours en voyant sa silhouette osseuse, déformée par les sévices qu'elle avait subis, se découper à la lueur des flammes. Mais le savoir de retour les rassurait. Guillaume était leur bon génie, leur ange gardien. Qu'auraient-ils fait sans lui, eux qui ignoraient tant des secrets de la forêt?

« Tu ne nous quitteras jamais, n'est-ce pas? » demanda un jour Héloïse d'une voix angoissée, au sortir de l'une de ces crises du mal sacré dont Guillaume savait si bien la soulager. L'ancien donné jura, avec un peu de grandiloquence, « à la vie, à la mort, que le Seigneur te bénisse, ma sœur », sur le chapelet de grains qu'il portait toujours. Puis, confus de cet accès peu viril de sentimentalité, il alla cueillir des ancolies, du myrte sauvage, de la sauge et des euphorbes, autant de remèdes qui pourraient leur être de quelque secours durant leur périple.

Il faisait aussi provision de toutes sortes d'herbes et de feuilles, d'ail, de thym, de menthe, d'écopeaux de cèdre et d'érable, de grains de genévrier et de branches de thé des bois qu'il jetait pêle-mêle dans le feu pour en recueillir ensuite la cendre, le tussilage, dont il assaisonnerait ultérieurement les venaisons entassées sur des échafauds de branchages. Il fumait en effet tous les produits de sa chasse, avant de les serrer dans des rouleaux d'écorce de bouleau pour les conserver au sec.

Comme Réjean s'étonnait de cette frénésie d'accumulation, Guillaume lui avait montré une compagnie d'outardes qui filait à tire d'ailes vers le sud :

« Les frimas s'en vont v'nir. On n'entre point dans l'hiver sans provisions. »

Ce réflexe, l'ancien donné l'avait acquis auprès des sauvages qui, lorsqu'ils voyaient les premiers vols de migrateurs, ne pensaient qu'à constituer une bonne réserve de nourriture en prévision des grands froids. Plus ces messagers partaient tôt, plus le gel serait précoce. Et si, autour de la lune des feuilles qui tombent, on apercevait des caribous dans les bois au-delà de la rivière des Outaouais, alors l'hiver promettait d'être terrible, car les grands chevreuils descendaient rarement aussi bas.

Un soir, les trois voyageurs firent halte dans une petite crique abritée. Autour d'eux, les érables avaient déjà revêtu leur parure flammée, la forêt n'était plus qu'une palette d'ambres, de jaunes de chrome, de garance, de mauves chinés, de lavis noirs ; l'air était particulièrement doux et parfumé d'humus. Comme s'il voulait célébrer la munificence de cet « été des Indiens » – ou parce qu'il savait que les épreuves les plus dures commençaient là, dans ces gorges de granit rose dressées devant eux telles les portes d'un royaume interdit –, Guillaume prépara un véritable festin.

Dans un ouragan en loupe d'orme, il fit mijoter du cresson juste cueilli dans l'eau claire, des queues d'ail des bois, de la farine de quenouille et jeta dans le tout les filets d'un doré pêché peu avant. Avec des airs mystérieux, il saupoudra le plat de tussilage avant de le présenter cérémonieusement à ses « convives » :

« Vl'à l'*nadowe nabo*, la soupe des Iroquois, m'en direz des nouvelles ! » Il avait toutefois amélioré la recette en y ajoutant des psaliotes sylvestres, des massues peau de serpent, des oreilles de Judas, des trompettes de la mort et des collybies veloutées que les sauvages ne ramassaient pas, car ils se méfiaient de ces moisissures dont seul le manitou avait le secret.

Un rien goguenard, Réjean dut admettre que « ça goûtait fameusement bon ! » avant d'engloutir le contenu fumant de son écuelle. Les agapes se poursuivirent par des lamelles de porc-épic que Guillaume fit griller directement dans la flamme à la manière indienne. Et pour parfaire ce souper, avec une cabriole de magicien, il tendit à Héloïse une coupelle de feuilles de nénuphar remplie de jabomins, des groseilles sauvages.

Du bout des doigts, comme s'il s'agissait de bijoux précieux, Héloïse saisit deux grappes perlées qu'elle accrocha à ses oreilles. Pour la première fois depuis la disparition des siens, elle éclata d'un rire d'enfant et se jeta au cou de Réjean. « J't'aime, j'taime trop », dit-elle avec toute la fraîcheur de sa spontanéité.

Le feu craquait de joyeuses escarbilles, nul voile n'opacifiait la voie lactée qui semblait à portée de main. Toujours un peu gêné par les manifestations de l'amour charnel, Guillaume se retira dans la fourche d'un arbre creux, laissant le canot retourné abriter les amoureux.

Avec un naturel déconcertant, Héloïse se dénuda, offrant au rougeoiement des braises les formes un peu anguleuses de son corps gracile. Devant ces petits seins de porcelaine, sous le frôlement de ces lèvres chaudes qui le picoraient, Réjean laissa tomber ses dernières résistances. Elle l'aimait, eh bien soit, il se laisserait aimer. C'était si doux, si calme, si reposant, cet amour sans condition qui se donnait à lui et qui finirait bien par le guérir.

Cette nuit-là, leur première nuit d'amour, ils conçurent l'enfant. Du moins, Héloïse en était convaincue.

Les Canadiennes

Pour ne pas se laisser troubler par les halètements qui sortaient du canot, Guillaume fixait les étoiles. Il était inquiet, le ciel était trop pur et « l'étoile qui ne marche pas », la polaire, trop brillante. « Sûr qu'tantôt y va faire ben frette » se disait-il, songeant aux obstacles et aux imprévus qui allaient parsemer leur marche jusqu'au Sault-Sainte-Marie. Tout bon voyageur mettait six semaines pour aller de l'île de Montréal à la mission, mais cela faisait plus de trois lunes qu'ils étaient en chemin. Ils auraient dû arriver en vue du Sault Sainte-Marie, comme ils en avaient l'intention, bien avant les premières gelées, mais la faiblesse d'Héloïse, ses crises de mal sacré qui la prenaient sans crier gare, les avaient obligés à s'arrêter fréquemment et plus longtemps qu'ils n'auraient dû.

C'est en partie ce retard qui motivait l'incessante activité déployée par Guillaume à chaque bivouac. Il était toujours à poser des collets, amasser du gibier dont il grattait et tannait les peaux, tresser des nasses avec des joncs pour attraper des truites et des ouananiches qu'il coupait en deux dans la longueur avant de les faire sécher. Souvent aussi, il taillait des flèches et courbait des arcs de bois de fer durcis au feu, car leur réserve de poudre s'amenuisait; et il fallait la garder pour se défendre d'une éventuelle attaque, toujours possible de la part des hommes comme des grands prédateurs de la forêt. Si, par chance, ils surprenaient un orignal ou une harde de caribous, le mousquet leur serait bien utile : ils auraient alors suffisamment à manger jusqu'à leur destination, et de quoi se fabriquer des chaussures et des mitasses. Car hormis les maigres effets de Réjean, les deux couvertes et le capot, ils n'avaient rien pour se couvrir. Passe encore pour Réjean et lui-même, qui étaient de solides gaillards; mais la jeune fille, comment allaient-ils pouvoir la soustraire à ce froid insidieux et mordant qui engourdit ses proies dans le sommeil d'une mort lente, et sinistrement maquille d'une bouche noire leur visage devenu marmoréen?

Il avait déjà confectionné pour elle une tunique, une tuque à oreillettes et des mitaines de lapin; avec des dépouilles de rat musqué grossièrement cousues, il lui avait fabriqué des sortes de bottines qui montaient haut sur la jambe, et qu'il avait remplies de duvet de quenouille pour les rendre plus chaudes. Mais si les grands froids et les rafales s'abattaient sur eux avant qu'ils ne soient à l'abri de la mission, comme c'était à craindre, cela ne suffirait pas à la protéger.

Le petit matin renforça ses appréhensions, lorsqu'il aperçut des plaques de frasil détachées de la rive par le courant; autour du canot, le sol était jonché d'étoiles écarlates – les feuilles des érables qu'une nuit de gel avait suffi à dépouiller. Du ciel devenu jaune, les premiers flocons tombaient lentement. Pelotonnés sous la couverte et le capot, Réjean et Héloïse dormaient encore. Guillaume avait scrupule à les sortir de cette plénitude qui se lisait sur leurs visages. Pourtant, la sagesse aurait voulu qu'ils se mettent en route tout de suite.

Il amorçait le geste de secouer Réjean, quand des craquements de branches venant de l'autre bord de la rivière l'alertèrent. Il piétina aussitôt les braises du feu qu'il avait entretenu durant la nuit entre deux assoupissements, puis saisit le mousquet posé contre la coque du canot. D'instinct, Réjean se redressa, les sens en alerte. Guillaume lui montra, à l'orée des épinettes, les rameaux de saule et de coudriers qui bougeaient à contrevent.

Au travers du feuillage, ils distinguèrent un, puis deux, dix, douze museaux effilés qui broutaient les arbrisseaux, tandis que deux grands mâles, andouillers dressés, se tenaient en sentinelle. « Des caribous, on est ben chanceux », souffla Guillaume en rampant auprès de Réjean pour lui expliquer son plan à voix basse : il allait traverser la rivière, plus loin en aval, et tenter de prendre le troupeau à revers. S'il ne faisait pas mouche du premier coup, il suivrait la piste de la harde. Ce serait aisé, car en observant les marques laissées sur la première neige gelée, on savait le nombre de caribous et où ils allaient. Bien sûr, il serait parti plusieurs jours, car à cette saison les caribous se déplaçaient encore vite, mais s'il parvenait à en tuer ne serait-ce qu'un ou deux, ils n'auraient plus de souci à se faire concernant leur nourriture.

« Mais t'es-tu donc d'venu fou, tu vas t'dévirer du ch'min ! le coupa Réjean.

– Y a point d'danger, j'marquerai mon passage en tassant la neige et en cassant des branches, j'aurai qu'à suivre le sentier dans l'aut'sens pour vous r'trouver. Et pis j'sais ben qu'la cime des arbres penche vers le midi et qu'leur écorce est plus foncée au nord.

– Mais tu pourras point traîner c'tes bêtes tout seul ! », fit observer Réjean.

Il ignorait que Guillaume et le père Joseph, à leur arrivée en Nouvelle-France, avaient d'abord prodigué la bonne parole chez les Montagnais avant d'être affectés à Sainte-Marie aux Hurons. Le donné avait appris la longue traque du gibier auprès de ces chasseurs émérites. Des premières gelées jusqu'à la fin de l'hiver, les Montagnais poursuivaient, parfois pendant un mois entier, les milliers de caribous qui descendaient du pays des Cris, là où la terre ne fournit point d'autres mets que de la mousse et des feuilles. C'est grâce à cet enseignement tant physique que moral que Guillaume avait pu résister à ses tortionnaires iroquois. « Nous savons toujours où nous sommes et où nous allons », disait Tshishennu, « le vieux » qui lui avait montré la manière de saigner les caribous en coupant la jugulaire, de les dépecer et d'en enfouir les quartiers sous la neige quand celle-ci était assez épaisse. Sinon, on suspendait la viande sur des échafauds tout au long de la route, de manière à la récupérer au retour et à n'être jamais à court de provisions.

C'est exactement ce qu'il allait faire, expliqua Guillaume. Pendant ce temps, Réjean construirait là-bas, dans ce renfoncement à l'abri de la falaise, une hutte de bouleau tapissée de branches de résineux pour s'y abriter avec Héloïse. Il faudrait aussi qu'il fabrique des cadres de raquettes et un toboggan de rondins qui leur servirait pour aller chercher la viande et entasser tout leur avoir lorsqu'ils repartiraient. « Parce que c'te canot-là tiendra point encore ben longtemps dans les rapides, et j'pourrai point l'radouber », dit Guillaume avant de répéter ses dernières instructions et de donner l'accolade à Réjean.

Ils avaient parlé si bas que ni les caribous ni Héloïse n'avaient bougé. Dressant hors de l'eau son bras droit qui tenait le mousquet et la corne à poudre, Guillaume se laissa glisser et porter par le courant jusqu'à un quart de lieue de là, puis il lutta contre les remous pour remonter sur l'autre rive. Allongé près d'Héloïse qu'il recouvrait de son corps autant pour la réchauffer que pour l'empêcher d'effrayer les caribous d'un geste brusque ou d'une parole, Réjean guettait le premier coup de feu.

Longtemps après le départ de Guillaume, un claquement sec ébranla l'air, se répercutant sur les parois de granit. Il fut suivi du galop effréné des animaux qui s'égaillèrent vers l'épaisseur des bois en faisant trembler le sol gelé. De loin, Réjean vit Guillaume lui faire un signe, apparemment furieux, puis disparaître à son tour, comme avalé par la forêt.

Lorsque Héloïse apprit la raison du départ de Guillaume, elle se mit à pleurer. « C'est pour moi qu'y fait ça. J'sais bien qu'j'suis qu'un fardeau pour vous aut', sans moi vous s'riez déjà à la mission. J'suis bonne à rien. Et si y rev'nait point ? »

Réjean la consola maladroitement. Il savait bien qu'elle avait raison. Mais il avait promis de ne jamais l'abandonner, n'est-ce pas, et puis, maintenant qu'elle était devenue sienne...

Durant des jours, ils dormirent peu, travaillant fort pour tromper leur inquiétude. Réjean abattit à la hache suffisamment de troncs de bouleaux et de pins pour construire un navire. Cette hécatombe eut un effet inattendu : celui d'attirer des lièvres, que Réjean n'eut aucun mal à prendre au collet. Ils se nourrirent tant et plus de ces rongeurs au goût de sarriette et de menthe poivrée, sans avoir à entamer leurs provisions de voyage. Héloïse, les doigts en sang, s'escrimait à rouler des cordes d'écorce afin d'arrimer les rondins, et de la babiche pour le treillis des cadres de raquettes que Réjean faisait plier à la chaleur du feu.

Un jour, enfin, ils entendirent un cri, un cri de joie et de victoire qui venait de l'autre côté de la rivière. Guillaume apparut, à la lisière des épinettes, avec sur sa face un grand sourire qui le faisait ressembler à une gargouille. Il tenait une tête de caribou dans chaque main. Accrochés sur la branche qu'il avait passée sur ses épaules comme une palanche, pendaient un cuisseau, des loutres, des martres et des civettes. De l'eau jusqu'en haut des mitasses, il traversa le cours d'eau et laissa tomber son lourd chargement sur la berge. Réjean et Héloïse se précipitèrent à sa rencontre et l'embrassèrent avec des rires mêlés de larmes tant leur soulagement était grand de le voir sain et sauf.

Faussement bourru, Guillaume se dégagea de leurs embrassades pour inspecter le toboggan.

« Pas pire, apprécia-t-il en sautant dessus pour en éprouver la solidité. Ça fait ben not' affaire, parce que tantôt faut s'en r'tourner quérir les caribous.

– Combien ? demanda Réjean, admiratif.

– Deux, deux femelles. Ah, tabernouche, c'tes maudites, m'ont-elles fait courir ! » Ce fut le seul commentaire de Guillaume. Il s'attela aussitôt au dépeçage des loutres et au grattage des peaux de martres destinées à fourrer la tunique qu'il taillerait pour Héloïse dans l'un des chevreuils. Durant sa virée, la chair des martres, qu'il faisait bouillir jusqu'à ce qu'elle se détache des os, lui avait permis de faire son unique repas quotidien avant de se mettre en chasse. Car c'était à l'aube que l'on pouvait le mieux surprendre la harde.

« Et c'tes bestioles, c'est-y qu'ça goûte ? » demanda Héloïse, saisissant les civettes tachetées de gris par les pattes. Son petit nez se fronça en reniflant l'odeur prégnante qu'elles dégageaient.

« C'est point pour les manger, mais y'a pas mieux comme médecine pour t'enl'ver l'mal », lui répondit

Guillaume en riant. Il retira d'un coup de lame les glandes anales des petits carnassiers : enfin, il aurait un antispasmodique à lui administrer lors de la prochaine crise !

La nuit tomba brusquement, leur rappelant que la saison avançait. Ils se tinrent serrés autour du feu au-dessus duquel tournaient les têtes des caribous et le cuisseau embroché. A la vue des museaux aux yeux tendres, Héloïse fit une moue dégoûtée. Guillaume les avait préalablement débarrassés de leur cervelle, qu'il comptait utiliser pour assouplir les peaux.

« C'est écœurant, j'pourrais point en manger, dit-elle en repoussant le morceau dégoulinant que lui offrait l'ancien donné.

– Allons donc, c'est la première chose qu'il faut manger quand on a tué l'caribou, cause que qu'ça combat la malchance. Et pis c'est plein d'bonne graisse, et un souper sans graisse c'est point un vrai souper qu'y disait Tshishennu, le vieux qu'entendait chanter le caribou dans ses rêves, insista Guillaume.

– J'peux pas croire, toi, un donné, tu prêtes raison à c'tes fariboles d'sauvages ! s'écria Réjean.

– C'est point des fariboles, mon frère ! protesta le donné. Les sauvages y connaissent ben mieux qu'nous les grands bois et les caribous, y courent après depuis qu'nôt' Seigneur a créé la terre. Y'a ben d'la sagesse chez les sauvages, sais-tu ? »

Réjean baissa la tête et se tut, le cœur serré. Il avait déjà entendu une telle remarque, il y avait bien longtemps, dans la bouche de Petite Plume. La jeune fille n'avait jamais renié ses racines iroquoises ni les dons qu'inconsciemment elle tenait de sa mère Fleur et de sa grand-mère Sarah, la bohémienne, la fille du vent.

Cette nuit-là, bien longtemps après s'être étendu auprès d'Héloïse qui poussait de petits soupirs dans ses rêves, son image continua de le hanter. « C'te bougresse avec ses manigances du diable », disait Manon, du temps où elle accusait la petite sauvagesse d'être possédée du démon. Il la revoyait sautant dans les vagues, sa crinière brune couronnée de fleurs des champs. Puis la vision se transforma : il revit son regard affolé, ses pupilles dilatées par l'effroi muet lorsqu'il l'avait prise. « Non, pitié, laisse-moi en paix » gémit-il en enfouissant sa tête dans le creux de l'épaule d'Héloïse. Il s'assoupit enfin, en se faisant une promesse solennelle : dès leur arrivée à la mission, il épouserait la jeune fille qui dormait si confiante dans ses bras.

Le lendemain, tandis que Réjean et Guillaume suivaient le sentier menant à l'endroit où étaient entreposées les dépouilles des caribous, le donné observa à la dérobée le visage défait de son compagnon.

« T'as ben d'la misère, pas vrai ? » murmura-t-il avec compassion. Réjean grimaça un sourire contraint.

« Bah, ça m'passera! répondit-il avec brusquerie. Tantôt, quand on s'ra rendus à la mission, j'marierai Héloïse. » Tantôt, mais quand? Il ne savait même pas combien de lieues les séparaient encore du poste du Sault-Sainte-Marie où ils comptaient hiverner durant les mois les plus durs. Ah, si seulement l'amitié d'Odilon avait été aussi franche et droite que celle que lui témoignait Guillaume, il ne serait pas là, au milieu de nulle part! Il ne serait pas parjure et maudit...

Depuis l'aube, il avançait machinalement, sans même écarter les ronciers alourdis de neige qui lui fouettaient les bras et le visage. Il ne remarqua même pas que Guillaume avait fait halte et qu'assis sur une souche, il sortait des tranches de viande boucanée de sa besace.

« Hé! Le chasseur ne voyage pas en ligne droite sans s'arrêter, lui lança le donné.

– Encore un d'tes dictons d'sauvage, se moqua Réjean en prenant le casse-croûte qu'il lui tendait.

– Hé, ma foi, c'est d'bon sens! »

Dans le calme feutré de la forêt où tous les bruits étaient étouffés par le tapis de neige, Réjean se sentit soudain plus serein. La découpe des caribous acheva de lui remettre les idées en place. Guillaume lui montra comment dégager et casser avec une pierre les huit os longs de chaque animal pour en faire sortir la moelle et la couler dans les coloquintes évidées à cet effet. Ensuite, ils écorchèrent les peaux en prenant bien soin de les laisser entières, et ils chargèrent tous les morceaux sur le toboggan, y compris les foies enveloppés dans des ballotins d'écorce.

« J'm'en vas les piler pour en faire un remontant pour la p'tite. Ça lui donnera d'la vaillance », annonça Guillaume.

« Il se soucie plus que moi d'Héloïse », pensa Réjean, soudain inquiet de l'avoir laissée seule au campement. Il avait remis le mousquet à la jeune fille et lui avait montré comment s'en servir, mais quand même, elle devait être morte de peur.

Il faisait déjà sombre quand ils achevèrent leur ouvrage, et c'est à la lueur de torches de gomme résinée qu'ils retournèrent sur leurs pas, cherchant les marques qu'ils avaient laissées. En amont, à l'entrée des gorges, Guillaume avait repéré une sorte de gué constitué de grosses roches sur lesquelles ils pourraient s'appuyer pour faire glisser le toboggan d'une rive à l'autre. Ils avançaient péniblement, de l'eau glacée jusqu'à mi-cuisse, quand ils entendirent soudain des hurlements de bêtes et des cris de femme. Les hurlements longs et plaintifs provenaient d'une meute de loups gris qui, attirée par les provisions, rôdait en zigzag autour du campement en décrivant un cercle de plus en plus rapproché. Les cris étaient poussés par Héloïse qui, avec une vigueur insoupçonnée, lançait des brandons pour tenir les fauves en respect.

L'un des projectiles atteignit le plus audacieux d'entre eux, le chef de la meute sans doute, qui n'était plus qu'à quelques pas de la jeune fille, les babines retroussées sur ses crocs baveux. Avec un couinement de douleur, il se roula dans la neige, pattes en l'air, pour étouffer les flammes qui consumaient ses poils dans une odeur infecte de roussi. Puis il parvint à se relever et battit en retraite au petit trot, avec dans ses yeux rouges une lueur de reproche, suivi des autres loups dont les queues argentées traçaient des méandres dans le molleton neigeux.

Essoufflée par la lutte qu'elle venait de mener, les mains noircies et les cheveux collés de sueur et de suie, Héloïse s'effondra dans les bras de Réjean.

« Ben donc, t'es point une trembleuse, te v'là d'venue un vraie fille des bois ! s'exclama Guillaume en forme de compliment.

– T'es-tu courageuse, ma blonde ! », ajouta aussitôt Réjean en la serrant contre lui. Il n'arrivait pas à prononcer le mot d' « aimée », mais l'appellation familière qui la désignait comme sa compagne suffit à faire revenir un sourire sur le visage d'Héloïse.

Sans se concerter, les deux hommes furent traversés de la même pensée : l'alerte avait été trop grande pour demeurer plus longtemps. Le jour ne pointait pas encore qu'ils étaient déjà en route, gravissant lentement, un pas après l'autre, les rochers escarpés et glissants au-dessus des rapides qui s'engouffraient dans cet étranglement de la rivière des Outaouais. Pour se repérer, ils disposaient des empreintes laissées par les compagnies de voyageurs qui étaient déjà passées maintes fois en ces endroits et qui, à force, avaient imprimé leurs traces. La charge était si lourde qu'ils devaient s'arrêter à chaque replat pour reprendre leur respiration coupée par l'effort et le blizzard qui s'était levé. Le front ceint d'une longe de bouleau qui leur cisaillait la peau, Réjean et Guillaume portaient chacun sur le dos des paquets de viande et de gibier, en sus du poids du canot renversé qu'ils maintenaient au-dessus de leur tête. Loin derrière, Héloïse traînait le toboggan brinquebalant avec leurs effets et les pelleteries. Ils avaient eu beau ne lui laisser que ce qu'ils ne pouvaient transporter, la jeune femme peinait tant et plus dans la pente, exhalant une buée chaude qui se givrait aussitôt sur ses lèvres.

Le portage de la Culbute était parmi les plus durs et les plus longs, sur la quinzaine de verrous et d'étranglements qui jalonnaient la rivière. Des voyageurs bien plus aguerris n'y avaient pas résisté : on voyait l'emplacement de leurs tombes le long du parcours, marqué d'une croix faite de deux rames vermoulues. Alors, pensez, une jeune fille !

Enfin, ils remirent le canot à l'eau. Héloïse était assise en équilibre sur le toboggan qu'ils avaient calé en travers du milieu, Guillaume à la gouverne et Réjean à la proue. Ils n'avaient pas ramé plus d'une lieue que les fissures de l'esquif laissaient filtrer des paquets d'eau à chaque remous.

« C'est point la peine ! » cria Guillaume en manœuvrant vers la rive. Une fois au sec, il constata qu'il ne pouvait rien faire, sinon transformer le canot en un second toboggan. Il leur faudrait donc passer à travers bois au lieu de suivre le lit de la rivière. Outre le risque de s'égarer et d'être à nouveau assiégés par les loups, cela rallongeait leur route. Mais au moins n'auraient-ils pas d'autres portages épuisants à effectuer.

Les raquettes en forme de patte d'ours que Réjean avait tendues leur permettaient d'avancer assez vite sur le sol durci et compact. A la nuit, de préférence contre une butte, un bloc de gabbno ou un banc de neige, ils montaient une cabane de résineux. Là, sous les peaux de chevreuil, ils s'endormaient pour quelques heures, Réjean et Guillaume faisant rempart de leur corps de part et d'autre d'Héloïse emmitouflée dans sa longue tunique fourrée. Ils parlaient peu, pour réserver leurs forces mais aussi pour échapper à l'interrogation muette qu'ils lisaient dans le regard de la jeune fille ; quoiqu'elle en mourût d'envie, elle n'osait leur demander ouvertement quand ils allaient enfin arriver à la mission.

La réponse leur fut donnée par une bande de trappeurs hurons. Le trio arrivait dans une clairière, quand ils entendirent des plaintes aiguës, comme si un homme se mourait dans des souffrances atroces et priait le ciel de mettre un terme à son agonie. Ce n'était pas un homme, mais un ours brun, une bête imposante que les chasseurs achevaient de leurs lames. En voyant arriver les trois voyageurs, ils ne manifestèrent aucun étonnement, ne posèrent aucune question, mais ils les invitèrent aussitôt à partager la viande et la graisse de l'animal. Surpris par cette générosité, pourtant aussi traditionnelle chez les sauvages que pouvait l'être leur cruauté, Réjean et Héloïse marquèrent une hésitation. Guillaume, en revanche, ne se fit pas prier : comme ses hôtes inopinés, il avala goulûment la graisse à pleine paume, avant de s'en enduire le visage. Et sans laisser à Héloïse le temps de protester, il tartina d'office le minois de la jeune fille gercé par le froid.

Pendant ce temps, l'un des chasseurs récitait une sorte de prière, dans laquelle, expliqua Guillaume, il recommandait l'esprit de l'ours à la Mère Terre. Le ciel s'obscurcit et il se remit à neiger à gros flocons.

« La mort d'un ours cause toujours du mauvais temps », dit placidement le plus âgé des Indiens, comme si cela allait de soi. Réjean et Guillaume aidèrent les chasseurs à découper la bête et à creuser sous la neige un trou profond tapissé de branchages pour y entreposer les morceaux qu'ils ne pouvaient transporter en une seule fois sur la traîne. Le vieil Indien répondait au nom de Pipounoukhe, « hiver », en huron. Il avait la crête de cheveux aussi blanche que le voulait ce nom. Après avoir précautionneusement coupé la langue de l'ours, montrant ce trophée à Guillaume, il lui dit, dans son parler fleuri, qu'il serait honoré que lui, son frère et sa sœur participent à la fête de dégustation dans son village qui n'était qu'à deux lieues de là, près de la mission du Sault-Sainte-Marie.

Au nom de ses compagnons, Guillaume accepta, en employant toutes sortes de circonlocutions pour exprimer sa gratitude. Puis il tendit une des coloquintes remplies de graisse de caribou pour remercier le vieil Indien de son hospitalité.

Réjean avait suivi, non sans amusement, ces salamalecs qui ressemblaient à un échange protocolaire entre ambassadeurs – quand ils se déroulaient au milieu de l'apparat immaculé de la nature ! Mais Guillaume était très sérieux, et chacun de ses gestes, chacune de ses paroles respectait une étiquette implicite que les engagés et les voyageurs, fréquemment au contact des sauvages, avaient assimilée pour entrer dans leurs bonnes grâces. Une fois encore, Réjean fut surpris par ce dédoublement, chez un homme qu'il avait vu prier comme un religieux et qui maintenant se comportait comme s'il appartenait à cette nation mécréante. Lui-même était trop jeune quand Simon, au retour de leurs parties de chasse, invitait Mokwa, le chef abénaki, à venir manger la sagamité sous son toit. Il ne pouvait donc se souvenir que son père se conformait au même rituel respectueux des croyances du sauvage.

Timidement, Héloïse se tenait derrière Réjean. Elle n'osait essuyer d'un revers de sa mitaine la couche de graisse qui collait à ses joues, de peur de vexer aussi bien Guillaume que les quatre chasseurs, dont les faciès anguleux étaient également recouverts de cet onguent malodorant. Elle n'avait qu'une hâte : être à la mission, laisser tomber son corps, dont chaque muscle la torturait, sur un vrai lit – aussi dur soit-il, il ne pourrait être aussi inconfortable et humide que les couches qu'elle avait connues depuis des semaines, depuis une éternité. Et puis, un bon feu dans une fournaise ! Etait-ce possible ? Ce paradis n'était plus qu'à deux lieues !

La première pierre de la mission du Sault-Sainte-Marie avait été posée en 1671 par Simon-François Daumont, sieur de Saint-Lusson, officier du roi. Accompagné de Louis Jolliet et de Nicolas Perrot, il venait prendre possession des Grands Lacs. En uniforme bleu et amarante, Monsieur de Saint-Lusson avait fait planter une croix de cuivre, puis avait déroulé l'étendard royal, à double champ semé de lys d'or. Pour cette cérémonie, il avait convié tous les chefs de nations à cent lieues à la ronde, et c'est devant cette assemblée qu'il avait chanté le *Vexilla*, avant d'arracher de son sabre une motte de terre et de l'élever par trois fois dans les airs, proclamant :

« Au nom du très haut, grand et redouté monarque, Louis, quatorzième du nom, roi très chrétien de France et de Navarre, nous prenons possession de

Sainte-Marie du Sault, des lacs Huron et Supérieur, île de Manitoulin et toutes les contrées, rivières, lacs et cours d'eau, tant découverts qu'à découvrir, tant en longueur et largeur, depuis les mers du Nord et de l'Ouest, jusqu'à la mer du Sud. »

Puis le père Allouez, premier père jésuite de cette mission, avait harangué les chefs présents en langue huronne :

« Jetez les yeux sur cette croix. Là, Jésus-Christ consentit à être attaché et à mourir, c'est le maître de notre vie, du ciel, de la terre et de l'enfer. Regardez l'autre poteau, où sont accrochées les armes du grand capitaine de France. Nous l'appelons le roi. Il vit au-delà des mers. C'est le capitaine des plus grands capitaines, sans égal dans le monde. Son habitation est plus longue que d'ici au Sault, et plus haute que le plus haut de vos arbres. »

Depuis, les guerriers hurons ne manquaient pas de saluer avec déférence la représentation de ces deux hommes si puissants quand ils venaient à la mission.

C'était à présent le père Damien qui y exerçait son sacerdoce.

L'ecclésiastique mit un certain temps avant de reconnaître Guillaume l'Eveillé sous les traits couturés de ce jeune homme qui poussait la porte de son presbytère – une maison de rondins au toit de bardeaux. Mais en l'entendant parler, il eut aussitôt la certitude qu'il s'agissait bien du donné, et lui ouvrit les bras comme à un enfant prodigue. Puis il s'enquit du père Joseph, qui, croyait-il, avait envoyé son serviteur le prévenir de son arrivée. Sobrement, avec un nœud dans la voix, Guillaume raconta le calvaire du Jésuite, sa décapitation, et sa propre captivité.

« Prions, mon fils, prions Notre-Seigneur qui, dans sa grande bonté, aura accueilli l'âme de notre frère en son paradis. Remercions-le d'avoir eu pitié de toi et de t'avoir pris en sa sainte garde. »

Guillaume s'agenouilla à côté du prêtre, devant le crucifix de bois accroché au mur. Il se mit à prier avec une telle ferveur qu'il en oublia Réjean et Héloïse, immobiles dans l'embrasure de la porte. C'est le Jésuite qui leur fit signe d'approcher et de se joindre à leurs dévotions. « Venez mes enfants, venez ! » Sa voix était monocorde, et pourtant l'on y décelait l'autorité nécessaire à son sacerdoce. Lorsqu'il se releva, Réjean lut dans les yeux clairs du père Damien toute la sévérité, mais aussi toute la compassion dont il était capable. Il pouvait faire confiance à cet homme de Dieu ; il ne le trahirait pas, il ne le livrerait pas à la première occasion à un détachement de soldats en route pour le fort de Michillimakinac. Alors, il demanda au prêtre de l'entendre en confession.

Sa passion dévastatrice pour Petite Plume, l'acte innommable qu'il avait perpétré sur elle, sa désertion, la haine qu'il nourrissait contre Odilon, et les remords qui, depuis, empoisonnaient son esprit, il avoua tout. A la fin de son discours, il se sentit vidé, étourdi, comme si toute la tension et la fatigue accumulées pendant les derniers mois lui tombaient d'un coup sur les épaules. Il vacilla sur ses genoux, et c'est le père Damien qui le retint d'une main forte et ferme.

« Notre-Seigneur Jésus a dit : que celui qui n'a jamais péché jette la première pierre. Tu mesures la gravité de tes actes, et le repentir est le premier pas vers le pardon que tu espères du Dieu tout-puissant. Sa magnanimité est immense, cependant je ne te donnerai l'absolution que si tu jures sur la croix et sur la sainte Bible que tu feras tout ce qui est en ton pouvoir pour te racheter de tes fautes.

– Oui, mon père, je le jure sur la sainte Bible », dit Réjean d'une voix tremblante, car il avait peur, peur de ce démon qu'il savait tapi tout au fond de lui.

Après avoir récité l'acte de contrition, Réjean se recueillit un moment. Puis il entretint le Jésuite du serment qu'il avait fait au portage de la Culbute. Il voulait épouser Héloïse sans attendre.

« C'est point possible, il te faudra patienter, car nous sommes entrés dans le temps de l'avent, où, comme tu le sais, il ne peut être célébré d'union », lui rappela le père Damien. L'avent! Ils avaient donc mis plus de quatre mois à parvenir jusqu'au Sault-Sainte-Marie, réalisa soudain Réjean. Se méprenant sur l'expression ahurie du jeune homme, le prêtre ajouta : « Tu mettras ce temps à profit pour prier et réfléchir au sacrement du mariage. » Après ce qu'il venait d'écouter, il s'interrogeait, à juste titre, sur la profondeur des sentiments de Réjean envers Héloïse. Puis il fronça les sourcils et darda sur Réjean un regard inquiet : « Mais... mais, c'est d'un mariage à la gaumine dont tu me causes! Cette jeune fille, ses parents... et toi, les tiens... ont-ils donné leur consentement? Réponds-moi sans détour! » Il en bafouillait, le pauvre père Damien. Réjean lui conta alors le triste sort de la famille d'Héloïse; quant à lui, il assura que sa mère, Dieu la protège, approuverait cette union.

Rasséréné par cette déclaration qu'il sentait sincère, le religieux qui, à y regarder de plus près, ne devait guère avoir dépassé la trentaine, accueillit les promis dans sa modeste demeure. Il laissa à Héloïse la disposition du lit cabane, pièce maîtresse du mobilier succinct de la grande salle, se contentant d'un châlit et d'une paillasse couverte d'une peau de chevreuil qu'il partageait avec Réjean dans l'appentis servant de resserre. Dans des odeurs de pommes sauvages et de foin séché, Réjean renoua avec un bonheur simple, celui qu'il avait connu à la ferme de Saint-Ignace auprès de sa mère. Pour prix de cette hospitalité, il aidait le religieux à consolider la petite chapelle de planches et à ramancher les outils aratoires.

Pendant ce temps, Guillaume, qui avait trouvé asile auprès des Hurons, les accompagnait à la trappe, d'où il revenait avec des castors et d'autres animaux à fourrure. Avec le même soin qu'il avait mis à entasser des provisions, il empilait les peaux tendues comme des tambours sur des cercles de bois.

A la Noël, le père Damien célébra la messe devant le village huron, païens et convertis mélangés. Ensuite, tous firent honneur au six-pattes de gibier composé de râbles et de cuisses de lièvre, de canard, de perdrix des neiges, de viande de caribou et de castor coupé en dés – le tout, cuit à l'étouffée avec des oignons, de l'ail et de la girofle, et accompagné de purée de gourganes des marais – que Guillaume avait mitonné. Puis, au premier jour de janvier 1691, le prêtre maria Réjean et Héloïse.

L'ancien donné et Pipounoukhe, qui ne s'était jamais habitué à son prénom chrétien de Lazare, furent les témoins de cette très simple cérémonie. Le père Damien se borna à un petit sermon bien senti, que Réjean prit pour lui, rappelant toute la signification de l'engagement des époux l'un envers l'autre, suivi d'une bénédiction nuptiale. Ni chorale, ni cantique, ni carillon. Pourtant, Héloïse était aussi radieuse que si elle avait entendu sonner les cloches de Notre-Dame-de-Québec. Elle avait repris des joues, et même un peu forci ces derniers temps, avait noté le Jésuite. Aussi n'est-ce pas sans quelque arrière-pensée qu'il procéda au rituel devant le lit nuptial, en l'occurrence son propre lit, où Réjean avait maintenant le droit et le devoir de venir rejoindre son épouse devant Dieu.

Le temps s'écoulait lentement. Quand ils ne chassaient pas ou n'accompagnaient pas le père Damien dans ses tournées des villages hurons, Guillaume et Réjean se mêlaient aux distractions des sauvages, défendant les couleurs du Sault-Sainte-Marie, poussant la balle de cuir d'orignal au jeu de crosse sur la neige damée, tirant à l'arc ou jetant en l'air les paquessons.

Ils étaient passés maîtres au jeu de plat qui se pratiquait avec des noyaux de prune, blancs d'un côté, noirs de l'autre. Leur habileté les avait sacrés champions de ces tournois qui opposaient les villages les uns aux autres. Et comme les sauvages avaient pour principe de régler leurs dettes de jeu rubis sur l'ongle, ils se retrouvèrent à la tête d'un joli pécule constitué de peaux de castor, de vison, de farine de blé d'Inde, de colliers de radasse et de perles de nacre qui servaient de monnaie d'échange entre les nations. Les Hurons se les procuraient auprès de leurs alliés Andaste, à la frontière de l'Iroquoisie. Tout cela, ajouté à ce que Guillaume avait chassé, leur permettrait de voir venir une fois arrivés à Michillimakinac. Car ils n'avaient pas perdu de vue que leur vraie destination était là-bas, dans ce poste suffisamment populeux pour qu'ils s'y fondent au milieu des allées et venues. C'était là, aussi, qu'ils pourraient trouver à s'employer, car on y avait toujours besoin d'hommes de peine.

Les poudreries du mois de la grande lune avaient fait place à un soleil éblouissant qui grignotait jour après jour l'enveloppe givrée des épinettes et des bouleaux. Guillaume surveillait ces changements et pressait Réjean de profiter de ce que la neige était encore dure pour se mettre en route. Mais Réjean hésitait, inquiet des vertiges et des accès de langueur d'Héloïse. Elle était grosse, le doute n'était plus permis.

Or, un matin, un chasseur huron rentra à la mission en annonçant qu'il avait croisé, à dix jours de marche en aval, un détachement d'une compagnie franche de marine qui venait renforcer la garnison de Michillimakinac. Il annonça que les soldats et leur officier étaient accompagnés d'un sorcier qui trimbalait avec lui de bizarres instruments de magie, et qu'ils avaient prévu de bivouaquer au Sault-Sainte-Marie. Cette nouvelle décida Réjean à partir.

Ils arrimèrent provisions et fourrures sur le toboggan et installèrent Héloïse dans la traîne que Réjean avait eu le temps de construire avec le bois qu'il avait coupé alentour.

« Dieu t'ait en sa sainte garde, mon fils, mais n'oublie pas ton serment », dit le père Damien en traçant un signe de croix sur le front de Réjean. Puis, se tournant vers Héloïse, il glissa dans sa main une petite médaille de la Sainte Vierge, « pour l'enfant, que Notre Mère à tous le protège et qu'il soit en santé ».

Ses dernières paroles furent pour Guillaume, qu'il prit à part :

« Peut-être ne le sais-tu pas, car cela s'est passé durant ta captivité chez les Iroquois, mais Sa Sainteté le Pape a relevé tous les donnés de leurs vœux. Si tu le souhaites, tu peux vivre dans le siècle, te marier, fonder une famille sans offenser le Seigneur. » En disant cela, le père Damien eut un petit sourire malicieux qui lui donnait l'air d'un gamin. C'est que lors de la fête des douze danses, qui sont pour les sauvages autant de souverains remèdes pour éloigner les maladies, il avait bien remarqué que Guillaume ne restait pas insensible aux évolutions cadencées des jeunes Huronnes...

Pendant dix jours, le trio força la marche pour maintenir son avance sur les soldats, ne s'arrêtant que pour prendre un peu de repos ou capturer des castors gras sous la glace des petits lacs qu'il traversait. Héloïse ne quittait pas la traîne. En la voyant dolente et fiévreuse, Réjean aurait donné tous les castors du monde pour que sa mère, Manon la sage-femme, fût auprès d'elle. Mais sans doute l'avait-elle renié, elle aussi, comme tous ceux de Saint-Ignace, comme Petite Plume. Se rappelant son serment, il chassa cette pensée d'un revers de main, comme s'il écartait une nuée d'insectes.

« Ben donc, y a point d'maringouins à c't' heure ! » lança Guillaume, se méprenant sur le geste de son compagnon.

Enfin surgit devant eux devant eux la frise des remparts de Michillimakinac.

Le fort et le bourg avaient été fondés à la fin des années soixante-dix par les marchands de Ville-Marie, pour contrecarrer les vues monopolistiques du gouverneur de Frontenac et de son associé Cavelier de La Salle sur la réserve de fourrures que recelait l'arrière-pays. La « grande tortue », nom que lui avaient donné les Sauteux en raison de la forme arrondie de l'île qui gardait la baie, à la jonction du lac des Hurons et du Michigan, était devenue le carrefour vers lequel convergeaient toutes les activités des Pays d'En Haut. On y commerçait, on y parlementait avec les envoyés des nations des Grands Lacs, on y espionnait aussi. L'endroit était aride, battu par les vents.

Au pied de l'enceinte de palissades où se trouvait le fort, un magasin général, un hangar à fourrures et une soixantaine de maisons composaient le « village français ». On y croisait les coureurs des bois et les engagés des compagnies de traite qui exploitaient les vingt-cinq congés et les permissions spéciales accordées par le gouverneur. Certains ne faisaient qu'y séjourner brièvement entre mai et septembre, avant de rentrer à Ville-Marie. D'autres, ceux qui avaient signé des engagements de trois ou cinq ans, y hivernaient. Dès que les rivières avaient calé, ils repartaient de là, leurs canots chargés de pelleteries, vers les entrepôts de Lachine et la foire de printemps sur l'île de Montréal.

A Michillimakinac, les tavernes faisaient florès et l'alcool circulait librement. Depuis le retour du comte de Frontenac, en effet, l'ordonnance de 1679 interdisant de porter de l'eau-de-vie aux bourgades indiennes était largement transgressée, au vu et su des Jésuites de la paroisse de Saint-Ignace de Michillimakinac, chef-lieu des activités missionnaires depuis Sainte-Marie du Sault jusqu'à Saint-François-Xavier sur la Baie verte. Louvigny, le nouveau commandant de la place, nommé par le comte de Frontenac, n'avait pas les mêmes scrupules que son prédécesseur Monsieur de la Durantaye. Pas moins de huit mille quatre cents litres d'eau-de-vie étaient de nouveau acheminés, chaque année, vers les Pays d'En Haut.

Dans un premier temps, les missionnaires, horrifiés de voir ces malheureux qu'ils tentaient de convertir à la vraie foi, préférer les hallucinations des vapeurs de l'alcool aux images exemplaires des Saintes Ecritures, avaient refusé l'absolution aux trafiquants impénitents. Cela fut sans effet. Alors, les religieux se plaignirent auprès du strict et opiniâtre monseigneur de Saint-Vallier pour faire cesser ces « commerces scandaleux de nuit et à toute heure, qui font que tous les villages de sauvages ne sont plus que des cabarets pour l'ivrognerie et des sodomes pour le vice. Il faut nous délivrer des commandants et de leurs garnisons qui sont le plus grand mal de nos missions ». Animé d'un zèle de réforme et plus proche des ascètes que des abbés de cour évoluant dans les arcanes de Versailles, le jeune évêque de trente-trois ans en référa lui-même auprès du roi. Et l'intendant Champigny, qu'une sourde querelle opposait au gouverneur, appuya son épître en demandant que l'on supprime les congés de traite pour mettre fin à ces abus.

C'est ainsi que l'interdit de faire commerce de boissons enivrantes fut bel et bien renouvelé; mais le gouverneur de Frontenac en assortit l'application d'un ordre militaire autorisant la traite des boissons « dans les lieux où il y a une garnison française ». Pour une bonne raison : restrictions royales ou pas, Frontenac, repris par ses vieux démons, entendait bien pousser à l'expansion de la traite illégale dont il tirait force bénéfices. Il prit donc prétexte de la guerre de la ligue d'Augsbourg et du détachement de troupes dans les postes les plus reculés pour multiplier les permis particuliers.

Tant et si bien qu'avec la bénédiction du chef des armées en Nouvelle-France, le trafic reprit de plus belle; Michillimakinac, qui, avec les Outaouais, les Hurons, les Sauteux, les Michigans, les Puants, les Illinois et toutes les autres nations qui s'y entremêlaient, comptait jusqu'à six mille âmes, était même devenu un haut lieu de débauche. Les nuits retentissaient des ébats luxurieux des *ickou ne kiouffa*, les « femmes de chasse », qui se donnaient sans retenue ni vergogne aux hommes qui, rentrés des bois, « couraient l'allumette » de cabane en cabane. Tous pratiquaient en effet cette coutume galante voulant que l'homme exprime son désir en embrasant un roseau séché avant de s'approcher de la couche de l'élue de ses sens ; si la respectueuse soufflait sur la tige, c'était le signe qu'elle était consentante.

A l'instar des sauvages, coureurs des bois et hommes de traite se livraient avec bonheur à ces dérèglements aux antipodes des commandements de l'Eglise qu'on leur avait serinés depuis leur plus jeune âge. Cette

Les Canadiennes

licence n'était pas pour rien dans l'attirance qu'exerçaient les Pays d'En Haut sur la jeunesse rurale et citadine de Nouvelle-France. Car outre leur réputation d'amoureuses habiles, les sauvagesses savaient user de philtres et de potions qui leur évitaient le mal d'enfant, ce « fatal embonpoint » dont la seule crainte était un frein dissuasif aux ébats prénuptiaux des jeunes paroissiens.

Et d'ailleurs, l'un des premiers missionnaires, le père Sagard, pieux récollet de son état, n'avait-il pas été sensible à la beauté des sauvagesses, qui écrivait en 1624 : « Ces jeunes femmes et filles semblent des nymphes tant elles sont bien accommodées et des biches tant elles sont légères du pied » ?

Guillaume, le vertueux Guillaume lui-même, ayant pris goût aux plaisirs de la chair depuis qu'il avait péché une première fois lors de sa captivité chez les Iroquois, ne tarda pas à se laisser prendre par cette ambiance débridée. S'étant dépouillé définitivement de sa défroque de donné, il ne résista pas aux avances sensuelles de Nipinoukhe, « celle qui ramène le printemps ». Réjean fut surpris, pour ne pas dire choqué, en découvrant l'attachement grandissant de son ami pour la belle Huronne :

« Ben donc, tu vas point tomber en amour avec une *ickou ne kiouffa*! Ça a pas d'bon sens! C'est qu'des catins c'tes femmes-là, des f'seuses de maléfices comme dit ma mère ! »

Ces mots lui valurent aussitôt une volée de coups de poing de la part de l'amant colérique qu'il avait provoqué en croyant le ramener à la raison. Cependant, entre Réjean et Guillaume, les bagarres ne duraient pas bien longtemps, et ils se réconcilièrent très vite. Le donné rappela fort à propos qu'il ne faisait que suivre l'exemple de Notre-Seigneur Jésus qui avait tendu la main à Marie-Madeleine la pécheresse. Et que c'était bien un signe de la volonté de Dieu, car en sauvant l'âme de Nipinoukhe, il se rachetait de ses fautes. Réjean ne trouva rien à répliquer à cette démonstration casuistique.

Nipinoukhe n'était pas à proprement parler une *ickou ne kiouffa*, mais une femme sans malice ni interdits, à l'exception de la période de ses menstrues, où comme toutes les sauvagesses, elle s'enfermait dans la cabane dressée à l'écart – car alors, selon la croyance, elle devenait contagieuse. Sinon, bien que son père se fût converti et eût été baptisé sous le nom de Thadée, elle acceptait de bonne grâce les hommages masculins, pourvu qu'ils fussent nocturnes. Tant qu'il faisait jour, en revanche, elle repoussait vertement les galanteries.

Ignorant cet étrange code amoureux, Guillaume se fit ainsi rembarrer lorsqu'un matin, après lui avoir dit qu'il l'aimait plus que la clarté du soleil et qu'il la voulait pour épouse, il voulut la prendre dans ses bras. Nipinoukhe éclata de rire, et ce rire mortifia le pauvre Guillaume. Persuadé que son aspect physique répugnait à la jeune femme, il crut en effet que c'était la raison pour laquelle elle n'acceptait de le rencontrer qu'à la nuit.

Mais le soir même, c'est elle qui l'attira dans sa couche. Sous ses caresses sans équivoque, Guillaume s'enhardit et réitéra sa demande, en lui faisant promettre qu'elle ne serait plus qu'à lui seul et qu'ensemble ils planteraient les graines d'un arbre. Dans un tintinnabulement joyeux de ses colliers de porcelaine et des bracelets qu'elle portait aux poignets et aux chevilles, Nipinoukhe redoubla ses subtils attouchements, encourageant de ses feulements les assauts répétés de la virilité de Guillaume. Et lorsque le jour se leva, elle resta lovée dans ses bras, montrant ainsi à tout le village huron qu'elle l'avait élu entre tous les autres. C'est qu'elle voyait dans les scarifications du visage de Guillaume les preuves de sa bravoure et dans ses yeux pers, le signe de la chance.

En l'appelant « fils », Thadée donna son consentement au jeune homme. Le prétendant, comme il se devait, offrit à sa fiancée un costume à la canadienne, des broches de porcelaine, des pendants d'oreilles et des rubans. Il se les était procurés au magasin général et auprès d'engagés de traite contre des castors attrapés sous la glace, entre le Sault-Sainte-Marie et Michillimakinac.

Peu après la lune des vers – ainsi nommée par les nations des Grands Lacs car les larves sortent du creux des arbres, preuve que le renouveau n'est pas loin –, l'un des pères jésuites de la mission baptisa Nipinoukhe. Il lui donna le nom de Jacquotte, tout bonnement parce que c'était le jour de la Saint-Jacques, et bénit les vœux des promis.

Durant toute la cérémonie dans la petite église de bardeaux et de planches dédiée à saint Ignace, Réjean, l'air sombre, ne desserra pas les dents. Non qu'il désapprouvât cette union – il était revenu sur ses préventions, car Nipinoukhe se révélait être une bien brave fille et l'affection qu'elle portait à Guillaume semblait sincère –, mais il croyait revivre la messe des semailles dans une paroisse du même nom, sa paroisse. Ce jour lointain, le père Léonard avait accueilli Petite Plume dans le giron de la Sainte Eglise, et lui, Réjean, avait ressenti pour la première fois la brûlure de cet amour qui le consumait toujours.

Lorsque Héloïse posa sa petite main sur son bras, il n'osa pas la regarder, de peur de se trahir et de la blesser. Elle qui lui vouait une admiration et une adoration sans bornes, depuis qu'il l'avait sauvée des flots bouillonnants de la Richelieu ! Elle qui était devenue sa femme et qui portait son enfant...

En cet instant où Guillaume et Jacquotte se promettaient amour et fidélité, le lien qui l'unissait à Héloïse parut à Réjean plus fragile que celui qui le rattachait, envers et contre tout, à cette autre femme, Petite Plume. Il avait en vain cherché à en extirper le souvenir de sa mémoire et de son cœur. Il avait espéré qu'en échangeant ce premier baiser avec Héloïse, en cédant à sa prière de l'emmener avec lui, en se faisant un devoir de la protéger, il romprait définitivement avec son passé. Il avait cru briser l'envoûtement que sa compagne d'enfance, son amante, avait toujours exercé sur lui depuis le premier instant de leur rencontre dans la cuisine du manoir des Erables, alors qu'elle n'était qu'une petite sauvagesse pouilleuse sortie des bois. Mais la chaleur qui montait en lui, l'étau qui enserrait sa poitrine à cette seule pensée ne lui signifiaient, hélas, que trop bien, qu'il était toujours esclave de cette passion.

La pression de la petite main d'Héloïse sur son avant-bras se fit plus forte, le ramenant à la réalité. Face à ce visage où la grossesse creusait des cernes mauves, il fut envahi par une bouffée de tendresse mêlée de honte. Quelle sorte d'homme, quel maudit ingrat était-il pour ne pas répondre de tout son être à l'abnégation qu'il pouvait lire dans les yeux noisette de sa femme?

Menue comme elle était, on avait peine à croire qu'elle soit grosse d'un enfant depuis la lune des tombées – du moins était-ce approximativement le moment où ils avaient pu concevoir l'enfant. Mais cette apparence fragile cachait des trésors de courage. Que de périls, que de frayeurs, que de privations elle avait endurés, sans jamais se plaindre, sur cette longue route qui les avait menés depuis la Richelieu jusqu'à Sault-Sainte-Marie et enfin à Michilllimakinac!

Depuis leur arrivée en ce lieu, elle acceptait, avec la même douceur résignée, la précarité de leur situation. Elle ne demandait jamais à Réjean de quoi serait fait le lendemain. Lui s'inquiétait. Il savait que le pécule qu'ils avaient mis de côté s'épuiserait vite. Il lui fallait trouver de l'ouvrage.

Sûr de passer inaperçu parmi les déambulations de ces gens de toutes les nations qui se pressaient autour du fort, Guillaume alla aux nouvelles. C'est alors qu'il vit arriver le détachement de soldats accompagnant le fameux « sorcier » qui avait tant intrigué le chasseur huron. En fait de sorcier, ce n'était autre qu'un chirurgien du nom de Michel Sarrazin. Il se proposait, disait-on, d'aller explorer le pays de la Grande Rivière. Sur l'instant, la personne du praticien et ses intentions n'intéressèrent guère Guillaume. Il cherchait avant tout à trouver preneur pour ses peausseries et à obtenir quelque travail auprès des gens de métier du village français, puisque Réjean ne pouvait s'y hasarder sans risquer une mauvaise rencontre. Débordé par l'arrivée du régiment et les demandes de la population qui ne cessait de croître, un menuisier accepta de le prendre, ainsi que Réjean, à son service, moyennant deux livres par jour et la nourriture.

Il faisait encore nuit lorsque les deux amis arrivaient dans la grange qui servait d'atelier, et ils n'en repartaient qu'à la noirceur, se faufilant à pas pressés dans les ruelles en terre battue du village français. L'anonymat de Réjean aurait été préservé si un engagé de traite ne s'était pas présenté un jour à l'atelier pour faire réparer sa traîne. L'homme commença à poser des questions, à demander de quelle paroisse venaient les deux apprentis. Il apostropha Réjean :

« J't'ai déjà donc point vu que'que part ? Ta face me r'vient... » Devant le mutisme de Réjean, il perdit patience : « Hé donc, j'te cause ! » Puis, l'air mauvais, il ajouta, en approchant sa trogne rougeaude : « C's'rait point c'te trembleux d'déserteur de Saint-Ignace d'la Yamaska, des fois ? J'ai entendu parler d'cte'vaurien par l'Jolicœur, un mien cousin. » Les yeux de Réjean lancèrent des éclairs et Guillaume dut le ceindre de ses deux bras pour l'empêcher de se colleter avec le voyageur. L'autre partit en proférant des menaces. Le soir, en regagnant le village huron, Réjean et Guillaume se sentirent suivis.

Ils n'étaient plus en sécurité à Michillimakinac ; ils devaient trouver le moyen de fuir, plus loin encore vers le sud. Le père Damien ne leur avait-il pas parlé de l'un de ses amis, qu'il avait connu au collège de La Flèche, le père Zacharie, curé de la mission Saint-François-Xavier ? « Si un jour vos pas vous mènent jusqu'à lui, vous rencontrerez le meilleur d'entre nous », avait-il ajouté. Etrange prémonition.

C'est alors que Guillaume, qui circulait librement car on le prenait pour un Iroquois converti en raison de ses tatouages indélébiles, croisa de nouveau Michel Sarrazin.

Fils d'un magistrat de Nuits-sous-Beaune, ce Bourguignon nourrissait un rêve depuis bientôt six ans. Il le devait à sa rencontre avec Jean-Baptiste La Quintinie, un ancien avocat, ami de son père, devenu agronome et botaniste autodidacte. Cet original, créateur du Potager du Roi, n'avait de cesse de cultiver des variétés nouvelles de fruits et de légumes qui puissent satisfaire la curiosité du monarque, grand amateur de saveurs exotiques. En faisant visiter son jardin-laboratoire au jeune Michel Sarrazin, La Quintinie avait éveillé chez lui une irrépressible envie de partir outre-mer à la recherche d'espèces et d'essences étranges. Encore fallait-il en trouver le moyen, et convaincre son magistrat de père. Ce n'est donc pas en qualité de botaniste que Michel arriva en 1685 à Québec, mais avec le titre de chirurgien, dans les bagages d'un détachement d'une compagnie franche de Marine. Depuis, il attendait de mettre ses pas dans ceux de Jolliet, du Père Marquette et de Robert Cavelier de La Salle, les découvreurs des mystères de la Grande Rivière.

Les Jésuites et leurs donnés avaient été les premiers à se risquer dans cette contrée lointaine pour porter la parole du Christ. Mais c'est Jean Talon, l'intendant visionnaire, qui avait deviné tout l'intérêt stratégique d'une pénétration du continent. Il avait fait part en ces termes à Colbert de ses projets d'expansion territoriale :
« Le Canada est d'une très vaste étendue, que, du côté du Nord, je n'en connais pas les bornes tant elles sont éloignées de nous, et que du côté du Sud, rien n'empêche qu'on ne porte le nom et les armes de Sa Majesté jusques à la Floride, les nouvelles Suède, Hollande et Angleterre et que par la première de ces contrées on ne perce jusques au Mexique. »

Sur les avis toujours pondérés de son ministre, lui rappelant que « qui trop embrasse mal étreint », le jeune roi avait répondu qu'il « faudrait mieux se restreindre à un espace de terre que la colonie sera elle-même en état de maintenir, que d'en embrasser une trop vaste quantité dont peut-être on serait un jour

Les Canadiennes

obligé d'abandonner une partie ». En écrivant cela, Louis XIV ignorait qu'il anticipait sur sa propre politique et sur celle de ses successeurs.

Ce n'était ni la première ni la dernière fois que Jean Talon se trouvait en porte-à-faux avec son roi et voyait ses rêves se heurter à la pusillanimité de son administration de tutelle. Aussi, bien que la missive royale lui enjoignît la modération, il continua à chercher un explorateur qui aille « à la découverte de la mer du Sud, par le pays des Mashoutins et à la Grande Rivière qu'ils appellent Michissippi qu'on croit se décharger par la mer de la Californie ». Louis Jolliet et le père Marquette avaient été ces hommes courageux et providentiels. Et le gouverneur de Frontenac, lors de son premier mandat, avait d'autant plus volontiers approuvé l'expédition qu'il en espérait une extension des zones de traite à son profit, et le moyen de faire pièce aux Anglais et aux Iroquois.

En 1673, les deux explorateurs étaient parvenus jusqu'au Michissippi ou Meschacébé. On les en avait félicités, le roi avait même attribué en récompense à Jolliet cette île de l'Assomption autrement appelée Anticosti, au nord du golfe du Saint-Laurent – une terre qui, l'hiver, se confondait avec la banquise où venaient pêcher les ours blancs et les grands pingouins. Voilà qui était fait, fort bien. Et après ? Il n'était pas question, comme le prétendaient Jean Talon et Jolliet, d'installer une habitation et des colons au pays des Illinois. La politique qui prévalait alors et prévaudrait encore pendant de longues années, était toujours au resserrement des terres et à la mise en exploitation de la vallée du Saint-Laurent. Il n'était en aucun cas question d'encourager les échappées belles dans des contrées situées à des centaines de lieues de Québec, que l'on ne pouvait borner et encore moins surveiller.

Peu à peu, pourtant, les hostilités toujours renouvelées entre la France et l'Angleterre, les rivalités exacerbées jusque dans les colonies, étaient venues modifier cette vue restrictive du continent. Chaque morceau de territoire découvert, annexé de facto, devenait aussitôt un pion supplémentaire dans cette partie d'échecs que se livraient les deux têtes couronnées. Plus le siècle avançait et plus la partie devenait serrée, car pour nouer des alliances avec les nations de l'intérieur, c'était à celui des deux adversaires qui offrirait le plus de couvertes, de fusils, de capots, de vêtements de laine et bien sûr d'eau-de-vie, contre les pelleteries proposées par les Indiens. A cette surenchère, les Anglais étaient pour l'instant encore gagnants, qui donnaient un fusil pour deux peaux de castor, alors que les Français en exigeaient six peaux.

En 1678, René-Robert Cavelier de La Salle, ancien Jésuite relevé de ses vœux pour cause « d'infirmités morales », profita d'un séjour en France pour s'introduire à la Cour. Devant le roi, il relança l'antédiluvienne idée de la route de la Chine, ce mirage qui, depuis Cabot et Verrazzano, hantait tous les aventuriers. Aventurier, La Salle l'était plus que de raison. Il s'était associé depuis longtemps au gouverneur de Frontenac pour élargir leur réseau de traite au sud des Grands Lacs. Il s'était fait concéder le fort Frontenac et avait fondé à l'entrée de la rivière Niagara, au-dessus des chutes dantesques qui déversent leur tonnerre, le poste du fort Conti.

Mais à la richesse, ce commandant insatiable et brutal voulait ajouter la gloire.

Fut-ce l'idée de voir flotter la fleur de lys au-dessus des eaux limoneuses de la Grande Rivière, ou celle de contenir l'appétit de son ennemi héréditaire, qui fit céder le monarque ? Toujours est-il que lors de cette audience du printemps 1678, Louis XIV donna son accord – du bout des lèvres, il est vrai. La Salle obtint des lettres patentes lui donnant permission pour une durée de cinq ans, à la condition d'en assumer seul les frais, de « travailler à la découverte de la partie occidentale de la Nouvelle-France comprise entre la Floride et le Mexique ».

Quatre ans plus tard, par un beau jour d'avril 1682, au milieu des hululements des Indiens quapaws et des

« Vive le Roi ! » de ses vingt-huit compagnons, portant perruque et manteau écarlate à galons dorés, Cavelier chantait l'*Exaudiat Te Dominus* et plantait au sommet d'un tronc équarri, sur les rives du Meschacébé, les armes du monarque martelées dans la découpe d'une marmite de cuivre, et le blason à trois griffons de Monsieur de Frontenac. Il prenait ainsi possession, au nom du roi de France et de Navarre, Louis, quatorzième du nom, de la « Grande Rivière » et de tout le pays de Louisiane, offrant à ses hôtes la protection et la sauvegarde du « plus grand prince du monde » et « tous les avantages dont jouissent tant de peuples qui ont eu recours à sa puissance ».

Beaucoup de bruit pour rien : lorsque la nouvelle de cet exploit parvint à Versailles, le roi laissa tomber ces quelques mots de dédain : « La découverte du sieur de La Salle est bien inutile. » Triste épitaphe pour celui qui devait mourir assassiné par ses propres hommes cinq ans plus tard, et qui venait d'offrir au Roi-Soleil de faire briller son astre sur le pays des loutres et des alligators.

Ce n'étaient ni la fin cruelle de l'explorateur, ni le désintérêt manifesté, depuis lors, en haut lieu, pour asseoir ses conquêtes payées au prix du sang, qui pouvaient rebuter Michel Sarrazin. Aucun obstacle n'aurait su le faire renoncer à son rêve. Les luxuriantes forêts dont les cimes cachent le ciel, les sauriens guettant leurs proies à fleur d'eau, les colibris azurés au vol immobile, la racine mystérieuse dont usent les Indiens pour guérir les morsures de ces serpents qui enroulent leurs anneaux carminés aux branches de chênes centenaires, le grouillement de milliers de coléoptères aux carapaces de laque, les cacatoès multicolores aux plumes ébouriffées... Le naturaliste ne cessait d'anticiper ses mille futurs motifs d'émerveillement.

Bientôt, il descendrait la rivière des Illinois jusqu'à ce confluent où elle et sa jumelle, la rivière des Missouris, se jettent dans le Michissippi. De ce fleuve, on disait que les sautes d'humeur le faisaient déborder de son lit de plusieurs lieues au moment des crues et des grands orages. Il irait plus loin que le pays des Quapaws qui avait accueilli Cavelier de La Salle, chez les Yazous, les Natchez, les Houmas, les Atakapas des plaines et les Bayagouias, les hommes des marais qui d'un coup mortel de leur sagaie empoisonnée transpercent les yeux globuleux des alligators brillant comme des rubis dans la nuit tropicale. Face à ces promesses, que pouvaient peser la perspective de trois semaines de pénible navigation, et tous les efforts qu'il déployait pour monter son entreprise ?

Curieusement, ce ne furent ni les deux chaloupes, ni les provisions et les présents indispensables à l'approche des peuples dont il comptait solliciter l'hospitalité, qui lui causèrent le plus de difficultés. Car on trouvait de tout à Michillimakinac, dernière garnison française avant l'inconnue des vastitudes intérieures et le lointain fort Crèvecœur sur la rivière des Illinois. Mais ces impedimenta n'étaient d'aucune utilité au scientifique tant qu'il n'avait pas trouvé des assistants, des truchements et des pisteurs pour l'accompagner. Or, à son étonnement, il avait toutes les peines du monde à lever des volontaires.

Il recruta d'abord deux jeunes guerriers winnebagos de la nation des Sioux, venus faire du troc, et dont le commandant de la place voulait se débarrasser au plus vite. Ils ne cessaient en effet de provoquer des chicanes au motif qu'on ne voulait pas les croire lorsqu'ils affirmaient être allés jusque dans les Athapascan, au-delà de la ligne de partage des eaux et du lac des Esclaves. Ils y avaient vu, racontaient-ils, des hommes-chevaux à la barbe blonde et au poitrail d'or lançant des éclairs. Leur forfanterie – qui n'en était pas, puisqu'ils avaient bel et bien vu galoper des détachements caparaçonnés et cuirassés de la cavalerie espagnole – déchaînait immanquablement des quolibets, qui dégénéraient toujours en bataille rangée.

Le recrutement des deux Winnebagos ne pouvait suffire à monter l'expédition. Aussi, allant de taverne en tente et de tente en cabane, le chirurgien poursuivait-il obstinément ses recherches – sans succès. Quand il avait fait connaître son intention d'aller aussi loin que possible vers l'embouchure du Meschacébé, les trappeurs aussi bien que les soldats avaient haussé les épaules en ricanant de cette lubie. Il n'y avait rien à gagner dans cette périlleuse aventure, ni or ni fourrure, juste la fièvre des marais ou le feu de saint Antoine. Sans parler de ces guerres tribales qui opposaient régulièrement les Renards aux nations de la ligue des Trois Feux – les Ojibwés, les Poutéouatamis et les Winnebagos – ou bien les Miamis aux Mascoutens et aux Kicapous, ou encore les Illinois aux Iroquois, auxquels ils faisaient concurrence dans le commerce des esclaves.

Et ce n'était pas la bourse que faisait tinter Michel Sarrazin qui pouvait les décider. Ils étaient bien trop occupés à faire le troc des boissons enivrantes contre des ballots de castors, de martres, de renards, d'hermines et de visons pour se laisser distraire d'un négoce aussi lucratif. Le naturaliste ne savait plus à quel saint se vouer. Gagné par le découragement, il était prêt à engager le premier venu, quand le hasard mit Guillaume sur son chemin. Lorsque celui-ci l'aborda, Sarrazin crut d'abord à une de ces plaisanteries dont il était devenu l'objet depuis son arrivée à Michillimakinac. Quand il comprit qu'il n'en était rien, trop content de cette aubaine, il ne lui vint pas à l'idée d'interroger Guillaume sur les raisons de son empressement.

« Qui ne risque rien n'a rien, soupira-t-il, se laissant convaincre par la fougue que mettait Guillaume à présenter au mieux ses qualités et celles de Réjean.

– C'est point des menteries, on brasse fort nous deux et on a ben d'la vaillance, pour sûr qu'on est point des chialeux... mais...

– Mais quoi donc ? » demanda Michel Sarrazin, agacé. Guillaume hésitait, ne sachant pas trop comment introduire le fait que Réjean et lui-même n'étaient pas seuls, et qu'ils ne pouvaient pas laisser leurs moitiés à Michillimakinac. Enfin il se lança, omettant toutefois de faire allusion à la grossesse d'Héloïse.

Les Canadiennes

« Des femmes ! Mais c'est folie ! Quel embarras ! » manqua s'étrangler l'homme de science. Puis il se souvint que Cavelier de La Salle avait emmené avec lui des sauvagesses, et que, ma foi, cela pourrait faire également un sujet d'études fort original. Il accepta donc en maugréant cet équipage incongru. De toute manière, il ne pouvait guère faire le difficile, à moins de dire adieu à son rêve.

Deux jours plus tard, les sept passagers prenaient le large, alors que la garnison de Michillimakinac était en pleine agitation. Louvigny venait d'être informé que Frontenac, après avoir vainement essayé de renouer des négociations avec la ligue des Cinq Feux pour les détourner de leur alliance avec les Anglais, relançait l'offensive contre les plus irréductibles, les Agniers et les Tsonnoutouans. Le gouverneur levait de nouvelles milices, et tous les postes de l'Ouest devaient être sur le pied de guerre. Louvigny avait également reçu l'ordre de mettre la main sur tous les coureurs des bois, considérés comme autant de déserteurs. « Des dévoyés qui ne peuvent servir qu'à la destruction du pays ! », avait fulminé l'intendant Champigny, pour une fois d'accord avec Frontenac. La désertion était désormais punie de mort. Une bonne centaine de ces « propres à rien incapables de la moindre contrainte », toujours selon les dires du sieur Champigny, plièrent aussitôt bagage pour se perdre dans la nature, et grâce à ce tohu-bohu, soldats et officiers ne prêtèrent aucune attention au départ des deux chaloupes.

Lorsque Michel Sarrazin découvrit que l'une de ses passagères était blanche et de surcroît enceinte, car Héloïse ne pouvait plus dissimuler son état sous sa tunique, il était trop tard. Il exigea seulement que les deux jeunes femmes embarquent dans le deuxième canot avec Guillaume et l'un des guerriers winnebagos. Il se réserva le canot de tête. Au fil du cabotage le long de la rive ouest du Michigan, il constata que les dires de Guillaume n'étaient effectivement pas des menteries : ni lui ni Réjean ne ménageaient leurs muscles. Il dut aussi admettre que la présence des deux femmes était loin d'être un handicap. Nipinoukhe, dite Jacquotte, savait monter un campement fort convenable en moins de temps qu'il n'en fallait pour le dire. Elle savait aussi trouver alentour de quoi accommoder des soupers dont il ne se souvenait pas qu'il en eût goûté d'aussi comestibles à Michillimakinac; quant à la petite Héloïse, elle s'évertuait à faire oublier son état et entretenait Michel de questions fort judicieuses sur ses travaux. Bref, ils étaient devenus des amis.

Les deux embarcations menées par Guillaume et Réjean ne sont plus qu'à quelques encablures de la mission Saint-François-Xavier.

Assis sur un ballot de couvertes d'écarlatine, Michel Sarrazin laisse errer son regard sur la surface miroitante du lac. Impassible en apparence, le naturaliste, en vérité, bout d'impatience. À ses pieds, dans un amoncellement solidement arrimé, s'empilent des étuis de cuir patiné. Ils renferment des pinces, des loupes et des éprouvettes, des presses à herbier et des boîtes percées de petits trous destinées aux spécimens d'insectes et de plantes jusque-là inconnus, dont il sera bientôt le découvreur.

La brise effleure la crête des fourrés qui ondulent, dessinant de leurs vagues d'un gris argenté les limites mouvantes de la baie. Au rythme d'une chorégraphie aérienne, des silhouettes levant de courts bâtons dans un geste arrondi émergent des hautes tiges.

Ce que, de loin, les navigateurs ont d'abord pris pour des hérons bleus en suspension au-dessus de la masse frémissante, s'avère être des sauvagesses occupées à récolter la folle avoine, le manomini. Assises deux par deux à l'arrière de canots qu'un homme dirige avec une perche dans les entrelacs herbeux, elles frappent les graminées dont les racines plongent dans l'eau. Les sauvages ne cultivent pas ces rizières, refusant de blesser la Terre-Mère. Ils en recueillent seulement le don généreux, qui leur procure la base de leur alimentation.

Les Canadiennes

Peu à peu, au-delà des marais, les contours du village se découpent sur le couchant : ce sont de simples huttes de paille couvertes de nattes de joncs plats cousues les unes aux autres comme un damier, sur lequel jouent les taches de lumière. Plus loin, dans des pâtures verdoyantes, débonnaires malgré leur masse énorme, paissent des bœufs à bosse au mufle aplati et à la toison frisée d'un brun rouge.

Autour des feux, des femmes aux jupes de toile de meurier frangées peintes de losanges de couleur ocre, font sécher les perles oblongues du riz sauvage sur des feuilles d'écorce de bouleau ; d'autres, leurs longues tresses battant leurs reins, écrasent à l'aide d'un pilon la cueillette des jours précédents, avant de la passer au crible. C'est ce martèlement régulier résonnant dans les vapeurs du soir qui a guidé les navigateurs épuisés et assoiffés.

Les dernières brasses jusqu'au rivage ont été les plus dures. Après avoir affalé les voiles, les navigateurs ont dû se frayer un passage dans la foison des hautes tiges de folle avoine. Ensevelis jusqu'à mi-corps dans l'eau stagnante aux relents de soufre et de vase, les deux guerriers winnebagos, les veines de leur cou gonflées par l'effort, ont poussé les canots jusqu'à la rive.

Quand les passagers mettent enfin pied à terre, c'est pour trouver le sachem et un missionnaire les attendant côte à côte, la robe noire du Jésuite et le manteau de plumes de poule d'eau tissées du sauvage flottant pareillement dans le vent léger.

Le religieux laisse le soin au chef des Puants de prononcer les paroles d'accueil : « Mes frères et mes sœurs, nous sommes heureux de constater que vous avez échappé à tous les périls sur le chemin qui vous a conduits ici. Il pouvait vous arriver de nombreux accidents sur cette route. Vous auriez pu périr sur les rochers et les rapides, sombrer dans le grand vent, si vous n'aviez pas eu tant d'ardeur et de confiance pour les surmonter. » Puis il fait offrande à chacun des arrivants de trois colliers de perles de porcelaine dont chaque rang a une vertu : le premier cordon pour essuyer les larmes des hôtes, le second pour dégager la gorge, le troisième pour apaiser les aigreurs.

Le Jésuite prend ensuite la parole en des termes plus simples :

« Je suis le père Zacharie. La bienvenue, mes enfants, que le Seigneur soit loué de vous avoir menés jusqu'ici sains et saufs. Allons lui rendre grâce. »

Il les précède dans la petite chapelle de nattes de roseau qu'il a reconstruite avec ses ouailles après que les Tsonnoutouans ont incendié la mission, six ans plus tôt. Les assaillants avaient ainsi pris vengeance de Nicolas Perrot, un ancien donné devenu l'intermédiaire privilégié entre le gouvernement de Québec et les nations alliées des Pays d'En Haut. Cet habile négociateur, au demeurant grand trappeur, était venu à la demande du gouverneur de Frontenac pour convaincre les Puants de rejoindre les Illinois, les Sauteux et les Renards et de marcher avec eux, aux côtés des Français, contre les Iroquois. Lourdement endetté auprès des commanditaires qui finançaient ses expéditions de traite, Perrot en avait profité pour se refaire. La saison ayant été particulièrement propice, il avait laissé pour un montant de quarante mille livres de peaux, une petite fortune, à l'abri de la mission, avant de partir guerroyer avec ses sauvages contre les Iroquois. La chapelle, le village, l'entrepôt et les fourrures, tout était parti en fumée.

« Mieux vaut être assailli par les lutins que par les Iroquois », conclut le père Zacharie à l'adresse de ces nouveaux aventuriers qui se présentent à la porte de son église.

Héloïse, qui pressent instinctivement qu'elle est sur le point d'accoucher, demande au Jésuite de mettre l'enfant à venir sous la protection de la Vierge Marie. Fronçant les sourcils, le prêtre demande à Réjean d'une voix devenue sèche si le fruit de son union avec Héloïse a été conçu dans les liens sacrés du mariage. Il le soupçonne d'avoir soustrait la jeune fille à sa famille, et peut-être même de l'avoir enlevée contre son gré. Il ne se radoucit que lorsque Réjean lui assure que le père Damien en personne les a unis devant Dieu.

La nuit est déjà d'un bleu noir, et une multitude de lucioles volettent au-dessus de la hutte des femmes, quand Héloïse ressent les premières douleurs. Aidée de Nipinoukhe, l'épouse du chef l'oblige à s'accroupir. Exceptionnellement, elle a accepté d'assister la jeune femme, parce qu'elle est blanche – les sauvagesses, quant à elles, se délivrent seules, parfois même à l'écart dans le bois, et leurs couches ne durent guère plus de quelques heures. Elle lui fait boire une décoction de faux pigamon pour favoriser le travail, si bien que lorsque Réjean, Guillaume et Michel Sarrazin, réveillés par les clameurs d'Héloïse, se glissent dans la hutte, l'enfant vient de naître.

La sage-femme improvisée force maintenant Héloïse à avaler de l'huile d'ours, que la jeune mère, ignorant qu'il s'agit d'une médecine souveraine pour panser ses entrailles, régurgite aussitôt. Recouvrant ses esprits, Héloïse se récrie lorsqu'elle voit Nipinoukhe plonger le nouveau-né dans un baquet d'eau froide pour le laver, et le frotter ensuite de poudre de pruche pour le sécher. Cette vigoureuse toilette est contraire à toutes les règles pratiquées par les sages-femmes de la colonie.

Dès l'aube, l'enfant, une fille bien en santé, est baptisée par le père Zacharie qui n'est pas peu fier qu'un événement aussi inattendu se produise dans sa paroisse. Guillaume et Nipinoukhe sont naturellement le parrain et la marraine. Le prêtre vient d'oindre le petit visage de Madeleine, prénom choisi par Réjean en souvenir de sa mère, quand une foule de sauvages envahit l'église dans un grand brouhaha et pousse l'officiant et les fidèles à sortir de l'édifice. Avec force gestes, ils montrent l'horizon : ce n'est pas un soleil, mais six globes qui se lèvent !

Tous restent médusés devant la beauté et l'étrangeté de ce phénomène. Même Michel Sarrazin, qui sait pourtant que ce parhélie n'a rien de magique, n'étant dû qu'à la réflexion des rayons solaires dans un nuage formé de cristaux de glace. Mais les Puants, eux, l'ignorent, et leur manitou interprète ce prodige comme une manifestation du Grand Créateur vis-à-vis du nouveau-né. Alors, sous le regard interdit de ses parents, les sauvages se prosternent devant la petite Madeleine en déposant à ses pieds des brassées de fleurs au calice strié de mauve, le trillium, la fleur sacrée.

Seules quatre femmes sont restées en arrière, n'osant ou ne voulant se joindre à cet étonnant hommage. Remarquant avec horreur qu'elles ont le nez coupé, Héloïse croit d'abord que ce sont des sorcières. « Hélas, je n'ai pu, malgré mes prières, empêcher cette atroce mutilation que l'on inflige aux femmes adultères », soupire le père Zacharie, à qui son frisson de répulsion n'a pas échappé.

« Femme adultère » : le mot cingle Réjean comme un coup de fouet, le replongeant dans les affres de son passé. C'est cette blessure infamante qu'il a infligée à Petite Plume. Alors même qu'il est à des centaines de lieues, qu'il vient d'être père, qu'il croit pouvoir enfin tenir le serment qu'il a fait au père Damien, voilà qu'elle se rappelle à lui, tout à la fois ange et démon ! Comme s'il voulait protéger sa fille et lui-même d'ondes maléfiques, Réjean prend le nourrisson dans ses bras et le presse convulsivement contre lui. Mais au contact de ce petit être, une angoisse nouvelle le déchire soudain : et si Petite Plume avait elle aussi accouché d'un enfant – un enfant conçu dans le péché ?

Chapitre V

« Adultère, bâtarde, putain, oui ma bonne, ce sont ces injures, qui m'écorchent la bouche, que cette feufie bâdrante a employées pour parler de cette délicieuse enfant. Mon sang n'a fait qu'un tour et me voici pour vous mettre en garde contre ces médisances. » Affectant un parler pointu bien peu en harmonie avec les replis pansus de sa personne, Madame Morin se trémousse sur sa chaise. Elle se délecte en rapportant à Manon les propos qu'elle attribue à Esther. Rien ne la ravit autant que de semer la zizanie, sous couvert de ses airs patelins de dame patronnesse. En réalité, elle tient ces ragots de maître Pharamond. L'homme de loi les a entendus de la bouche de son valet, auprès duquel le négrillon d'Esther s'est épanché...

Caché comme à son habitude sous le tapis d'un guéridon pour échapper aux coups de badine qu'Esther lui décochait dans ses accès de fureur, Jonas avait tout entendu : les imprécations de sa maîtresse, les soupçons de Gaétan concernant l'implication de Réjean dans le meurtre d'Odilon ; il n'ignorait rien non plus du récit qu'Esther avait fait à son fils de sa démarche auprès de Quentin. De son abri de brocart, Jonas avait également assisté aux mises en demeure et aux marchandages de maître Pharamond. De quoi le faire trembler, car il se doutait qu'après les bijoux, il serait le prochain bien dont Esther pourrait se défaire avec profit, ayant éveillé bien des jalousies avec son serviteur si exotique.

Jonas n'était point un enfant comme d'aucuns pouvaient le croire, mais un adulte atteint de nanisme ; et il voulait se venger comme il pouvait des maltraitances que lui faisait subir sa maîtresse, qui l'avait pris comme souffre-douleur depuis qu'elle était tombée en disgrâce auprès de son petit cercle.

À la colère de Jonas se mêlait son affection dévouée envers Anne, qui lui avait toujours témoigné douceur et respect. Il savait pourtant qu'il ne pouvait s'ouvrir de tout cela directement à la jeune femme : on ne prête pas attention aux racontars d'un esclave, noir de surcroît. C'est pourquoi il choisit de distiller ses confidences dans l'oreille complaisante du valet de maître Pharamond, un échalas fouineur que le notaire employait volontiers pour de bases besognes. Il était sûr que le bonhomme en ferait ses choux gras aussitôt passé le seuil de la maison d'Esther.

Au fil de cette transmission, les propos tenus par Esther avaient pris une telle ampleur que Madame Morin sauta sur l'occasion pour enfoncer définitivement la réputation de son ancienne amie. C'était aussi là le moyen de forcer la porte de Manon, que son mariage avec un nanti avait rendue digne de sa fréquentation. La sage-femme était en outre connue pour être une fameuse cuisinière, ce qui ne gâchait rien. Cela remplacerait les soupers dont Esther régalait ses convives quand elle pouvait encore se le permettre. Les souvenirs de certains bec-scie en apola, de poulardes demi-deuil et autres sorbets à l'hydromel arrachaient encore des soupirs à Madame Morin. Car elle avait beau dire, elle se languissait de ces parties fines qui lui donnaient l'impression d'appartenir à une élite et lui permettaient de se tenir au courant des nouveautés de la Cour.

Ah ! elle entendait encore chacune des reparties lors de cette fameuse soirée où l'on avait glosé à l'envi sur le dégoût nouveau de Sa Majesté pour les fêtes galantes.

« On y voit l'influence dévote de Madame de Maintenon, avait affirmé Esther.

– Que nenni, il s'agit tout bonnement d'une attaque de fistule dans le dernier des intestins », avait répliqué maître Pharamond. A l'appui de ses dires, il avait lu un passage du *Mercure galant* relatant l'émoi du bon peuple de France à l'annonce que son souverain était atteint de cette affection, naguère fatale au cardinal de Richelieu. Les églises s'étaient remplies de sujets qui, les larmes aux yeux, priaient pour la guérison du roi. Grâce aux soins de Félix, son premier chirurgien, le monarque avait été tiré d'affaire, mais il n'assisterait plus aux spectacles.

Hélas ! Tous ces événements, qui donnaient tant de piquant aux soirées d'Esther, échapperaient désormais à l'insatiable curiosité de Madame Morin... Elle s'était néanmoins fait une raison en apprenant – toujours par l'homme de loi – qu'Esther ne pouvait poursuivre sa dispendieuse correspondance avec la cameriste de la Marquise de Sévigné.

C'est ainsi qu'elle se rabattit sur les on-dit et les cancaneries de Ville-Marie. La rumeur selon laquelle Anne de Thal des Saugeaies, pupille et bru du seigneur des Erables, serait une catin et aurait accouché d'un enfant conçu dans le péché, valait que l'on s'y arrête. « Quelle belle chicane en perspective ! Sûr qu'avec ça, j'aurai mes entrées chez maître Trétault et même, peut-être bien, chez maître Simard », songeait Madame Morin agenouillée sur son prie-dieu, levant les yeux vers l'autel avec un air si béat qu'elle semblait sourire aux anges.

Au sortir de la chapelle de Notre-Dame-de-Bon-Secours où elles venaient toutes deux d'assister à matines, elle avait donc littéralement harponné Manon en lui glissant qu'elle avait des choses de la première importance à lui confier – des choses qui requéraient la plus grande discrétion. Prise de court, mais un peu inquiète – elle avait toujours en mémoire la remarque d'Esther sur la ressemblance de la petite Marguerite avec feu Simon Peltier, son premier époux –, Manon avait consenti à la recevoir. Mais elle fixa une heure où Madame Morin ne pourrait croiser ni Anne ni Marie-Reine, toutes deux en visite à la ferme de La Providence sur la pointe Saint-Charles.

Manon supputait que la commère avait en tête de déblatérer sur la fielleuse moitié de Jacquelin : toutes deux n'avaient en effet d'autre lien que de s'être rencontrées dans le salon de cette dernière. Connaissant la capacité de nuisance de Madame Morin, elle se disait que ce ne serait qu'un mauvais moment à passer. Elle était loin d'imaginer la bassesse et le degré de vilenie de ce qu'elle allait entendre...

« Hum, hum... » Secouant son chef alourdi par les dormeuses de perles qu'elle a rachetées à Esther et qu'elle ne quitte pas – même la nuit ! –, Madame Morin se racle la gorge dans l'attente d'une réaction. Elle en est pour ses frais : caparaçonnée d'une feinte indifférence, Manon affiche un visage impavide. Mais pour qui la connaît, ses narines palpitantes et son regard fixe trahissent une intense concentration. Elle s'efforce en effet de retenir chacune des paroles de Madame Morin afin de les répéter textuellement à Jacquelin et Télésphore. Le début du discours à lui seul mérite déjà un « conseil de guerre ».

Bien que déconfite par le calme apparent de Manon, Madame Morin n'en poursuit pas moins ses révélations :

« Cette affronteuse ne s'est point arrêtée là dans sa malfaisance. Elle s'est rendue à l'Hôtel-Dieu, au chevet du sieur Quentin, pour lui soutirer des écus contre la promesse que son paltoquet de fils, ce chenapan sans foi ni loi, partirait dès le redoux à la recherche de votre gars dans les Pays d'En Haut. Soyez assurée, ma bonne, que je ne prête aucun crédit à cette infamante rumeur qui voudrait que votre Réjean ait ôté la vie au sieur Odilon. Quiconque a le bonheur de vous connaître sait bien que vous avez élevé vos enfants selon les commandements de Notre-Seigneur. " Tu ne tueras point, tu ne convoiteras point la femme d'autrui... " » Madame Morin a

Les Canadiennes
I

laissé sa phrase en suspens, espérant un sursaut d'indignation de la part de la mère ainsi bafouée.

Après un long silence, Manon se décide enfin à répondre. C'est qu'elle ne veut ni trop en dire, ni pas assez, ce qui dans les deux cas donnerait foi à ce que lui a rapporté Madame Morin. Elle s'en méfie presque autant que d'Esther. Si la bonne femme est venue lui raconter tout cela, c'est qu'elle y a un intérêt, mais lequel ? Manon voudrait bien le savoir, pour manœuvrer au plus juste. Elle a tiqué en voyant les précieux pendants d'oreilles d'Esther orner les lobes empâtés de Madame Morin. Et si c'était une ruse ? Si Esther avait ainsi payé la commère pour qu'elle vienne lui tirer les vers du nez – pour la faire trébucher, elle, Manon ?

Afin de ne rien laisser paraître, elle adopte le même ton doucereux que la commère :

« C'est ben aimable à vous d'avoir pris tant d'vôt' peine pour si peu. Bah, c'est qu'd'racontars de bavasseux d'valets et d'malandrins qui vont courir la galipote et frayer dans les tripots avec c'te mauvais sujet d'Gaétan. C'est d'valeur qu'une gagne de bons à rien salisse ainsi l'honnête monde. Mais la bave du crapaud atteint point la blanche colombe, pas vrai, comme dit mon Télesphore ? Ct'e pôv' Esther a ben d'la misère avec son garnement. Sûr qu'elle aura demandé au sieur Quentin d'l'aider à l'remettre dans l'droit ch'min et d'lui fournir d'l'ouvrage. »

Et comme, sur ces paroles, la servante arrive guidant la petite Marguerite, qui a un an depuis deux mois et fait ses premiers pas, Manon prend Madame Morin à témoin :

« C'te p'tit ange, c'est l'portrait craché d'nôt' pôv' seigneur Odilon. Mis à part ces ch'veux bruns, c'est tout lui, que son âme repose en paix. » Tout en faisant mine de s'attendrir, Madame Morin scrute le petit visage de la fillette, à la recherche de quelque chose d'anormal qui pourrait confirmer les déductions d'Esther. C'est vrai qu'elle a le teint bien doré et le cheveu raide, mais sa mère est une sang-mêlé. Et comme la placoteuse n'a jamais rencontré Odilon, elle est bien en peine de noter l'absence de toute ressemblance entre le présumé géniteur et ce petit bout qui avance maladroitement vers elle en babillant.

Mais elle ne va pas en rester là. Cette fin polie de non-recevoir que vient de lui adresser Manon l'a profondément déçue, elle qui s'attendait à semer le scandale et la tempête et à en récolter les fruits...

« Et notre chère Anne, je ne l'ai point vue tantôt à l'office, ne serait-elle point en santé? », s'enquiert-elle d'un air innocent.

« Ah! ça, maudite cauteleuse, tu crois donc qu'j t'ai point vue v'nir! » pense Manon, tout en répondant le plus placidement : « Nôt' chère enfant est en grand deuil depuis la terrible nouvelle de la mort de son époux. Elle veut point s'montrer dans l'monde. Elle trouve réconfort chez nôt' mère Marguerite Bourgeoys qu'elle va visiter tous les matins. Auprès de cette sainte femme, elle est à l'abri des méchantes curiosités pour prier pour la mémoire et le salut de son cher défunt. »

Là-dessus, Manon se lève, signifiant ainsi à Madame Morin qu'il est inutile de s'incruster plus longtemps. Dépitée, la commère n'insiste pas, mais elle s'assure déjà d'une prochaine venue :

« Je reste aux aguets, soyez-en sûre. Et je ne manquerai pas de vous informer de tout par le menu. Vous pouvez compter sur ma bonne amitié. Pensez-y donc. »

« Et sur ta discrétion, maudite jaseuse », complète Manon in petto, en se contraignant à rester courtoise, car il ne faut surtout pas s'aliéner cette langue de vipère.

Une fois la porte refermée, elle vérifie que la commère ne regarde pas au travers des carreaux, avant de s'effondrer dans le fauteuil aux accoudoirs en queue d'aronde que Télésphore a sculpté pour elle en cadeau de noces. Les efforts qu'elle a dû déployer pour ne pas éclater durant cette pénible entrevue l'ont épuisée, son cœur bat la chamade, elle étouffe.

« Mère, vous s'rez donc souffrante? s'affole Marie-Reine, qui vient d'entrer avec Anne. Nous avons croisé

Madame Morin. S'rait point c'te feufie bardasseuse qui s'rait v'nue vous achaler pour vous mettre dans c't'état ? »

D'un hochement de tête affirmatif, Manon fait comprendre à sa fille qu'elle est trop émotionnée pour pouvoir parler. Son menton tremble de colère quand elle arrive à desserrer les mâchoires pour souffler :
« Va-t'en quérir Télesphore, faut qu'on cause. »

Attribuant le malaise de Manon à une chicane entre les époux – peut-être cette caqueteuse de Madame Morin a-t-elle surpris Télesphore en compromettante compagnie ? –, Anne s'est discrètement éclipsée dans la pièce voisine avec l'enfant et la servante. Bien que marié, le maître charpentier n'en a pas moins gardé ses habitudes de vieux garçon, et il trousse volontiers le compliment devant un minois accort.

Pendant que Marie-Reine court jusqu'au port chercher son beau-père, Manon réfléchit qu'il est temps de mettre sa fille au courant de la situation. Elle sait qu'elle peut compter sur son dévouement et sa tendresse envers Anne ; de surcroît, sa fréquentation assidue de la Congrégation de Notre-Dame lui a permis de se lier d'amitié avec les sœurs qui veillent sur les malades de l'Hôtel-Dieu. Cela pourra être fort utile.

Il faut avoir ses entrées partout et recouper les sources d'information, pense Manon, qui, sortie de son abattement, a retrouvé toute sa présence d'esprit et fomente déjà la riposte. Que Madame Morin ait dit ou non la vérité, même déformée, le fait est là : Esther en sait suffisamment pour nuire. Il faut surveiller ses allées et venues et celles de Gaétan auprès de Quentin, pour tâcher de savoir, le plus innocemment possible, ce qu'ils trament.

Raison de plus pour que Manon, même si cela lui coûte, accepte les visites de Madame Morin. La commère croit la manipuler en la tenant sur des charbons ardents ? Eh bien, c'est elle qui va la retourner, comme une crêpe, dût-elle pour cela la régaler de quelques-uns de ses fricots. Sa bonne marraine tante Barbe, que le Seigneur a rappelée à lui, ne lui a-t-elle pas toujours dit que « le chemin du cœur passe par celui du ventre » ? Elle va s'appliquer à flatter les penchants de ce bec sucré de Madame Morin. Elle va tant lui faire accroire de la fidélité d'Anne et de l'innocence de son fils, que bientôt la commère sortira de chez elle, gavée de croxignoles et d'oublies, avec la conviction d'une Jeanne d'Arc chargée de pourfendre la calomnie et l'injustice. « A câlisse, câlisse et demie, maudite bagoularde. J'm'en vas faire l'affronteuse, d'même. Quand y s'agit d'faire mon d'voir, j'fais ce j'ai à faire, j'me pose point d'questions », dit-elle à mi voix, justifiant à ses propres yeux cette comédie qu'elle va devoir jouer.

« Eh bien, ma bonne Manon, tu jases avec ton ombre ? »

Tenant dans ses bras la petite Marguerite qu'elle s'apprête à allaiter, Anne a surpris Manon en train de marmonner. La sage-femme se trouble. Toute à sa stratégie, elle n'a pas pris le temps de composer ce qu'elle allait dire de son plan de bataille à la principale intéressée. C'est qu'elle a un rôle essentiel à y jouer ; Manon ne peut lui taire le motif de la visite de Madame Morin. Mais la brutalité des mots risque de la replonger dans cette mélancolie délétère qui l'a reprise depuis qu'elle a appris les circonstances de la mort de son époux. Seuls les gazouillis de Marguerite arrivent à lui arracher un sourire. Comment va-t-elle réagir en découvrant l'entreprise de dénigrement dont elle est l'objet ? C'est qu'elle est tout aussi capable de se soumettre aux raisons que va lui présenter Manon, que de se flageller en se jetant aux pieds de Quentin pour tout lui avouer.

« Assieds-toi, ma p'tiote. J'ai ben d'la misère à ce que j'm'en vas t'dire. » La voix est douce, mais le visage grave.

« Je peux tout entendre, Manon, rien de pire que ce que je connais déjà ne peut m'ébranler plus que je ne le suis. Mon âme souffre chaque jour mille morts. N'était ce petit ange innocent, j'aurais tout fait pour disparaître. Mais je me dois à ma fille, je me dois de lui épargner les tourments dans lesquels m'a jetée mon inconduite. Je suis déjà damnée, alors parle sans détour, Manon, je t'écoute. »

Edulcorant autant que faire se peut les propos de Madame Morin pour ne garder que l'essentiel – à savoir la perfidie d'Esther et l'engagement de Gaétan auprès de Quentin –, Manon lui explique qu'il faut couper court à la rumeur, peu importent les moyens, et qu'elle va s'y employer. Mais pour cela, la participation d'Anne lui est nécessaire.

Anne est d'abord restée muette, désemparée par ce que Manon vient de lui assener. Les mains glacées, tremblante, elle regarde Manon comme si le salut ne pouvait venir que d'elle.

« Le Seigneur me punit encore une fois. Nous sommes perdues... », dit-elle d'une voix résignée, en serrant l'enfant contre elle. Elle se tasse sur la chaise.

Les poings sur les hanches, les pommettes empourprées, Manon se campe devant la jeune femme. Ses yeux noisette lancent des éclairs.

« Ah! ça, c'srait d'me méconnaître d'croire qu'j'vas laisser c'te toupie t' traîner dans la fange et ta p'tiote avec! » fulmine-t-elle.

Anne lève son visage vers la sage-femme. Tout en elle exprime le désarroi. Elle a cet air perdu d'animal traqué que Manon ne lui connaît que trop.

« Que dois-je faire, Manon, que dois-je faire, je te le demande? Ne devrais-je pas retourner aux Erables avec ma fille? Ne serait-ce pas le plus sage? Au moins je serai loin de ces ragots et de la méchanceté d'Esther. »

Manon secoue la tête avec vigueur.

« C'srait ben pis! Sûr que tu s'rais la cible des quolibets et des sarcasmes de c'te feufie d'Mathurine et d'sa gagne de baragouines qui r'ssassent leur jalousie d'puis qu't'es la nouvelle maîtresse des Erables. Sans parler du Jolicœur, c'te canaille, le diable l'emporte, qui régente son monde comme si c'était lui l'seigneur à c'qui paraît!

« Et pis Esther aura tôt fait d'inventer une nouvelle menterie en disant qu'c'est la honte qui t'a fait partir,

Les Canadiennes

elle aura beau jeu d'monter Quentin contre toi. Non! Faut qu'tu d'meures icitte. Faut point t'cacher. Présentement, à c'que dit ct'e bagoularde de Dame Morin, Esther s'est gardée d'bavasser sur ton compte à Quentin, elle sait ben qu'il l'aurait point crue. Elle est ben finaude, elle laisse faire le poison de la calomnie. C'est qu'y a une couple de couvassières qui fréquentent l'Hôtel-Dieu et qu'y en aura ben une qui s'chargera de l'a besogne. Mais j'ai mon idée... »

Elle est interrompue par l'arrivée en trombe de Télésphore, Marie-Reine sur les talons. En voyant son épouse marcher de long en large, les poings crispés sur les hanches et le cou rentré dans les épaules, comme si elle s'apprêtait à se colleter avec une invisible mégère, le charpentier se fige, interloqué. Il la croyait en pâmoison, au bord de l'apoplexie et la voilà plus gaillarde que jamais.

« J'm'a fait un sang d'encre, j'te croyais su'l point d'passer, à c'que m'a dit Marie-Reine. Et te vl'à qui danses la gigue! s'exclame-t-il, manifestement agacé par tant de légèreté de la part de son épouse. Qu'est-c'est donc que ct'affaire dont tu veux m'causer, qu'j'ai laissé tous mes commis en plan pour m'en v'nir? »

Télésphore est le premier à apprécier la vivacité de sa moitié, il sait lui pardonner ses emportements parfois injustifiés, mais non cette trouvaille d'humeur qu'elle lui sert présentement. Mais Manon a tôt fait de lui clouer le bec en lui faisant un résumé bien senti de la visite de Madame Morin.

« C'est-y point trop d'valeur pour t'd'virer d'ton ouvrage? » Cramoisi, Télésphore regarde alternativement sa femme gonflée de colère et le visage livide et baigné de larmes d'Anne. Sans répliquer, il passe la porte et court chez Jacquelin.

Manon n'a pas le cœur de se mettre en cuisine, et c'est devant une simple soupe trempée que tous se retrouvent au souper, l'air sombre, chipotant les taillons de pain qui flottent dans leurs écuelles d'étain.

L'atmosphère est aussi coupante que le petit vent qui fait grincer les battants des fenêtres. Mars s'annonce par ses premières giboulées.

Après avoir dit les grâces, Manon entre dans le vif du sujet. Il ne sert plus d'ergoter. D'un regard appuyé qu'elle veut rassurant, elle fait comprendre à Anne qu'elle va faire partager leur secret à Marie-Reine et aux deux hommes.

« J'm'en vas vous dire toute la vérité. »

En apprenant la filiation de la petite Marguerite et les circonstances tragiques de sa conception, Télésphore s'étrangle, crache un grand jet de soupe, déglutit péniblement, puis il explose : « C'est à c'te heure que tu m'bâilles ct'e malheur ! T'as point confiance qu' tu m'as cachoté c't affaire tout c'temps ! Tu m'crois point capable d'tenir ma langue ! Et ton gredin d'gars, c'te trimbaleux, criss de roches, si j'le tenais j'l'étranglerais moi-même ! » De ses mains larges comme des battoirs, le charpentier mime le geste. La fureur, l'indignation font trembler sa grande carcasse.

A l'inverse de Télésphore, Jacquelin est resté bouche bée, anéanti par la traîtrise de son épouse. Anne finit par rompre le lourd silence qui s'est installé après le coup de gueule du maître charpentier.

« Ne jure point, Télésphore. Je suis seule coupable. Tout est de ma faute. Si je ne m'étais pas rendue dans l'érablière, si je n'avais point refusé de suivre Réjean et de devenir sa femme, rien ne serait arrivé...., dit la jeune femme d'un ton haché. Mais j'avais promis. J'avais donné ma parole à ma chère Marie-Angélique, que le Seigneur veille sur son âme si bonne et si pure. Sur son lit de douleurs j'avais juré que j'épouserais Odilon. Je ne pouvais me dédire sans la tuer de chagrin. Réjean a agi sous le feu de la colère et du dépit, il n'était pas lui-même. Je suis sûre qu'il se repent chaque jour, et s'il a fui, ce n'est point par couardise. Le ciel nous a punis tous deux, moi pour avoir eu cette enfant, lui pour s'être banni de sa famille et de ses amis. Il ne peut être le meurtrier d'Odilon, je le sais, je le sens. Je vous en conjure, croyez-moi ! »

Au fur et à mesure qu'elle s'échauffe, la voix d'Anne prend des accents passionnés et douloureux.

« Mais c'est qu'tu l'défends ! L'aimes-tu donc encore après c'qu'il a fait ? Misère, pôv' de toi, pôv' de nous ! s'écrie Télésphore, qui décidément renonce à comprendre quoi que ce soit au sexe faible.

— Eh bien oui, je l'aime encore, malgré l'injure qu'il m'a faite, je l'ai toujours aimé. Et je l'aimerai à jamais, dussé-je pour ce crime brûler en enfer ! » Ce n'est plus Anne, la raisonnable pupille de Marie-Angélique et de Quentin, qui exprime sa passion avec toute la fougue dont elle est capable, c'est Petite Plume, la sauvagesse. Celle qui aurait voulu se donner librement, au lieu de devoir se plier aux conventions dues à son rang.

Loin d'être choquée, Manon l'admire intérieurement. « Faut'y qu'elle l'aime mon gars ! » Avec le recul, elle regrette d'avoir tout fait pour les séparer, d'avoir contrarié cette passion irrépressible qui a apporté tant de malheur. Elle-même, lorsqu'elle est arrivée en Nouvelle-France pour prendre époux, n'a-t-elle pas pu exercer son libre arbitre, choisir celui vers lequel elle se sentait portée ? Et par deux fois, cette chance lui est échue. Pourquoi n'a-t-elle pas laissé la même liberté à Petite Plume ? Pourquoi a-t-elle suivi Marie-Angélique dans son désir de faire de la petite sauvagesse plus que sa pupille : sa fille, en la mariant contre son gré à Odilon ? Son égoïsme de mère poule, sa rancœur de femme jalouse l'ont aveuglée. En punissant Petite Plume, elle se vengeait de Gaguesca, sa mère, le dernier amour de Simon. Coupable, elle l'est aussi d'avoir agi ainsi. Pour se racheter, elle fera front avec Anne, et gare à qui ne la suivrait pas dans cette résolution.

Télésphore, quant à lui, est stupéfait. Ses lourdes mains sont retombées sur la table dans un bruit mat. Ses épaules se sont affaissées. Ses sourcils broussailleux se sont rapprochés. Visiblement, le soupçon que Réjean puisse bien être l'assassin d'Odilon s'insinue à nouveau dans son esprit.

Manon, qui le voit torturer sa barbe, lit clairement en lui.

« M'aimes-tu ? » l'apostrophe-t-elle. Télésphore tombe des nues : qu'est ce que les sentiments qu'il a pour sa femme viennent faire dans l'histoire ?
« Cte question ! Ben pour sûr que j't'aime, nigaude ! J't'ai ben attendu vingt ans pour t' marier !
– Bien ! Alors, tu f'ras tout c'que j'dirai ? le défie Manon.
– Ah ça, ma bonne femme, c'est'y qu'tu m'mettrais l'marché en main ?
– Tout juste. T'es avec nous ou cont' nous. C'est point l'heure d'barguigner ! »
Le ton est impérieux, Manon ne plaisante pas. Télésphore n'en revient pas. Jamais sa femme ne l'a chicané de la sorte au point de mettre leur union dans la balance. Il se tourne vers Jacquelin, espérant trouver du renfort. Et tout ce qu'il voit, ce sont les yeux humides de son ami, tandis que sa main presse celle d'Anne.
« C'est ben d'la misère, ben d'la misère, pôv' toi ! s'apitoie Jacquelin. Tout comme ta mère, ma Fleur... Mais on t'laissera point, pour sûr, on est là nous. Et cte carogne d'Esther l'emport'ra point en paradis, compte là-d'ssus ! »
Sur ce, il lance à Télésphore un regard furibond et le gratifie d'une bourrade qui n'a rien d'amical :
« Qu'est'ce t'as donc à m'faire ces yeux d'merlan frit ? T'vois point qu'la ptite est dans la peine ? Et Marguerite, t'as-tu seulement pensé à Marguerite ? Moi, c'te p'tiote, j'l'aime comme qu'elle serait ma nichouette. J'laisserai personne lui faire du mal ! »
Penaud d'avoir ainsi failli trahir sa femme et ses amis, Télésphore se sent soudain bien seul. Marie-Reine, qui est restée silencieuse durant tous ces échanges pleins d'acrimonie, se lève pour prendre Anne dans ses bras.
« Mon amie, ma sœur, j'suis point étonnée, dit-elle avec tendresse. Crois-tu qu'j'ai point vu qu'ma filleule était tout comme nôt' Réjean quand il était loupiot ? Et qu'tu cachais qu'que chose de ben triste cause que j't'ai vue ben des fois pleurer en priant ? T'es point à blâmer,

Les Canadiennes

et t'es point maudite. Pour sûr que mère Marguerite pense de même et qu'elle t'a rappelé c'que la Vierge Marie lui a dit quand elle lui est apparue : " Va, je ne te laisserai point. " Nous aut' on t'aime comme si tu f'rais partie d'la famille et nôt' p'tite Marguerite ben plus. »

Marie-Reine, la pieuse Marie-Reine, qui repousse tous les galants que lui présente sa mère et se raidit dès qu'un gars tente de lui chanter la pomme comme si c'était le serpent tentateur du paradis perdu, elle aussi soutient Anne !

Devant ce front commun, Télésphore n'a d'autre issue que de capituler. Il se rattrape comme il peut :

« J'l'aime tout comme, nôt' Marguerite. Sûr qu'j'laisserai point l'monde lui faire d'la misère, faudrait m'passer sul'corps !

— T'as-tu donc fini d'faire ta tête croche, c'est d'façon ! » s'exclame Manon en lui piquant un gros bec dans la joue pour sceller son pardon. Puis, comme un général devant son état-major, elle entreprend d'attribuer sa mission à chacun.

Marie-Reine, d'abord : elle multipliera ses visites à l'Hôtel-Dieu, ce qui lui donnera l'occasion d'écouter les conversations que Gaétan pourrait avoir avec Quentin. « C'est pour la bonne cause ! » assène Manon, avant même que la jeune fille, outrée, n'essaie de décliner ce rôle d'espionne.

Anne, ensuite : elle se rendra avec Manon tous les jours à matines où elle communiera dans la Sainte Eucharistie, ce qui contribuera à faire taire les couvassières. Puis, après la messe, elle ira passer avec la petite Marguerite un long moment auprès de Quentin. Ces démonstrations d'amour filial devraient suffisamment attendrir le bonhomme pour faire rempart aux insinuations. Et puis, il ne serait pas mauvais qu'Anne remplace auprès du convalescent cette Madame de Brettevilliers qui ne quitte pas son chevet, au prétexte de lui faire la lecture, et qu'Esther a déjà essayé de se mettre dans la poche, selon Madame Morin. La veuve du lieutenant aurait, toujours d'après la commère, des vues sur le seigneur des Erables : de là à ce qu'elle se prête aux manigances d'Esther pour évincer Anne de l'affection de son tuteur et beau-père, il n'y a qu'un pas.

Jusqu'ici, dans ce que Manon attend d'Anne, il n'y a rien qui soit de nature à effaroucher la jeune femme, puisqu'elle porte une réelle et respectueuse tendresse à Quentin. Rien – hormis le fait de devoir sortir de sa réclusion volontaire.

« C'est point l'plus difficile » l'avertit Manon, avant de poursuivre. Car elle lui demande maintenant de contrefaire la vérité en prétendant partager la haine et l'ire de Quentin. Anne devra jurer ne connaître le repos tant que l'assassin d'Odilon ne sera pas écroué. Ainsi son beau-père s'ouvrira-t-il peut-être à elle de ses projets de vengeance. Si par hasard il lui demande pourquoi elle demeure encore à Ville-Marie au lieu de retourner aux Erables, elle expliquera qu'elle souhaite rester auprès de lui, que durant ce deuil cruel qui les frappe tous deux, elle trouve réconfort auprès de mère Marguerite – ce qui est pure vérité. Elle ajoutera qu'elle n'a pas le courage de rester seule avec l'enfant au manoir, alors que les Iroquois continuent de ravager les villages autour du bassin de la Richelieu et de la Yamaska. Anglais et Français se servent en effet toujours de leurs alliés amérindiens pour poursuivre la guerre en harcelant les colons. Quentin ne pourra que l'approuver.

La perspective de devoir se prêter à cette duplicité qui lui répugne fait frissonner la jeune femme ; mais y a-t-il moyen de faire autrement, si elle veut préserver sa fille de l'opprobre ?

Après l'exposé des manœuvres diplomatiques, Manon en vient au nerf de la guerre : les sous. Esther est allée demander une aide financière à Quentin, preuve que depuis que Jacquelin lui a coupé les vivres, elle est aux abois. Manon en veut pour confirmation les dormeuses qu'elle a vues pendre aux oreilles de Madame Morin. A la fin de leur entretien, cette dernière s'est vantée de les avoir acquises pour un prix fort intéressant grâce à maître Pharamond, qui, moyennant sa commission, les a négociées pour elle à la moitié de leur valeur. Cet aveu a éclairé Manon sur les intentions de Madame Morin : pour des raisons fort différentes, elles poursuivent désormais le même but, faire payer Esther, la traîner plus bas que terre, la mettre au ban de la société. Et pour cela, la frapper en son point le plus vulnérable : sa bourse.

« C'est point très charitable à vous, ma mère, cela vous r'ssemble point. Esther nous a accueillies, vous vous en souvenez, se permet de faire remarquer Marie-Reine.

— Ah ça, ben donc, pour mieux rire d'nous ensuite, en vl'à d'la charité ! En a-t-elle c'te croqueuse d'la charité qu'elle répand ses menteries su'nôt' dos dans tout Ville-Marie !

— Mais comment donc tu t'y prendras, ma femme ? » interroge Télésphore, d'un ton dubitatif. Pas question de montrer son admiration devant la vivacité d'esprit de sa moitié.

« Madame Morin est une fameuse jacassière. Et j'ai point fini d'la chacotter. Sur ma foi, elle en sait un grand bout... » Un petit sourire aux lèvres, Manon balaie son auditoire avec un air entendu. Manifestement elle prend plaisir à son rôle de conspiratrice.

Son grand buste penché en avant, Télésphore attend la suite avec impatience. Jacquelin, qui n'a dit mot depuis le début de l'exposé, s'agite sur sa chaise.

« Bon, c'est pas tout ça, mais nous présentement dans c't'affaire, qu'est-ce donc qu'on fait ? demande-t-il, un peu vexé de se voir relégué au rang des utilités.

— Toi et mon Télésphore, vous allez derechef appareiller l'expédition pour les Pays d'En Haut. Faut r'trouver mon Réjean avant c'te bon à rien d'Gaétan. L'dégel est pas loin, les voyageurs vont point tarder à déraper. Faut engager une gagne de confiance. Toi, l'Jacquelin qu'as tant ravaudé dans les grands bois, t'en connais-tu ? »

Jacquelin a un sourire épanoui. Voilà une tâche à sa mesure.

Les Canadiennes

« J'en fais mon affaire ! assure-t-il. Et qu'j'irai moi-même l'chercher ton gars. Pour cette fois j'commanderai mon canot. J'suis encore pas mal vaillant pour mon âge.
– Et moi donc ! proteste Télésphore.
– Ta, ta, ta. Toi, tu restes icitte. J'ai b'soin d'toi pour une aut' besogne.
– Quoi donc, qu'tu fais des mystères ?
– T'verras ben tantôt, répond Manon avec un petit sourire entendu.

Le contenu des marmites et des poêlons de Manon a eu l'effet escompté. Madame Morin s'est d'autant plus volontiers laissé prendre au piège des salmis et des tourtières, que la maison de maître Trétault est l'une des rares où l'on peut encore s'en régaler. En effet, les attaques incessantes des Iroquois ont provoqué une autre calamité : la disette. Dans les campagnes, les paysans ont vu toutes leurs récoltes détruites par le feu, leurs bestiaux égorgés, et l'insécurité permanente les a empêchés de semer les blés et les légumineuses de printemps. Les habitants de Nouvelle-France vivent sur leurs réserves qui s'épuisent : ils seront bientôt réduits à déterrer des racines pour ne pas mourir de faim.

Avec sa prévoyance habituelle, Manon, quant à elle, a rempli la resserre de barils de farine de froment et de blé d'Inde, de fèves, d'anguilles en saumure et d'herbes salées. Elle a mis quantité de lard au sel, fumé des jambons, boucané gibier à plume et à poil, conservé les poissons sous la glace... Sur les cribles, pommes, poires et petits fruits achèvent de se déshydrater à côté des citrouilles, des pâtissons et des turbans d'Aladin, et les pains de sucre enveloppés dans leur papier semblent veiller comme des cerbères sur cette abondance.

Bonne âme, Manon partage avec ceux de ses voisins qu'elle sait dans le besoin ; et, bien évidemment, elle fait profiter Madame Morin de ces largesses en nature.

A chacune de ses venues, la commère arbore un nouveau butin prélevé dans la cassette ou dans la garde-robe d'Esther. « Par tous les saints, le ridicule tue point ! » manque s'exclamer Manon quand un jour elle la voit se présenter boudinée dans l'apparat d'un caraco et d'une jupe de taffetas jaune citron. Par-dessus, elle a jeté la mante de moire pourpre qu'Esther affectionnait tant, et qu'elle-même reluquait depuis fort longtemps. En contemplant cette agressive association de couleurs qui fait ressembler Madame Morin à un énorme lampion, Manon se dit que pour que l'affuculante Esther se soit résignée à se séparer de tout cela, les choses doivent aller de mal en pis pour elle.

Dans une envolée froufroutante de satin, Madame Morin susurre à celle qui est devenue sa « bonne amie » la nouvelle qu'elle attendait avec tant d'impatience : Esther est ruinée, endettée jusqu'au cou. Après avoir dû se défaire de ses plus beaux bijoux et de ses pelisses de martre et de renard, elle dépend désormais totalement du bon vouloir de maître Pharamond.

L'homme de loi lui a laissé une dernière chance de se refaire. Il a accepté d'être son prête-nom dans une société de traite et de financer le canot de maître sur les bénéfices à venir dont il empochera les deux tiers, en sus des créances. Charge à elle de trouver les mille six cents livres pour acquérir le permis, sans parler des gages des voyageurs et du chef de flottille qu'il va lui falloir enrôler, des provisions, des objets de troc et des munitions nécessaires à cette entreprise.

En lui faisant signer les billets qui la mettent à sa merci, maître Pharamond a précisé que, dans « sa grande générosité », il lui accorde trois hivers pour le rembourser. Si elle ne remplit pas en temps et en heure ces conditions, il se fera un plaisir non dissimulé de saisir tout ce qui lui restera et de la jeter à la rue.

« Ingrat, canaille, maraud, vous avez abusé sans compter de mon hospitalité, et parce que je connais un revers de fortune, forcément passager, vous avez l'audace de venir chez moi m'insulter ! Dès que j'aurai retrouvé mon aisance, je vous réserve un chien de ma chienne, malappris ! » a craché Esther en paraphant d'une plume tressautante de colère les documents infamants.

Manon voit la scène comme si elle y était, tant Madame Morin met de détails croustillants dans sa narration.

« Mais, il y a mieux... », bafouille la commère, en se resservant une platée de ragoût de lièvre aux fèves.

Les coudes sur la table, le visage tendu par la curiosité, Manon brûle d'entendre la suite. Mais Madame Morin prend son temps, fait durer le plaisir, glougloute une lampée de vin de gadelles comme si elle goûtait un grand cru de Romané-Conti, avant de s'essuyer la bouche d'un revers de manche.

« Eh bien, c'te courailleux d'Gaétan qui passe ses nuits à jouer et à forlaquer avec des filles de rien, a eu tôt fait de perdre les mille livres que le sieur Quentin a remises à sa mère pour financer son voyage dans les Pays d'En Haut. Et c'est point c'qu'Esther a vendu qui peut couvrir la coutange. A peine si elle a eu de quoi acheter le permis de traite. Alors, si l'sieur Quentin veut point remettre la main au gousset...

– Le voyage est à l'eau », termine Manon. Madame Morin se frotte la panse, sûre que son hôtesse partage sa satisfaction à cette annonce inespérée. Or, Manon fronce les sourcils. Elle avait envisagé cette éventualité, qui au contraire ne l'enchante guère, et elle tient déjà la parade toute prête. C'est la fameuse « besogne » qu'elle réserve à Télésphore et dont elle lui a tu pour l'instant ce qu'il en était. Elle attendait que son hypothèse se confirme.

En effet, si Gaétan et Esther ne remplissent pas leur engagement envers Quentin, ce dernier s'adressera à quelqu'un d'autre pour traquer Réjean – un plus coriace, peut-être même Jolicœur. Gaétan est un moindre mal : il sera facile à surveiller, et compte tenu de ses penchants, on peut présumer qu'il se laissera vite distraire par la vie dissolue des postes de traite, oubliant l'urgence de sa mission. Il faut donc maintenir les préparatifs de ce voyage, coûte que coûte, en laissant croire à Quentin que Gaétan se conforme scrupuleusement à ses directives.

Et c'est là que Télésphore doit entrer en scène. Par l'entremise de Madame Morin, il approchera maître Pharamond. Prétextant ne pouvoir obtenir pour lui-même un permis de traite, il fera savoir au notaire qu'il souhaite s'associer discrètement avec lui. En échange, il lui proposera de fournir le canot de maître, ainsi appelé car la plupart de ces embarcations sont fabriquées par un artisan de Trois-Rivières, Louis Maître.

Enfin, pour achever de gagner l'estime du notaire, Télésphore offrira de lui racheter certaines de ses créances les plus lourdes et les plus douteuses. L'avaricieux ne pourra décliner une telle aubaine, et Manon mettrait sa main au feu que la première chose qu'il fera sera de se débarrasser des billets signés par Esther.

En contrepartie, d'une part le notaire devra promettre que jamais le nom de Télésphore ne sera prononcé ; d'autre part, il devra s'engager à continuer de faire crédit à Esther, afin qu'elle ne se doute de rien — mais au compte-gouttes, et à la condition d'en référer d'abord à Télésphore. Il devra prendre des gages, cela va de soi, à commencer par le négrillon et la commode de l'ébéniste Boulle. Manon a tout prévu, jusqu'au moindre détail. Elle a aussi mesuré le risque de mettre Madame Morin dans la confidence. Sans lui dévoiler tous les rouages de sa machination, elle lui en dit juste assez pour s'assurer sa collaboration auprès de maître Pharamond.

Etourdie et flattée, Madame Morin se rengorge en découvrant les responsabilités que lui confie sa « bonne amie ». Ce vent de complot la grise. Mais quand Manon fait allusion à la commode marquetée d'écaille, elle est prise de hoquet. Elle rêve de ce meuble fastueux depuis qu'elle l'a vu, mais elle n'a pas les moyens de l'acquérir — déjà qu'elle a puisé plus que de raison dans ses ressources pour avoir les dormeuses, la châtelaine et les atours d'Esther ! Ce chef-d'œuvre chantourné serait une folie, et ce n'est pas elle qui s'adresserait à un prêteur sur gages, fût-il maître Pharamond. Autant en faire son deuil, mais elle en crève. Et c'est avec un méchant rictus qu'elle relance : « La commode ? Si fait, je conçois que vous puissiez vouloir une telle pièce... ». Elle n'en pense pas un mot. Son regard fait le tour de la salle, où la maie, le dressoir, la table, les chaises et même les fauteuils devant l'âtre sont d'une simplicité de bon aloi qui ne se marierait guère avec l'ostentation du meuble convoité. Le seul métal qui étincelle au milieu de ces nuances chaudes de bois, est le cuivre des chaudrons et des caquelons qui pendent à la crédence.

Manon, qui a suivi cette inspection avec un petit sourire, lui tapote la main :

« Mais ma bonne, cte commode sera pour vous, ben sûr. J'ai ben vu comme vous la r'gardiez. C'est point pour moi toutes c'tes dorures, où c'est'y donc qu'j'la poserais ! Tandis qu'chez vous, c'est aut'chose. On s'entendra pour la dépense, vous faites donc point d'souci.

– Ah ! Ho ! Ho ! Ah ! » Madame Morin en cherche ses mots, c'est trop de bonheur, si elle s'attendait ! Manon savoure, elle la tient définitivement, la bonne femme lui mangerait dans la main si elle l'exigeait. Désormais, elle peut tout lui demander.

Son émotion retombée, Madame Morin questionne pourtant, intriguée et un peu inquiète aussi, car elle n'a aucunement l'intention de racheter le deuxième élément dispendieux du train de vie d'Esther mentionné par son interlocutrice :

« Et le négrillon, pourquoi le négrillon ? » A son grand soulagement, Manon explique qu'Anne s'est prise d'intérêt pour le petit esclave ; elle veut le soustraire aux mauvais traitements que lui inflige Esther, et elle souhaite l'offrir à sa fille, Marguerite, comme compagnon de jeux.

« J'reconnais bien là la grandeur d'âme de cette enfant », opine Madame Morin qui n'en est pas à une bassesse près pour flatter son hôtesse. Toutefois, elle reste un peu perplexe devant toute cette coutange que

Les Canadiennes

Manon et Télésphore sont prêts à engager, alors qu'ils n'en auront pas l'usage. C'est qu'elle n'a pas saisi tout le raffinement de la vengeance mûrie par Manon. En finançant en sous-main le voyage de Gaétan et en devenant, sans apparaître, les premiers créanciers d'Esther, ils sont doublement sûrs d'arriver à leurs fins.

Il est un détail supplémentaire dont la commère n'aura jamais connaissance, car cela porterait préjudice aux termes de l'association entre maître Pharamond et Télésphore : ce dernier et Jacquelin vont faire en sorte que Gaétan dispose du plus piètre équipage qu'il soit donné de trouver sur la place de Ville-Marie. La chose est aisée : Gaétan n'a aucune expérience dans la formation d'un équipage, et maître Pharamond ne rechignera pas à tirer un peu plus sur les cordons de la bourse d'Esther. Ainsi Gaétan sera-t-il obligé de se contenter des laissés-pour-compte, ceux qui battent la semelle autour des entrepôts de Lachine pour se faire engager par un marchand équipeur.

Là encore, Jacquelin et Télésphore l'y aideront – façon de parler – en graissant la patte d'un « bourgeois », un chef de convoi, de leur connaissance : sous couvert de conseiller Gaétan, il l'incitera à prendre des jeunots inexpérimentés, qui n'ont jamais voyagé dans les Pays d'En Haut. Il fera valoir au jeune homme qu'il s'y retrouvera sur le montant des gages, car des novices dans le métier ne peuvent prétendre à plus de trois cents livres par année, payables en castors au retour.

Cela fait déjà trois fois plus que le salaire d'un soldat, aussi ce n'est pas ce qui manque, en cette période de disette, que ces adolescents râblés et robustes, puînés de familles nombreuses, qui rêvent de devenir des « mangeurs de lard » à défaut d'être des coureurs des bois. Car, à la différence de ces derniers qui n'ont ni maître ni Dieu ou presque, les voyageurs sont pris en charge par un patron, qui les appareille et les nourrit. Ils sont liés à lui par un contrat dont la signature devant notaire est assortie d'une « régale », une mesure de rhum. C'est autant que leur famille n'aura pas à débourser.

Les Canadiennes

On les reconnaît facilement à leur chemise et à leur culotte de toile grosse, leurs cheveux retenus en catogan sous la fourole rouge, leur pipe de plâtre au bec pour se donner des airs d'homme – alors que la plupart ont à peine vingt ans. Et quand ils ne rôdent pas sur les quais en faisant jouer leurs muscles pour montrer leur souplesse et leur agilité, qualités essentielles dans la profession qu'ils comptent embrasser, on les retrouve dans les tavernes à écouter les rodomontades des vétérans.

Devant ce parterre tout ouïe, ceux qui ont fait plusieurs fois le voyage se vantent des sauvagesses qu'ils ont séduites à chaque étape et qui se languissent de leur retour ; ils fanfaronnent qu'ils n'ont « jamais vu de petits loups », car bien sûr ils ont franchi les rapides les plus vertigineux, affronté les tempêtes les plus terribles en narguant « la vieille », ce vent traître qui souffle en rafales sur les Grands Lacs ; ils ont gravi les portages les plus hauts, parce qu'ils sont les plus forts, les plus courageux, des « hommes de grande fatigue », capables d'avironner vingt heures par jour, dix jours d'affilée, sans broncher.

Vêtus de leur chemise de coton bariolé à jabot et manchettes nouée d'une ceinture fléchée, à laquelle sont accrochés une écuelle, un petit baril et la blague à tabac, les plus chevronnés affirment se faire jusqu'à mille livres par année – trois fois les émoluments d'un chirurgien. Sans compter la carotte de tabac noir et le supplément, si l'on a une belle voix capable d'entraîner les avironneurs ou si l'on pratique l'une des langues des sauvages ; car alors, on peut cumuler la tâche de truchement et de guide, et multiplier d'autant son salaire. Et puis, avec c'te vie-là, on reste en santé, car à partir au printemps, on échappe aux épidémies qui grouillent dans les cales des vaisseaux venus de France.

Pour faire trembler les jeunots, ces fiers-à-bras racontent comment ils ont maintes fois échappé aux attaques des Iroquois. Comment ces damnés surgissent de nulle part sur leur canot d'orme, pillent et massacrent les voyageurs en jetant des blocs de roche du haut des gorges encaissées, en psalmodiant leur chant funèbre : « Os de nos ancêtres, suspendus au-dessus des vivants, apprenez-nous à vivre et à mourir. Vous avez été braves, le maître de la vie vous a ouvert les bras, vous a donné une bonne chasse dans le pays de la mort. La vie est cette couleur brillante du serpent, qui paraît et disparaît plus vite que la flèche ne vole. C'est cet arc-en-ciel que l'on voit sur les flots du torrent. C'est l'ombre d'un nuage qui passe. »

A les écouter, les postulants ont les yeux qui brillent ; ils s'imaginent déjà faisant partie de ce compagnonnage, de cette société à part avec ses rites propres et sa hiérarchie. Ils sont éblouis par les hauts faits dont on vient de leur rebattre les oreilles, et par les libéralités des anciens qui laissent une bonne part de leurs gains sur les tables des bouges et mènent grande vie. Pour ces hommes qui vont s'engager pour trois ou cinq ans en laissant derrière eux femmes et enfants, les deux semaines qui précèdent le départ ne sont que divertissements et fêtes où l'on fait bombance.

Madame Morin a rempli à merveille sa fonction d'ambassadrice auprès de maître Pharamond. Celui-ci, qui n'entend à la traite que le bruit sonnant et trébuchant des bénéfices qu'il peut en tirer, est entré sans arrière-pensée dans le jeu de Télésphore. Avec son expérience, ce dernier, il en est persuadé, saura faire au mieux de leurs intérêts communs. Du moment qu'il a recouvré ses fonds et qu'il peut espérer quelque huit mille livres de pelleteries par saison ! Il se montre presque courtois avec Esther pour endormir sa méfiance et éviter qu'elle ne se tourne à nouveau vers Quentin, ce qui compromettrait toute l'opération. Il laisse à Gaétan l'illusion qu'il peut agir à sa guise, lui octroyant tout juste les mille quatre cents livres qu'il faut pour monter l'équipage et tenant, comme convenu, Télésphore au courant de chaque dépense.

Avec ces deniers, la première chose qu'a faite le jeune godelureau n'a pas été de se préoccuper des barils de farine de blé d'Inde, ni des trois boisseaux de fèves, ni des deux cents livres de lard salé, ni des six cents de biscuits de mer, ni du tonneau de rhum indispensable au moral des hommes de la flottille. Non, il a commencé par prélever deux cents livres pour se faire tailler un habit digne d'un maître équipeur, deux cents autres pour l'achat d'un mousquet damasquiné, et encore cent livres pour un feutre taupé emplumé de faisan, car il entend bien marquer son rang. Le « bourgeois » qu'il croit avoir recruté mais qui, en réalité, a été choisi par Jacquelin, ne s'est pas privé de rapporter cette extravagance en se gaussant déjà des lazzis dont l'impertinent freluquet sera évidemment l'objet au cours du voyage.

Les deux « boutes », l'« arrière » qui tiendra le gouvernail et le « devant » qui signalera les obstacles, deux postes à responsabilité qui assurent la sécurité de l'équipage, ont également été choisis par Jacquelin.

Des huit « milieux » – les avironneurs assis sur des planchettes, qui se trouvent répartis au centre du canot –, deux sont des comparses du « bourgeois » rémunérés à l'avance par Télésphore ; les autres sont des nouveaux. Ce « panachage » est destiné à éviter les remarques qu'une brigade uniquement composée de novices ne manquerait de soulever, tant de la part des autres marchands équipeurs que de celle de Quentin, si celui-ci assiste au départ de la flottille qui est toujours un grand moment de la saison de printemps. La réputation de grippe-sou de maître Pharamond, officiellement commanditaire du canot – lequel, comme il se doit, porte sa marque – sera également une explication plausible.

La nouvelle que la rivière des Outaouais et la rivière des Français ont commencé à caler a donné le signal des premiers départs. Sur la rive et le quai devant les entrepôts de Lachine, une foule de badauds s'est mêlée aux marchands et aux armateurs pour voir déraper la brigade des grands canots à la coque décorée d'arabesques et d'images de couleurs vives, portant de chaque côté de la poupe recourbée le nom, le blason ou l'animal fétiche cher au propriétaire. Certains comptent jusqu'à vingt hommes d'équipage et transportent plus de mille livres de charge en vivres et marchandises de troc, le canot à lui seul en pesant plus de quatre cents à sec. Sur le plat-bord sont fixés le mât et la voile que l'on utilisera sur les Grands Lacs, une drisse, des gaffes et des bouts de halage qui permettront de passer les rapides les moins vertigineux « à la cordelle », sans devoir décharger le canot. Entre les ballots, sont calés les petites chaudières à couvercle et le poêlon qui serviront à cuire le gibier ou le poisson, ou à faire frire les œufs de migrateurs que l'on cueillera à la remontée de printemps. On trouve là aussi l'éponge pour écoper, une hache, une alène, des retailles d'écorce de bouleau, de la gomme d'épinette et des paquets de ouatapi (les filaments de la racine d'épicéa), pour radouber l'embarcation.

Le canot armé par Jacquelin, après s'être appelé plusieurs saisons de suite l'*Esther*, a été repeint et rebaptisé le *Fleur d'églantine*. Avec ses rinceaux et son cœur de Marie à la poupe marqué d'un « J » et d'un « F » entrelacés, il a belle allure. Leurs rames de cèdre blanc gravées à leur nom, dressées comme sabres au clair, les avironneurs attendent l'ordre du « bourgeois ».

Tout revigoré à l'idée de renouer avec son passé de coureur des bois, Jacquelin a ressorti ses attributs du bon vieux temps : la chemise de lin, les mitasses de chevreuil, les souliers sauvages brodés de piquants de porc-épic, la ceinture fléchée, la tuque rouge, le grand capot dans lequel il s'enroulera pour la nuit, sa corne de poudre, son fusil de Tulle. Sans oublier ses trois couteaux, dont un à scalper, car le gouverneur de Frontenac a fait savoir que chaque scalp d'Iroquois donnerait lieu à récompense. Ce n'est pas tant ce gain superflu que guigne Jacquelin, mais l'occasion d'en découdre avec son ennemi de toujours, celui qui lui a enlevé Fleur et qui a égorgé ses voisins de Lachine. Bref, à le voir ainsi équipé, si l'on ne savait pas que c'est lui le marchand, on le prendrait pour n'importe lequel de ses voyageurs, bien qu'il aille sur ses cinquante-huit ans.

Le *Pharamond*, devant lequel son supposé propriétaire bombe le torse d'importance, est une embarcation de taille plus modeste, ornée comme l'a voulu le notaire d'une chouette stylisée, oiseau de sagesse symbolisant la justice. Esther y a vu une allusion subtile à la mission que doit remplir Gaétan. Pour donner le change, elle a posé d'autorité une main gantée de chamoisine sur le bras de son « associé ». Sa dernière pelisse ourlée de petit-gris sur le dos, elle est venue faire ses adieux à son fils dont l'apparition empanachée a fait sensation parmi la petite foule, surtout lorsqu'il a bien failli verser en cherchant à se retenir au franc-bord qui dépasse de six pouces à peine le niveau de l'eau tant le canot est chargé.

D'un œil en coin, Esther lance des regards courroucés en direction de Jacquelin, qui n'a pas été le dernier à rire de la maladresse de son nigaud de rejeton, et de Télesphore qui ne peut s'empêcher d'éprouver une certaine nostalgie à voir partir sans lui son compagnon des folles années de leur jeunesse. Esther cherche aussi parmi les bourgeoises la silhouette rondelette de Manon, mais c'est sur celle, carrément empâtée, de Madame Morin, emballée dans les plis de « sa » cape pourpre, que son regard s'arrête.

« Quelle impudence ! Gredine ! Venir vous pavaner ainsi sous mon nez ! » grince-t-elle entre ses dents en se postant devant la matrone.

Cette dernière n'aurait manqué tel spectacle pour rien au monde : c'est le lieu idéal pour narguer Esther.

« Tout doux ma chère, mesurez vos propos, je ne suis pas en banqueroute, moi ! » rétorque Madame Morin, en élevant la voix afin que chacun profite du motif de la querelle. Si quiconque à Ville-Marie ignorait encore la situation dans laquelle cette vaniteuse s'est mise par son incurie, voilà qui est réparé. Les murmures éloquents qui parcourent la petite foule autour d'elles sont une douce musique aux oreilles de la commère qui plante là Esther en lui tournant le dos avec un haussement d'épaules méprisant. Ostensiblement, elle dirige son attention vers la brigade qui s'ébranle sous les acclamations et les adieux bruyants des parents et amis.

Les canots sont maintenant allés se poster au large, côte à côte, attendant le signal qui va déclencher les hourras des spectateurs. C'est du canot de Jacquelin, qui s'est élancé en tête du convoi, que monte le premier couplet, repris par les occupants des autres embarcations. Ce chant va cadencer le mouvement régulier des rameurs jusqu'à Sainte-Anne, à la pointe ouest de l'île de Montréal, où les voyageurs confieront leur sort à la Vierge :

> *Derrière chez nous y a-t'une pomme,*
> *Voici le joli mois de mai,*
> *Qui fleurit quand y ordonne,*
> *Voici le joli mois qu'il donne,*
> *Voici le joli mois de mai.*

Lorsque les voix se sont estompées dans la brume et que l'eau est redevenue étale, la foule se disperse. Aux visages devenus brusquement graves et aux marmots qui s'accrochent aux jupons de leurs mères, on reconnaît les familles des voyageurs. Les épouses des plus anciens ont acquis cette dignité empreinte de fatalisme que leur a apportée l'expérience de la solitude. Ce sont des femmes fortes au parler libre, qui ne s'en laissent pas conter. En épousant un voyageur, elles savaient qu'elles devraient assumer seules pendant de longs mois, voire des années, tous les travaux et toutes les responsabilités du chef de famille absent. Elles pouvaient même ne jamais le revoir, soit qu'il périsse en cours de route ou qu'il s'établisse avec une sauvagesse, abandonnant sa famille. Alors, avant de partir, les époux ont signé devant notaire une procuration déléguant à leur femme autorité sur les biens familiaux et l'autorisant à ester en justice en leur nom si nécessaire. A elles de gérer la ferme, d'élever la marmaille, d'accoucher seules de l'enfant que ne manquent pas de leur avoir fait leurs maris à chaque retour de campagne, et de supporter en silence les liaisons adultères dont ces derniers ne se privent pas avec les sauvagesses, sans compter les bâtards qui naissent de ces accouplements.

Elles endurent tout cela en sachant que leurs hommes, malgré tout, les aiment, que c'est à elles qu'ils pensent là-haut au fond des grands bois, et qu'ils vont revenir en ayant amassé de quoi acheter de bonnes terres, nantir leurs enfants et peut-être même, pour les plus débrouillards et les plus chanceux, s'établir à leur tour comme maîtres équipeurs. Alors, toutes ces années de sacrifices n'auront pas été vaines. C'est cela qui les fait tenir, ces femmes dont les yeux ont fouillé l'horizon jusqu'à ce que les canots ne soient plus que de petits points noirs. Les fiancées des novices, qui ont encore dans le regard la tristesse angoissée des grandes séparations, tâtent à leur cou la petite croix d'argent que leur a donnée leur promis. Comme leurs aînées, elles ont glissé dans le bagage de leurs hommes une médaille de la « bonne sainte Anne du Nord », la patronne des voyageurs, en leur faisant promettre qu'ils la porteraient toujours sur eux.

Madame Morin est bien un peu émue, et elle se laisserait même aller à verser quelques larmes. Or, soudain, elle remarque parmi les femmes en tablier de droguet, dont les sabots claquent sur le sol encore dur, une silhouette en retrait, dont le capuchon gris rabattu cache le visage. Bien qu'elle se soit mêlée aux épouses des voyageurs, son allure raide et distante la distingue des autres. Elle ne parle à personne, ne participe pas aux conversations de cette communauté de femmes qui se consolent l'une l'autre.

« Ne serait-ce point... ? » marmonne la commère en se rapprochant pour en avoir le cœur net. Ben donc, c'est bien ce qu'elle pensait. Ce n'est autre que Madame de Brettevilliers ! Quentin, toujours alité, n'ayant pu se déplacer et ne faisant aucune confiance à Esther, a délégué sa lectrice pour s'assurer du départ de Gaétan. Voilà qui en dit long sur la complicité qui les unit déjà ! Madame Morin presse le pas, il lui faut derechef rendre compte de tout cela à Manon. Car bien sûr, ce sont des détails qui auront échappé à l'acuité de Télésphore, les hommes ne remarquent pas ces petites choses si révélatrices.

« Vous en r'tournez-vous, maître Trétault ? » demande la commère en passant devant le charpentier. Mais, son grand corps toujours tourné vers le large, le bonhomme ne répond pas à son invite. Vexée, Madame Morin s'éloigne à regret.

Seul sur le quai, Télésphore reste perdu dans ses songes. Il suit en pensée la périlleuse remontée de la Outaouais. C'est qu'entre le Saint-Laurent et la Mattawa, elle compte d'innombrables chutes, des rapides où bien des engagés ont déjà laissé la vie ! Sans parler de ces portages épuisants, trente-six entre l'île de Montréal et le lac Nipissing, que les voyageurs franchissent trempés jusqu'aux os d'avoir dû se jeter à l'eau pour haler le canot jusqu'à la berge avant de le décharger et de le transporter sur leurs épaules... A chacun de ces endroits, les voyageurs ont donné des noms en fonction de la forme des rochers, ou d'un épisode marquant qui s'y est déroulé : les décharges de la Rose, des Paresseux, du Mauvais-de-Musique, les portages de la Montagne, du Grand Calumet, des deux Joachim, du Moine, de la Roche-Capitaine, du Long-Sault, des Chaudières, des Chats, de la Culbute, des Allumettes. Et Grand-Portage, bien sûr, que les anciens appellent aussi « la porte des Pays d'En Haut », le plus redouté de tous, long de quatre lieues, qui laisse les hommes à bout de souffle.

Ignorant Madame Morin qui, dans une dernière tentative, le hèle depuis le sentier, Télésphore se laisse emporter par son rêve. Il n'a plus soixante ans, mais vingt. Il est dans le canot d'écorce luttant contre l'impétuosité du courant. Il refait le parcours familier. La carte en est gravée dans sa mémoire. Il voit chacun de ces obstacles que la nature dresse devant l'inconsciente témérité de l'homme, comme pour lui rappeler qu'il n'est que de passage ici-bas.

Il se souvient de la peur qui lui vrillait les tripes quand il a accompagné pour la première fois Jacquelin dans l'une de ses virées à l'intérieur des grands bois. Ils étaient jeunes alors. Jacquelin faisait encore le désespoir de son père en refusant de se ranger. Ni l'un ni l'autre ne songeait au mariage. Ils étaient enivrés de cette liberté que leur offrait l'immensité de la Nouvelle-France. Ils pagayaient avec allant et Jacquelin, autant pour garder la cadence que pour moquer Télésphore de son angoisse devant cette nature, chantait :

« *Je prends mon canot, je le lance, à travers les rapides, les bouillons, là à grands pas il s'avance, il ne laisse jamais le courant.* »

Et il forçait Télésphore à reprendre le refrain avec lui :

« *Tu es mon compagnon de voyage, je veux mourir dans mon canot, sur le tombeau près du rivage, vous renverserez mon canot.* »

Plusieurs fois, ils avaient croisé des brigades qui s'engageaient dans les rapides les moins tumultueux, admirant l'habileté de ces rameurs qui parvenaient à maintenir les lourds cassots d'écorce dans les sinuosités de l'étroit fil d'eau qui se faufilait entre les blocs acérés. Pour donner du cœur au ventre à ses compagnons et rythmer leurs efforts, un avironneur entonnait toujours dans ces moments-là un air entraînant dont toute la vallée renvoyait l'écho :

> *M'en revenant de la Vendée,*
> *j'ai vu le loup, l'renard passer,*
> *dans mon chemin j'ai rencontré,*
> *j'ai vu le loup, l'renard passer,*
> *trois cavaliers fort bien montés,*
> *deux à cheval et l'autre à pied,*
> *celui d'à pied m'a demandé,*
> *j'ai vu le loup et l'renard passer,*
> *où irons-nous ce soir coucher ?*

Une fois l'obstacle franchi, quand ils se retrouvaient sur des eaux plus calmes, les hommes posaient les avirons et sortaient leur blague à tabac pour une « pipée »,

Les Canadiennes

pause bien méritée après un tel effort. Et lorsque le passage avait été particulièrement difficile, le bourgeois distribuait un gobelet de rhum.

Une année, Jacquelin et Télésphore s'étaient enfoncés si profond dans l'arrière-pays qu'ils étaient arrivés en vue de la baie de Grand-Portage au moment où la brigade de printemps y parvenait. Lors du dernier bivouac, les voyageurs avaient sorti leurs « habits de fête » qu'ils avaient gardés plus ou moins au sec dans leur besace. Certains flottaient dedans tant ils avaient maigri durant la remontée. Les deux compères avaient partagé avec eux le souper de viande de chien grillé, un mets dont raffolaient les voyageurs quand ils pouvaient dérober un animal à une tribu indienne, ce qui avait été le cas.

A l'aube, ils s'étaient réveillés, comme les autres, au cri du « bourgeois » qui beuglait « Lève, lève nos gens ! ». Puis les avironneurs avaient placé leurs canots en ligne de front comme pour une course, des salves de mousquet tirées depuis le fort saluant leur arrivée. Au son des violes et des bombardes, on avait fait la fête, s'empiffrant avec délice de ragoûts dont on avait oublié jusqu'à la saveur, après des semaines de sagamité, cette purée de blé d'Inde poisseuse au goût rance de saindoux. Les novices, ceux qu'on appelait par dérision les « mangeurs de lard », parce qu'ils s'étaient languis tout au long de la route des grasses soupes maternelles, en avaient les larmes aux yeux. D'ailleurs, pour certains de ces nouveaux engagés, trop faibles, trop trembleux, l'épreuve avait été au-dessus de leurs forces. Ils allaient s'en retourner vers Ville-Marie avec la brigade qui s'apprêtait à redescendre pour la foire de juin.

Télésphore revoit le visage glabre et fuyant d'un jeune bourgeois qui n'en menait pas large. Cet orgueilleux fils d'un marchand équipeur avait dû très vite rabattre de sa superbe quand les avironneurs chargés de le transporter du canot à la rive afin de lui éviter de se mouiller les chausses, l'avaient, dès le premier portage, laissé choir dans l'eau glacée. La suite du voyage n'avait été qu'humiliations, quolibets et lourdes plaisanteries sur sa délicate condition : « Ben tantôt l'damoiseau va s'en r'touner dans sa moumoune chambrette. »

Cette évocation ramène le maître charpentier au temps présent : il s'imagine sans peine Gaétan devenant la risée de tous, ses coûteux hauts-de-chausses et son pourpoint dégoulinant après le baptême rituel du lac aux Allumettes que l'on fait subir à tous les impétrants qui prétendent devenir des voyageurs. Et c'est sur cette pensée jubilatoire qu'il s'en va retrouver son épouse.

Manon, qui, comme Anne, aurait trouvé déplacé d'assister aux réjouissances du départ de la brigade, est en grande conversation avec Madame Morin. Après avoir décrit son altercation avec Esther et la manière dont elle lui a rivé son clou, la commère en est arrivée au sujet qui lui paraît le plus important : la présence incongrue de Madame de Brettevilliers à cet événement. Pourquoi diable cette veuve éplorée et confite en dévotion peut-elle bien avoir rompu son deuil qui lui interdit d'assister à toute cérémonie autre que religieuse, sinon pour accéder au bon plaisir de Quentin ? Manon en arrive à la même conclusion.

D'évidence, la dame patiemment fait son chemin. Anne ne lui a-t-elle pas dit que lorsqu'elle se rend avec Marguerite à l'Hôtel-Dieu, elle la trouve toujours auprès de Quentin ? Les regards qu'ils échangent ne laissent, dit-elle, aucun doute sur la nature de leurs sentiments réciproques. Non plus que la présence insistante de la veuve lors des entretiens d'Anne avec son beau-père. Le regard sévère, elle semble surveiller chaque parole, chaque geste pour décourager toute manifestation de tendresse de Quentin envers sa bru ou sa petite-fille. Jaugeant de haut celle qu'elle considère comme une demi-sauvagesse, elle se plaît à lui rappeler sans cesse les « bontés » que son tuteur a eues pour elle. « Sans sa générosité, que le Seigneur lui en rende grâce, que seriez-vous à ce jour, ne l'oubliez point ! »

Une fois Anne, excédée, est sortie de sa réserve. Elle a protesté que c'était à Marie-Angélique qu'elle devait d'avoir été recueillie. Madame de Brettevilliers l'a sèchement reprise : « Qu'aurait-elle pu faire sans l'assentiment de notre bien-aimé Quentin, je vous le demande ? »

« Bien-aimé Quentin ! Quel toupet ! C'est-y qu'elle croit qu'elle a déjà remplacé nôt' Marie-Angélique, c't'effronteuse ! » a bondi Manon quand Anne lui a fait part de l'incident. Mais le fait est que l'emprise de la pâle Madame de Brettevilliers sur le seigneur des Erables ne fait que croître et s'imposer chaque jour davantage, comme peut aussi le constater Marie-Reine qui remplit à contre-cœur son office d'espionne. Les sœurs hospitalières qui soignent le convalescent ne peuvent l'ignorer, elles non plus. L'une d'elles a surpris des bribes d'un échange qu'elle a rapportées à Marie-Reine, sans penser à mal – voyant au contraire le signe bénéfique que Quentin reprenait goût à la vie après tous ses malheurs. Il faisait des projets : « Quand nous serons aux Erables... », et Madame de Brettevilliers lui avait répondu : « Je vous donnerai un fils, mon ami. »

C'est donc cela. Avoir un héritier mâle qui puisse remplacer Odilon, qui porte son nom et perpétue la lignée des Thal des Saugeaies, voilà tout ce que désire Quentin, lui qui a attendu si longtemps la naissance de son premier fils. Et toute la tendresse qu'il peut éprouver envers Anne et la petite Marguerite ne pèse guère devant l'urgence de ce désir.

Même Manon se trouve désarçonnée face à la perspective de cet inéluctable remariage qu'elle n'a aucun moyen de contrecarrer. Fouiller dans le passé de Madame de Brettevilliers, née Louise Marie Garance de Quevilly, que la disparition de ses parents, morts de noyade en traversant la Seine, a empêchée d'accomplir son vœu le plus cher : entrer chez les Carmélites ? Allons donc, il n'y a rien à trouver de ce côté-là qui puisse empêcher cette union.

Madame Morin a ôté toute illusion à Manon. S'il y avait une quelconque anguille sous roche, croyez bien qu'elle le saurait, voyons ! Non, la dame est irréprochable, chacun à Ville-Marie peut témoigner qu'elle a été une épouse et une mère dévouée, avant que de devenir une veuve dont la rigueur et le courage forcent le respect. Toujours vêtue de noir ou de brun, elle ne s'accorde pour toute fantaisie qu'un mouchoir de col en gaze blanche et une câline empesée comme une cornette de religieuse qui encadre son visage pâle et dissimule d'épais cheveux noirs.

La seule note de couleur dans ce personnage est son troisième prénom, qu'elle doit à sa défunte mère dont la garance était la teinte de prédilection. Sous le front bombé, les yeux gris et la régularité des traits ont quelque chose d'inhumain. On dit même qu'elle songea naguère, une fois la période de deuil passée, à s'enfermer derrière les grilles du couvent des Ursulines de Québec. C'était, bien sûr, avant qu'elle ne fasse la connaissance de Quentin.

« Une veuve noire, ouais, qu'on dirait un corbeau de mauvais augure ! » grince Manon. Elle ne peut s'empêcher de comparer cette femme si peu avenante à la douce Marie-Angélique dont la blondeur et le regard myosotis illuminaient ceux qui la contemplaient. La seule utilité que Manon reconnaisse à cette intrigante dont les véritables intentions ne trompent personne : celle de distraire Quentin de son obsession maniaque de vengeance contre Réjean. Depuis qu'il pense à convoler, au moins a-t-il un peu perdu de sa hargne, d'autant qu'il sait Gaétan en route vers les Pays d'En Haut. De toute manière, il lui faut s'armer de patience, car on n'aura guère de nouvelles avant les tombées, quand les voyageurs qui n'hivernent pas au Sault-Sainte-Marie, à Grand-Portage ou à Michillimakinac reviendront à l'automne. D'ici là, peut-être Jacquelin aura-t-il pu retrouver la trace de Réjean et l'avertir de la menace de mort qui pèse sur lui – c'est ce qu'espère Manon.

Télésphore en est moins sûr, mais il ne veut pas décourager sa femme. Il sait qu'il faut laisser du temps au temps et que, dans les grands espaces de l'intérieur, quiconque veut se faire oublier peut ne jamais réapparaître aux yeux des hommes. Et l'avenir risque de lui donner raison, car ce n'est pas en quelques mois, ni même parfois quelques années, que l'on peut remettre la main sur un fugitif. Et puis on est en temps de guerre. Tant de fausses informations circulent, tant de gens sont à la solde de l'intendant Champigny, d'autres à celle du gouverneur ou des commandants des places, quand ce ne sont pas des coureurs des bois passés à l'ennemi.

Télésphore ne croit pas être si près de la vérité...

Deux mois se sont écoulés depuis le grand départ quand l'équipage de Jacquelin, qui a sans peine devancé le canot transportant Gaétan, aborde sur la grève de galets au pied du fort de Michillimakinac. Jacquelin ne manque pas d'atouts : chacun sait que cet ancien coureur des bois n'a pas froid aux yeux, et qu'il ne fait pas de différence, quand il s'agit de lever une chopine, entre un manant ou un bourgeois. Sa réputation d'honnêteté dans le cercle des marchands de traite n'est plus à faire : il n'a jamais grugé personne, partageant toujours avec ses hommes, au denier près, les huit à dix mille livres – souvent plus – que lui rapportait chacune de ses expéditions. Car, malgré l'aisance que lui ont value son commerce de bois et les échanges avec les Antilles, il n'a jamais cessé son activité de traite ; simplement, l'âge venant, il n'accompagnait plus les canots qu'il appareillait.

Il a fallu cette malheureuse affaire du meurtre d'Odilon pour qu'il trouve là prétexte à repartir. Il ne s'en plaint pas, bien au contraire, même si la quête qui l'amène est d'une bien autre nature, et s'il est moins sûr de trouver trace de Réjean que celle de castors. Il compte sur ses vieilles connaissances, dans le village français comme chez les sauvages, pour glaner discrètement des renseignements et prévenir la curiosité dont Gaétan fera vraisemblablement preuve à son tour.

Très vite, il apprend des Hurons le passage de trois Français dans leur village : un ancien donné et un jeune coureur des bois accompagné de sa jeune épouse enceinte. Le donné, lui disent-ils, a marié Nipinoukhe, la fille de Thadée, leur sachem, mais tous les quatre sont partis avec un manitou blanc pour le pays des alligators. Selon la description qui en est faite, le jeune coureur des bois pourrait bien être Réjean. Mais pourquoi, dans sa fuite, se serait-il embarrassé d'un donné – et à plus forte raison d'une épouse sur le point d'être mère ? Non, Réjean est un solitaire, ce ne peut donc être lui.

Si, après avoir été vu au Sault-Sainte-Marie, il est passé par Michillimakinac, c'est chez les engagés que Jacquelin a le plus de chance de délier les langues en se montrant généreux sur l'eau-de-vie et la bière d'épinette. Il n'a pas plus tôt offert les premières chopines que le poisson mord à l'hameçon, en la personne d'un avironneur rougeaud qui se présente comme natif de Becancour et cousin par alliance du capitaine de milice de Saint-Ignace de la Yamaska, René Jolicœur. Imbu de l'importance que lui donne cette référence, il semble certain d'impressionner son interlocuteur. Tout en reluquant les pièces d'argent avec lesquelles Jacquelin joue négligemment, le bonhomme lui soutient mordicus « qu'il a vu le gars qu'il recherche, un drôle d'oiseau qu'avait eu l'air ben louche quand il lui avait d'mandé d'où y v'nait. Ça vaut ben une récompense, ça? Parce que c'te maudit qui sortait qu'à la noirceur et qu'a filé comme un voleur, c'est ben un déserteur pas vrai ?

– Ça doit », dit Jacquelin sans aménité. Il a très vite jaugé l'odieux personnage qui vient de lui livrer ces renseignements et qui s'empressera de les monnayer à l'identique auprès de Gaétan. Tout en faisant glisser une pièce que l'autre saisit aussitôt, il prend un air à la fois mystérieux et menaçant pour lui demander :

« T'es ben sûr de c'qu'tu m'bâilles ? T'es-tu donc l'seul à l'avoir vu ? Faudrait point qu't'en causes à d'aût, c'est qu'c'est une affaire secrète, et qui pourrait t'en cuire, t'as-tu ben compris ?

– Oui, oui, pour sûr, j'suis l'seul. Pour sûr qu' j'en causerai point à quiconque. J'le jure, croix d'bois, croix d'fer ! bafouille le lourdaud dont le front suinte de peur. C'est qu'il tient à sa peau, et qu'il ne voudrait pas se trouver mêlé à une conspiration. Il sait trop comment ça s'termine c'te sorte d'embrouille, un coup d'lame, un cadavre jeté au milieu du bois qu'les loups s'chargeront d'vorer, ni vu ni connu. Sûr qu'il tiendra sa langue ! »

Une à une, sans lâcher son vis-à-vis des yeux, Jacquelin fait passer dix pièces d'une main à l'autre. Le bougre les empoche précipitamment, de plus en plus rouge, en jetant des regards furtifs autour de lui.

« Feufi trembleux, c'est point difficile de t'berner ! » maugrée Jacquelin en sourdine tandis que l'autre déguerpit sans demander son reste. Au moins n'ira-t-il pas se vanter, si par extraordinaire Gaétan venait à l'interroger. Ce qui est peu probable... Car le jeune homme est arrivé en si piteux état que son premier réflexe, dès qu'il a eu mis pied à terre, a été de se précipiter dans une taverne pour se soûler.

« C'te finaude de Manon avait ben raison », se dit Jacquelin, quand le « bourgeois » du canot affrété par maître Pharamond lui relate les péripéties du voyage et la manière dont Gaétan envisage son séjour à Michillimakinac : jeux, filles, boisson et fortune facile. Ce n'est pas lui qui ira se salir les chausses et les mitasses à débusquer le castor. Ce qu'il a vu, durant le voyage, de la vie rude des coureurs des bois l'en a pour jamais dégoûté. Et dire qu'il en avait rêvé ! Fallait-il qu'il soit nigaud ! Non, c'est bon pour les « mangeurs de lard » ; lui se garde le soin de faire les comptes et de spéculer sur les bénéfices à venir. Quant au reste – son engagement envers Quentin –, il est à mille lieues de s'en préoccuper. Autant laisser faire le hasard, puisque le bonhomme est suffisamment crédule pour lui faire confiance le temps qu'il faudra pour retrouver Réjean. Et lui, Gaétan, compte bien que ce temps sera long, très long. Car il y a trop de plaisirs à portée de main pour s'embarrasser de scrupules. D'ailleurs, en a-t-il jamais eu, des scrupules ?

Le nouveau commandant de la place, nommé par le gouverneur de Frontenac, n'en a point non plus. Descendant d'une lignée d'avocats et de marchands, Antoine Laumet, qui se fait appeler La Mothe-Cadillac, titre nobiliaire allègrement usurpé sinon inventé, est intelligent, spirituel, bon vivant et surtout ambitieux au-delà de toute mesure. Il sait aller dans le sens du vent, flatter son protecteur et dire pis que pendre des Jésuites, car une fois encore les relations entre pouvoir séculier et pouvoir religieux sont exécrables. Mais avant tout, La Mothe-Cadillac veut devenir riche, très riche et très vite.

Ce jeune homme pressé active donc la traite par tous les moyens, facilitant le troc de l'eau-de-vie et utilisant pour ce faire les soldats des postes auxquels il donne la permission de traiter pour eux-mêmes, ce qui est la plus sûre manière d'avoir des serviteurs zélés. Dès lors, ils n'ont que faire de courser un prétendu déserteur, tout cela pour une récompense qui n'atteindra pas le centième de ce qu'ils peuvent gagner grâce aux fourrures !

L'intendant Champigny et le supérieur des Jésuites ont beau s'escrimer pour faire supprimer les congés de traite et interdire aux militaires de se livrer à ce trafic, ils prêchent dans le désert, car la manne est abondante et s'écoule facilement auprès des fermiers généraux qui exercent le monopole du castor. Les chapeliers de Paris, Versailles et de toutes les grandes métropoles du royaume en redemandent, et il y en a à foison.

Les mois passent, et ni Gaétan, qui ne s'en préoccupe guère, ni Jacquelin n'ont trouvé le moindre indice crédible de la présence ou du passage de Réjean autour de Michillimakinac. Jacquelin a bien entendu parler d'un gars qui se faisait appeler la Liberté, mais les sobriquets sont chose tellement courante en ce pays, qu'il ne s'y est pas arrêté. Par un capitaine de brigade de sa connaissance qui redescend à Ville-Marie à la lune des feuilles mortes, il fait passer le message à Télésphore et Manon qu'ils n'ont nulle crainte à avoir, qu'il restera à Michillimakinac le temps qu'il faudra et qu'au demeurant, lui-même et Télésphore y trouveront leur compte car la chasse est excellente.

Les Canadiennes

Cet âge d'or du castor dans les Pays d'En Haut en fait oublier la guerre – tout aussi militaire que commerciale – qui s'est déplacée vers le pays des Cris et des Innus, dans la baie d'Hudson. Là, les Français de la Compagnie du Nord affrontent les Anglais de la Hudson's Bay Company. A Québec et Ville-Marie, on suit avec une relative indifférence les efforts guerriers de d'Iberville qui a juré de déloger les Anglais du Fort Albany sur la grande baie du Nord. Et il faudra que la Compagnie du Nord enregistre des pertes évaluées à deux cent mille livres pour que le ministre de la Marine et des Colonies, le comte de Pontchartrain, se décide à intervenir, obtenant enfin du monarque que d'Iberville, surnommé le « Cid canadien » par les Anglais, puisse disposer de deux frégates armées de trente et vingt pièces pour chasser l'intrus.

A l'inverse de son époux, Manon ne s'intéresse guère à ce combat qui n'est pas le sien. Elle lit et relit le premier message envoyé par Jacquelin. La courte missive les a plongées, elle et Anne, dans un grand abattement, car rien n'y indique que Réjean soit toujours en vie. Du moins, au mieux, n'a-t-il pas été pris.

A l'été suivant, quand les brigades montantes croisent celles qui redescendent, un nouveau message parvient de Michillimakinac, quasiment identique. Jacquelin a seulement ajouté que Gaétan mène une vie de plus en plus dissolue et qu'il n'y a donc rien à craindre de ce côté-là. D'autant que pour endormir Quentin, le jeune homme a fait passer par le « bourgeois » du canot de maître Pharamond, qui est revenu pour la foire de Montréal, des informations selon lesquelles il est sur une piste.

Quentin a reçu la nouvelle avec un contentement presque distrait. Il a maintenant autre chose en tête. A peine sa période de deuil écoulée, il a en effet, comme on s'y attendait, épousé Madame de Brettevilliers en secondes noces, et il file le parfait amour. Sitôt mariée, la nouvelle vicomtesse de Thal des Saugeaies a exigé d'Anne qu'elle lui remette les bijoux de famille – y compris les précieux ferrets avec lesquels Marie-Angélique de Sommerville s'était présentée devant Anne d'Autriche avant son départ pour la Nouvelle-France, et qu'elle avait hérités de sa mère Elisabeth. Anne s'en est défaite à regret, non pour leur valeur, mais pour le souvenir de sa tutrice bien-aimée qui y était lié.

Louise Marie Garance n'a pas tardé à se trouver grosse ; obnubilé par cet héritier à venir, Quentin lui passe tous ses caprices. C'est ainsi qu'elle a souhaité demeurer à Ville-Marie dans la maison acquise par Quentin à sa demande.

Parce qu'à son âge – trente-sept ans – une grossesse peut s'avérer délicate, elle a obtenu qu'Anne demeure chez Manon et Télésphore, car, dit-elle, elle ne pourrait supporter les « criailleries » de la petite Marguerite. Un bon moyen d'éloigner un peu plus Quentin de sa bru et de sa petite-fille. Anne s'est pliée à ce désir, soulagée de ne pas devoir partager son quotidien avec cette femme qui la glace. Elle ne veut pas non plus retourner aux Érables de peur qu'on lui reproche d'usurper une place qui n'est plus la sienne. Et puis auprès de Manon, elle coule des jours paisibles sinon heureux ; sa vraie famille est là.

Manon, en revanche, ne décolère pas quant à l'attitude de Louise Marie Garance et de Quentin. Elle a repris sa vieille antienne sur ces nobles qui « sont point d'ce pays comme nous aut' ». Télésphore se moque d'elle : « Ben ma vieille, c'est-y l'âge qui t'rend confuse ? » Manon lui réplique sur un ton grivois que c'est point ses cinquante-deux hivers qui l'empêchent d'être encore gaillarde, et qu'il est point l'premier à s'en plaindre. Et qu'elle est encore capable de piquer une de ses fameuses colères s'il lui prend fantaisie d'continuer à la chacotter !

Ces colères de Manon qui explosent tout soudain, sans qu'on s'y attende, c'est bien ce qui, pendant toutes ces années, a retenu Marie-Reine de s'ouvrir à sa mère de sa vocation. Mais quand Manon lui présente un énième candidat au mariage en vantant les mérites du garçon, un bon apprenti qui serait bientôt son propre maître, et que « ç'ui là, tu peux point l'refuser ma fille, ou qu' t'es-tu mis en tête de m'rendre chèvre ? », Marie-Reine se décide à sauter le pas.

Non, elle ne se mariera point, car elle a juré de consacrer sa vie au Seigneur et de devenir, comme mère Marguerite Bourgeoys, institutrice pour enseigner aux petites filles de la colonie à lire, écrire et jeter. Elle se sent appelée à remplir cette mission pionnière qui est en passe d'acquérir une telle influence dans la formation des femmes et mères de Nouvelle-France. Les autorités s'en félicitent, d'ailleurs. Témoin, cette lettre de l'intendant Jacques de Meulles, adressée au ministre de la Marine : « Vous ne sauriez croire, Monseigneur, combien les filles de la Congrégation font de bien en Canada. Elles instruisent toutes les jeunes filles de tous côtés dans la dernière perfection. Si on en pouvait disperser en beaucoup d'habitations, elles feraient un bien infini. Cette sorte de vie est tout à fait à estimer et vaut beaucoup mieux que si elles étaient renfermées. Elles sont d'une sagesse exemplaire et en état d'aller partout, et par ce moyen d'instruire toutes les filles qui seraient demeurées toute leur vie dans une très grande ignorance. »

Personne à Ville-Marie, siège de la Congrégation, ni ailleurs dans toute la colonie, ne contesterait cette appréciation. Et Manon moins que toute autre, elle qui a été l'une des premières filles à bénéficier de l'enseignement de mère Marguerite. Sans la pertinence de ses conseils, sans sa compassion et son affection, aurait-elle été à même d'affronter les difficultés innombrables de ce pays qui est devenu sien ? Manon aurait mauvaise grâce à s'opposer à la vocation de sa fille.

D'ailleurs, ajoute très vite Marie-Reine pour que sa mère n'interrompe pas son aveu, dès qu'elle aura prononcé ses vœux, elle partira en Acadie pour poursuivre en cette colonie l'œuvre des sœurs de la Congrégation de Notre-Dame, puisque monseigneur de Saint-Vallier a donné son accord.

Marie-Reine espère qu'à la mention du nom de l'évêque, Manon s'inclinera devant son choix. C'est oublier l'arrachement qu'a été pour elle le départ de Guillemette, son aînée, devenue sœur Marthe et cloîtrée chez les Ursulines de Québec. Elle ne l'a jamais revue depuis, même lors des funérailles de Simon. Malgré la foi profonde qui l'anime, elle s'est difficilement résignée à ce sacrifice. Et voilà que Dieu lui demande de se soumettre à sa volonté une deuxième fois !

« T'as pas fait ça ? ! »

Manon saisit sa fille par les épaules, elle la secoue, puis la lâche brutalement en invoquant à l'aide tous les saints du ciel, et enfin se prosterne devant le crucifix en implorant : « Seigneur, j'vous ai déjà donné une fille, faut'y qu'vous m'en preniez une aut' ? » Puis, se relevant, elle apostrophe l'assistance médusée, le pauvre candidat au mariage qui ne sait plus où se mettre, Anne interdite, et Télésphore qui attend le moment où elle va lui reprocher d'avoir été dans la confidence et de ne lui avoir rien dit :

« L'Acadie, l'Acadie... Mais c'est qu'c'est au diable vauvert, ct'e pays ! »

Chapitre VI

Jusqu'à ce que sa fille prononce ses vœux, Manon tenta tout pour la faire revenir sur sa décision. Elle se tourna d'abord vers la fondatrice de la congrégation de Notre-Dame de Montréal, en espérant qu'elle ferait pression sur la jeune fille et la dissuaderait de rejoindre son ordre. Peine perdue : mère Marguerite Bourgeoys savait reconnaître ces élues dont l'engagement envers le Seigneur n'avait rien d'un coup de tête. « Elle a le caractère et le vrai esprit de notre congrégation » se contenta-t-elle de répondre.

La sage-femme ne se résigna pas pour autant. Mais elle eut beau essayer par tous les moyens de fléchir sa fille, pleurant, menaçant, accusant, Marie-Reine ne cédait pas d'un iota. Son argument était aussi simple qu'imparable : « Ce que nous avons entendu et connu, ce que nos pères nous ont transmis, nous ne le tairons pas à leurs descendants, mais nous transmettrons à la génération suivante les titres de gloire du Seigneur, sa puissance et les merveilles qu'il a faites. » Que répondre à cela ? Manon n'avait ni la force ni l'outrecuidance de lutter contre la volonté du Dieu tout-puissant.

Alors, de guerre lasse, elle déposa les armes, remettant à Marie-Reine une bible enluminée et les cent cinquante livres de dot qui lui revenaient selon les termes du testament de Simon. Puis elle fit promettre à sa fille d'écrire au moins deux fois l'an et de confier les lettres au capitaine de la goélette ; de longues lettres, insista-t-elle, « où tu me cachotteras point d'chose et qu'tu m'conteras tout ».

Surprise et touchée par cette manifestation d'une tendresse possessive à laquelle sa mère l'avait si peu habituée, Marie-Reine s'empressa de rassurer Manon. Elle tiendrait une correspondance régulière, tout comme l'avait fait en son temps mère Marie de l'Incarnation, la supérieure des Ursulines, avec son fils resté en France. Elle lui raconterait ses joies, ses peines, le pays où elle s'en allait vivre et les progrès de son apostolat. « C'est point l'bout du monde, ma mère, et j'suis point la première sœur à m'y rendre », fit-elle gentiment remarquer à Manon.

Monseigneur de Saint-Vallier avait, en effet, déjà autorisé une institutrice de la Congrégation à s'installer à Port-Royal et il n'avait eu qu'à s'en féliciter : « J'ai reconnu avec plaisir qu'une bonne sœur que j'avais envoyée devant moi de Québec en ce lieu-là y avait déjà fait beaucoup de bien pour les femmes et pour les filles. Sa maison sera désormais le rendez-vous des unes et des autres ; elle apprendra à lire, à écrire et à travailler à quelques-unes. Elle pourra prendre des pensionnaires et en trouver dans leur nombre qui seront capables de lui succéder et même peut-être de faire une petite pépinière de maîtresses d'école pour répandre dans le païs. Plût à Dieu que j'eusse le bonheur de voir cela au plus tôt. »

Dans cette colonie que se renvoyaient comme une balle de jeu de paume le bon vouloir de la France et les ambitions de l'Angleterre, la tâche que Marie-Reine allait accomplir serait d'une utilité indéniable. Et ce qu'elle désirait, ce n'était point rester à l'abri de l'enceinte de Port-Royal, mais devenir une institutrice itinérante – à l'image de sœur Cécile, qui, à Saint-Ignace, avait été son premier modèle et avait contribué à faire naître sa vocation. Mais cela, elle se garda bien de le dire à sa mère, pour ne pas l'apeurer un peu plus. Elle ne s'en ouvrit qu'à Anne, qui, au fil des ans et des épreuves partagées, était devenue plus que son amie – sa confidente. Tout comme Marie-Reine avait compris et accepté l'amour charnel qui liait Anne à son frère Réjean, Anne avait deviné depuis longtemps l'intensité de l'amour divin qui illuminait la future religieuse.

La veille du départ vers Québec, les deux jeunes femmes allèrent prier ensemble à la chapelle Notre-Dame-de-Bon-Secours. Anne recommanda l'âme et la vie de son amie à la très Sainte Vierge et à sainte Anne, la protectrice de ceux qui naviguent; en retour, Marie-Reine cita le psaume : « Le Seigneur entend ceux qui l'appellent : de toutes leurs angoisses, il les délivre. Il est proche du cœur brisé, il sauve l'esprit abattu. »

La ferveur et la gravité de ces instants de recueillement contrastaient avec l'allégresse un peu forcée que toutes deux allaient ensuite manifester durant le cabotage menant toute la famille de Ville-Marie à la capitale de la Nouvelle-France où attendait la goélette...

C'est à la gabarre de Ti-bosse que revint l'honneur de ce transport. Malgré l'âge, le bonhomme n'avait rien perdu de son regard aiguisé. Il savait détecter les tourbillons et les crêtes d'écume signalant les pièges du fleuve. En revanche, impressionné par la longue robe grise de la religieuse et par le statut qu'avait acquis Anne de par son mariage et sa maternité, Ti-bosse leur donnait maintenant du « demoiselle » et du « vôt' seigneurie », lui qui les avait connues toutes petiotes et qui avait vu naître la dernière des filles de Manon...

Aux haltes, pour détourner Manon de ses sombres pensées, Marie-Reine et Anne interrogeaient le vieux colon sur les événements de la vie à Saint-Ignace depuis qu'elles avaient quitté la paroisse.

« Oh ouais, pour sûr, qu'y s'en était passé des choses, depuis qu'les jeunes dames étaient parties ! Ben, au début d'la guerre, y'z'avaient eu ben d'la misère, sûr qu'sans les anguilles et les tourtes y' z'auraient point eu d'quoi s'mettre sous la dent, vu qu'les Iroquois avaient tout magané les récoltes et les bestiaux. Dieu soit loué, y' z'avaient point brûlé la chapelle, mais l'père Léonard

Les Canadiennes

était point trop en santé pour accueillir le sieur Quentin qui n'était revenu qu'une fois depuis ses secondes noces, avec son épouse et leur fils, Jean-Baptiste. Ils n'étaient point restés longtemps, la nouvelle maîtresse elle dit qu'le manoir est ben trop froid et qu'c'est par trop loin d'la ville. Faut dire que leur miochon l'est ben malingre qu'on dirait un pt'it panais tout racorni. »

Ti-bosse appuya ses propos d'une moue désapprobatrice. Voilà qui ne pouvait qu'égayer l'humeur chagrine de Manon. Ainsi donc, la deuxième vicomtesse de Thal des Saugeaies avait fait l'unanimité contre elle ! Ou presque : car elle aurait en revanche parié que Mathurine et sa gagne de bavasseuses n'avaient pas lésiné sur les minauderies pour se mettre bien avec Louise Marie Garance...

A la mention du nom de Mathurine, l'air embarrassé de Ti-bosse intrigua Manon.

« Qu'est-c' donc qu'tu veux point dire ? demanda-t-elle, laissant en plan la chaudière dans laquelle elle faisait revenir du lard et des fèves.

– La Mathurine elle est point à Saint-Ignace, c'te gourgandine ! Elle s'est dévirée avec l'engagé qu'était rev'nu pour les moissons. Qui s'raient re'tournés en France, à c'qu'on dit. Et qu'le Jolicœur présentement, y s'retrouve tout couillon avec son flot d'miochons, même qu'la feufie elle lui a laissé les bessons qu'elle a eus du maraud. Ah ça, l'Jolicœur qu'avait tourné bâdrant, fait point l'fier présentement. »

A ces mots, Manon éclata d'un rire si tonitruant que tous la regardèrent avec effroi. « J'peux pas croire ! L'Jolicœur cocu ! L'Jolicœur qu'a les cornes ! » Et ce brave Ti-bosse qui tantôt lui trouvait des excuses au prétexte qu'il était son beau-frère par alliance, voilà qu'il avait enfin ouvert les yeux sur c'te câlisse qui valait pas tripette ! Ah oui, il y avait une justice divine !

« Ben donc, t'es-tu possédée par les séraphins qu'tu laisses brûler ton fricot ? » Télésphore retira prestement la chaudière d'où montait une odeur de roussi. Pour que Manon en oublie sa cuisine, fallait-il qu'elle soit troublée! Sa crise d'hilarité passée, celle-ci reprit un ton des plus sérieux pour interroger Ti-Bosse sur le capitaine :

« Est-y toujours l'capitaine d'milice ? »

C'est qu'avec la mésaventure qui venait de lui arriver, ça avait point dû arranger son humeur à ct'hargneux, songeait-elle avec appréhension.

« Ben c'est qu'tantôt, dépendamment d'son état, les hommes veulent point lui obéir et qu'y a eu d'la chicane rapport à la façon qu'il les traitait et à des manigances de gros sous. Alors y'z' ont demandé au sieur Quentin d'se défaire de lui. L'Jolicœur a ben esté en cour baillagère, mais l'sieur Quentin s'est point laissé berner et il a donné raison aux hommes. Et c'est l'père Mercier qu'a été élu présentement. L'Jolicœur y décolère pas, mais y peut rien qu'se mordre le poing. »

Manon eut un large sourire. Ainsi, non seulement Jolicœur, son ennemi personnel, était cocufié comme peu d'hommes l'ont été, mais il avait été démis de sa charge! Réjean n'avait plus rien à craindre de lui.

« Ah, qu'c'est donc une belle journée! » s'exclama-t-elle avec enthousiasme en entraînant Marie-Reine, Anne et la petite Marguerite, qui n'en pouvaient, dans une ronde folle. Durant le reste du parcours, elle retrouva son tempérament primesautier, aguichant son époux, câlinant la petite Marguerite, faisant mille recommandations à Marie-Reine.

Mais lorsqu'elle vit la goélette ancrée dans le bras du fleuve, toute sa gaieté retomba. D'un coup, elle sentit son âge, le temps qui filait et qui avait éloigné d'elle sa couvée : Guillemette, Corentin, Yvonne, Nicolas, Mathieu, Benoît, Luc, et son Réjean, dont elle désespérait d'avoir jamais de nouvelles... Et maintenant, c'était au tour de Marie-Reine de la quitter!

Elle eut de nouveau un pincement au cœur en reconnaissant le grand jeune homme qui de loin lui faisait signe et criait joyeusement son nom. « Mère, mère, c'est moi Mathieu! Que Dieu vous garde! » Elle n'avait revu son fils qu'une fois, depuis qu'il avait choisi de naviguer sous les ordres d'Elzéar Victor dit Saint-Laurent. Et aujourd'hui, elle ne pourrait même pas l'embrasser : il était déjà dans la chaloupe qui se dirigeait vers la goélette.

Une chaloupe revint chercher Marie-Reine et dans les embrassades et les larmes, la jeune fille dit adieu à sa famille. Elle n'emportait avec elle qu'un baluchon aussi modeste que sa tenue de sœur séculière. Trois semaines de navigation, au mieux, l'attendaient avant qu'elle n'atteigne Port-Royal.

Se serrant contre la haute stature de Télésphore, Manon resta sur le quai jusqu'à ce que les collines de Sainte-Pétronille lui masquent la vue du navire. C'est alors qu'elle se fit une promesse silencieuse : au moins une fois avant que de passer, elle voulait voir réunis tous ses enfants autour d'elle. Elle ne savait quand ce serait, ni si Dieu lui octroierait cette dernière joie, mais elle le voulait de toutes ses forces. Son cœur de mère saignait à la pensée des absents, surtout Réjean, son Réjean, perdu quelque part dans les Pays d'En Haut, et maintenant Marie-Reine, qui, comme elle, près d'un demi-siècle plus tôt, était partie vers l'inconnu.

La petite Marguerite, avec cet instinct propre aux enfants, avait-elle senti sa détresse ? Elle se blottit dans ses jupes en demandant de sa petite voix acidulée et zozotante :

« Dis, tante Manon, où c'est qu'elle est rendue ma marraine ? »

Manon baissa son regard sur ce petit visage aux joues d'abricot mangé par deux grands yeux verts étirés vers les tempes. « Toi aussi tu es mienne, pensa-t-elle, la chair de ma chair, mon joli espoir, ma petite Canadienne. »

« Dans un ben beau pays, où y a plein de p'tiotes tout pareil ! s'écria-t-elle. Sûr qu'elle y s'ra ben heureuse à servir le Seigneur. Et puis Notre-Dame la protège. »

Elle voulait s'en persuader, mais les images de sa propre traversée lui revenaient en mémoire, intactes dans leur brutalité. Elle revoyait la sainte-barbe suintante de moisi et infestée par la vermine, les cadres de bitord et les malles projetés contre les parois sous la violence de la gîte, les paquets d'eau qui s'engouffraient par les sabords, les récifs de Terre-Neuve menaçants comme les crocs de gueules monstrueuses prêtes à dévorer le *Saint-André*, les bancs de brume fantomatiques, les gangues de givre qui transformaient les haubans en girandoles assassines. Elle entendait encore les prières des matelots implorant la miséricorde divine avant de prendre leur quart, leurs voix enrouées de froid et de peur quand le navire se trouvait dans les parages des glaces dérivantes...

Elle revivait ce cauchemar comme si c'était hier. Pour rien au monde elle n'aurait remis le pied sur un tel bâtiment. D'ailleurs, depuis, elle avait développé une véritable phobie envers tout ce qui allait sur l'eau. Elle ne se rendait à Québec que pour raison majeure – ce qui était le cas présentement –, refusant d'accompagner Télésphore lorsqu'il allait jusqu'au chantier naval de la rivière Saint-Charles. Elle déclinait même les invitations de Corentin, car, pour atteindre le pays des Etchemins, il lui aurait fallu traverser l'estuaire du fleuve que les habitants de la côte appelaient déjà « la mer », tant il était large et tempétueux. Comment aurait-elle pu comprendre l'attirance de Marie-Reine pour une colonie battue par les vents et les terrifiants débordements d'un océan qu'elle exécrait? N'ayant gardé de cette côte que le souvenir de la désolation rocheuse des falaises de Terre-Neuve, c'était en effet ainsi qu'elle imaginait l'Acadie...

Assise sur un rouleau de cordages, le visage offert aux embruns saumâtres que le vent rabattait sur le pont, Marie-Reine regardait le navire contourner la pointe nord de l'île d'Orléans et s'engager dans l'estuaire. Après les manœuvres d'appareillage et la délicate sortie du havre du Cul-de-sac, entre la pointe à Carcy et l'anse des Mères, les matelots avaient hissé la grand-voile. La jeune fille tenait sur ses genoux une écritoire en loupe d'orme, cadeau de Télesphore. Le bon géant lui avait remis le précieux objet façonné de ses mains juste avant qu'elle n'embarque dans la chaloupe :

« Tiens, c'est pour toi, pour qu'tu nous oublies point et qu'tu tiennes ta promesse d'écrire à ta mère... que Dieu te garde ma fille... pardon, ma sœur... »

Marie-Reine se mit à sourire au souvenir de ce geste plein de gaucherie et de tendresse. Depuis qu'elle avait prononcé ses vœux – juste avant son départ pour l'Acadie –, elle avait bien vu que son beau-père ne savait plus très bien comment s'adresser à elle, passant tour à tour de la familiarité à la componction, ne sachant s'il devait l'embrasser au moment des adieux. Pour dissiper son embarras, elle avait fait semblant de s'intéresser aux manœuvres, lui demandant des explications. Montrant du doigt un personnage qui vociférait des ordres depuis la dunette, elle avait demandé :

« C'est-y vôt' ami l'capitaine Mélançon ?

– Oui, un brave homme, faut pas croire, répondit précipitamment Télesphore, un peu inquiet de voir le marin se montrer sous un jour aussi brutal.

– Vous faites point d'souci. J'saurai m'accommoder. Et puis le Seigneur m'accompagne ! » assura la jeune fille. Cher Télesphore ! Il s'était démené tant et plus pour convaincre Hyacinthe Mélançon de la prendre à son bord. C'est que le capitaine commandait le seul navire qui fasse, deux fois par année, entre avril et septembre, l'aller-retour entre Port-Royal et Québec...

Les tractations avaient duré plusieurs jours. A chacun des rendez-vous avec Télesphore, le capitaine de la goélette avançait un nouvel argument pour justifier son refus : « Une femme sur un navire, ça porte le mauvais œil » ; « mon rafiot l'est point un endroit convenable pour une personne du beau sexe » ; « et pis c'est point sûr, à c'te heure. Y a la guerre ». Sans doute la seule raison que Télesphore ne pouvait réfuter.

Car en cette fin de printemps 1695, le conflit entre la France et la ligue d'Augsbourg faisait toujours rage. On

Les Canadiennes

se battait sur toutes les mers connues. Pendant que Louis XIV perdait Namur et faisait bombarder Bruxelles, prenant ainsi vengeance du roi d'Espagne, Pointis, l'un des plus éminents officiers de la Royale, assiégeait Carthagène. Ses hommes pillaient et détruisaient les entrepôts remplis des trésors que l'Espagne tirait du Mexique et de ses autres colonies du Sud. L'ennemi anglais ripostait en brûlant les plantations françaises de Saint-Domingue. Les escadres fleurdelisées leur rendaient la pareille en portant le fer et le feu en Jamaïque.

Aux abords des côtes d'Amérique du Nord, les deux plus grandes puissances maritimes lançaient leurs corsaires dans les flots déchaînés du pire des océans. On ne parlait que des prouesses de Du Gué Trouin et de Jean Bart, ces corsaires qui défiaient les flibustiers battant pavillon de Saint-George et décimaient les vaisseaux marchands de Hollande et de Nouvelle-Angleterre entre Terre-Neuve et Boston. C'est justement cette route incontournable, passant par le travers du détroit de Cabot, que devait emprunter la goélette du capitaine Mélançon...

Télésphore n'était pas loin de partager les scrupules du marin. Il avait tenté de convaincre Marie-Reine qu'elle courait un trop grand risque, qu'il fallait différer son départ. « Les épreuves que le Seigneur m'envoie ne me font pas peur », lui avait-elle répondu avec une douce fermeté. Alors, Télésphore avait accepté de rencontrer une dernière fois le capitaine Mélançon pour lui faire part de la détermination de la jeune religieuse. Tant de courage et de foi ébranlerait peut-être le vieux briscard ? Le charpentier ne se faisait pas trop d'illusions, mais à sa grande stupéfaction, le capitaine avait accédé à la prière de Marie-Reine avec ce laconique commentaire : « Cause que c'est pour servir le Seigneur. » Empochant aussitôt la bourse que lui tendait Télésphore pour sceller leur accord...

« C'est à n'pas croire. J'ai même point eu à parler. Il a changé d'avis, comme ça, tout à trac. C'est-y un miracle ? » s'écria Télésphore, abasourdi, en rapportant la bonne nouvelle à Manon et Marie-Reine. Mère et fille échangèrent un regard plein de sous-entendus.

« Un miracle ? Non point. Une manifestation du pouvoir de notre Sainte Église, tout bonnement », répondit la jeune religieuse. Et de confier à Télésphore que, sans vouloir le vexer, elle avait fait intervenir Géraud Simard, le secrétaire particulier de monseigneur de Saint-Vallier. Il a fait valoir que c'était à la requête de l'évêque et de l'abbé Petit, le curé de Port-Royal, que la religieuse entreprenait la traversée.

Un autre élément joua en faveur de Marie-Reine : Mathieu Peltier, son jeune frère, avait été désigné pour guider la goélette jusqu'à l'embouchure du fleuve. « Un brave gars, ben alerte », commenta le capitaine Mélançon, pourtant avare de compliments, en assistant aux retrouvailles entre le frère et la sœur. La jeune religieuse reconnut à peine Mathieu : cinq ans qu'elle ne l'avait pas vu, depuis la fin de son apprentissage de charpentier sur le chantier de la rivière Saint-Charles ! L'adolescent anguleux était devenu un homme bien bâti, aux muscles souples. A voir son sourire et l'éclat de ses yeux noirs, Marie-Reine se dit qu'il avait trouvé sa voie. Il n'avait pas résisté à l'appel du grand fleuve, embrassant la profession de pilote sur le bas Saint-Laurent.

Marie-Reine n'était pas dupe : la présence de Mathieu sur la goélette et le tonnelet de rhum dont Télésphore avait fait cadeau à l'équipage étaient pour beaucoup dans l'accueil que les matelots lui avaient réservé. Même le capitaine Mélançon s'était déridé, en lançant d'un ton bourru : « L'a point froid aux yeux, c'te jeunesse, qu'j'me suis dit en vous voyant, demoiselle. Vous avez grimpé l'échelle de coupée comme un vrai marin ! »

C'est que depuis qu'elle avait enfin eu le courage d'avouer sa vocation, Marie-Reine se sentait des ailes...

A mi-parcours de l'estuaire, lorsqu'elle se fut enfin accoutumée au roulis, Marie-Reine quitta le pont pour gagner le carré du capitaine. Elle avait déjà tant de choses à raconter! Et il lui tardait d'utiliser l'écritoire... Hyacinthe Mélançon avait mis ses quartiers à sa disposition, en s'excusant de l'exiguïté et du désordre des lieux. Il avait fait hâtivement un semblant de ménage. Mais des brimborions épars attestaient de ses manies de vieux loup de mer : des os de seiche gravés, un canevas inachevé au point de croix. « Télésphore a vu juste, c'est un bien brave homme », écrivit la jeune religieuse dans sa lettre. Même s'il est vrai que le capitaine eut du mal à se faire à l'idée que sa passagère était ce qu'il appelait une « bonne sœur ». « C'est-y pas dans les couvents, les religieuses ? » lui demanda-t-il à plusieurs reprises d'une voix qui roulait comme l'eau sur les galets. « Les Acadiens ont un parler chantant, et ils ne causent point la même langue que nous autres », notait à ce propos Marie-Reine.

Jusqu'à l'aplomb de la Pointe au Père, elle resta aux côtés de Mathieu. « Il est à son affaire, y a point un recoin du fleuve qu'il ne connaisse. » Au fil de l'eau, il lui montra Grosse Ile, l'île aux Grues et puis l'île aux Oies, qui fit son émerveillement. « C'est à n'pas croire, ma mère. L'île est couverte de plumes blanches. Le ciel et le sol en sont remplis. Ce ne sont que piaillements que l'on en a les oreilles tannées. Des milliers et des milliers d'oies des neiges qui viennent nicher là deux fois par année, à la lune des feuilles mortes et à celle des bourgeons. Elles viennent manger l'herbe des marais que l'on appelle le scirpe, avant de repartir à la troisième semaine de mai vers la grande baie du Nord, et pareil quand elles vont vers le sud au temps des frimas, m'a dit tantôt Mathieu qui est pas mal chasseur comme nôt' père. On y voit aussi des petites sarcelles vertes, des garrots à œil d'or et des bernaches à col noir. »

Comme la goélette longeait l'île aux Basques, Marie-Reine prit les nombreux tas blancs jonchant la grève pour d'autres oiseaux venus se poser sur des monticules de grosses pierres ; mais le silence pesant qui régnait, comme si la mort planait sur cette langue de terre, la détrompa vite. « Des os d'baleines, expliqua le capitaine Mélançon en désignant les tours de granit gris : c'est tout c'qui reste depuis qu'les Basques y viennent plus bouillir la graisse dans les grands fours. »

Après une dernière bordée pour se rapprocher de la côte nord, Mathieu quitta la goélette en sautant prestement dans sa chaloupe. En agitant la main vers l'esquif qui emportait son jeune frère, Marie-Reine fut envahie d'un sentiment d'immense solitude. Elle réalisait soudain que plus rien ne la reliait désormais à sa famille, qu'elle avait rompu les amarres qui la rattachaient au lieu de son enfance, à l'affection des siens. « J'ai prié, ma mère, en pensant à vous, à Anne et à notre chère petite Marguerite, écrivit-elle. Mais bien vite le Seigneur m'a aidée à surmonter ce moment de faiblesse. C'est en Lui que se trouve mon refuge. Je bénirai le Seigneur en tous temps, sa louange sans cesse à mes lèvres. »

Mais ce moment d'abattement fut de courte durée. Toujours prompte à s'émerveiller, Marie-Reine, quelques heures plus tard, s'amusait des noms que l'on avait donnés aux trouées des cours d'eau venant se perdre dans l'océan – Ruisseau-à-rebours, Anse pleureuse, Gros Moine, Manche d'Epée, Petite Rivière au renard, Anse au griffon. La goélette voguait maintenant dans le golfe...

Passé la pointe Saint-Pierre et la croix dressée au-dessus de la baie de Gaspé, Marie-Reine contempla avec stupeur le paysage grandiose qui s'ouvrait à ses yeux : « Chantez au Seigneur, car il a fait des merveilles. Oh ! Ma Mère, vous n'pourriez point concevoir ce rocher. On dirait une cathédrale à deux arches qui brillent comme l'or jusque dans l'océan et qui servent de perchoir à tant d'oiseaux que c'est folie de vouloir les jeter. Le capitaine Mélançon me dit que ce sont de grands albatros, des fous de Bassan et des macareux moines. Comme ce nom sied bien à ces petits plongeurs qui ont la tête encapuchonnée ! C'est plaisir sans fin que de les voir virevolter. Et que vous dire des pourcils et des loups marins qui sont foison à l'entour d'une île toute proche, la Bonaventure. En ces lieux il fait si doux que l'on pourrait se croire en paradis et je ne connais aucun des désagréments dont vous m'avez dit avoir jadis souffert. Je me languis d'être rendue à Port-Royal et tout à la fois je voudrais que ce voyage ne finisse jamais, tant il m'est donné de beautés à voir. »

Après avoir viré au large du Rocher percé, la goélette croisa un baleiner qui faisait route vers Anticosti ; par ce langage des signes que seuls les marins sont capables de décrypter, le capitaine Mélançon apprit que des navires anglais barraient le détroit en face du cap Breton. Il jugea plus prudent de faire relâche dans la baie des Chaleurs, ainsi dénommée par Jacques Cartier qui y avait pénétré en juillet 1534 par une journée de canicule. De cette anse si profonde que les vents n'osaient s'y aventurer, le navigateur disait qu'elle était « en chaleur plus tempérée que la terre d'Espagne, la plus belle qui soit possible de voir ».

Ne sachant quand la voie serait libre et ne voulant faire courir aucun risque à sa passagère, Hyacinthe Mélançon suggéra à Marie-Reine de parcourir la cinquantaine de lieues la séparant de Port-Royal en traversant l'immensité boisée qui couvrait le territoire jusqu'à l'océan. C'est ainsi qu'il la confia à un guide micmac qui avait la réputation de si bien connaître la forêt qu'il pouvait s'y déplacer les yeux fermés. Luntook – ainsi se nommait-il – avait la souplesse et la légèreté de son animal totem, le daim ; et de fait, en le voyant s'approcher sur le sable rouge de la baie, Marie-Reine se dit que ses pieds semblaient à peine toucher le sol. Apparenté à Membertou, le grand chef de toute la nation micmac, il avait été, comme beaucoup, converti au catholicisme. Deux des sœurs de son père avaient épousé des pionniers. Jusqu'en 1632, en effet, il n'y avait aucune femme blanche en Acadie et les premiers colons avaient volontiers frayé avec les indigènes qui se montraient si bienveillantes que certains avaient fondé famille.

C'est donc avec la plus grande révérence que Luntook accueillit la religieuse. Il savait juste assez de français pour transmettre l'essentiel, pour le reste il improvisait en gestes et en images, se référant aux comportements des animaux et aux éléments pour se faire comprendre.

Dans sa longue lettre-fleuve à sa mère, Marie-Reine relatait ce périple comme si, durant ces longues semaines de marche, elle avait musardé dans le jardin de la Création : chaque arbre, chaque fleur, chaque lac, disait-elle, était un prodige du Tout-Puissant. Bien que devenu chrétien, Luntook avait sa propre interprétation de la vie qui ne devait rien aux Saintes Écritures. Comme leur progression était lente et qu'il ne voulait pas fatiguer cette compagne de chemin dont le ciel lui avait donné la garde, il s'arrêtait souvent pour montrer à Marie-Reine les richesses de cette nature sans lesquelles lui et son peuple ne sauraient survivre.

Il mimait le nom ou l'usage de chaque objet. « Aki », la « terre qui pousse », dit-il en montrant les sphaignes blanches comme de gros flocons de neige qui boursouflaient les souches en décomposition. Marie-Reine rit beaucoup quand il lui fit comprendre, en dessinant sur le sol à l'aide d'un bâton, que le duvet de cette plante servait de couche pour les nourrissons. Au détour d'un bosquet de bouleaux, les écorces des arbres étaient rongées jusqu'à hauteur de hanches. « Kobet », articula Luntook en désignant un peu plus loin, au bord d'un petit lac, l'amas de branchages signalant l'habitat déserté d'une colonie de castors. « Le castor voyage, le trappeur le suit », ajouta-t-il d'un ton sentencieux. Cet animal, expliqua-t-il, était une bénédiction pour celui qui l'attrapait, car il donnait tout, sa chair comme nourriture, sa fourrure comme protection contre le froid, ses viscères comme médecine et ses os comme jouets pour les enfants.

Quand le jour déclinait, il montait un abri de résineux et allumait une boucane de bois vert pour éloigner les maringouins. Puis il étalait sur des feuilles sa cueillette de la journée et donnait une leçon de choses et de langue micmac à la jeune femme : « pineuminanakashi, câcagômânâbâk » articulait-il lentement en faisant rouler les petits fruits de la « plante à la perdrix » et ceux du quatre-temps.

Un jour qu'ils cheminaient le long d'un étang d'un vert profond, Marie-Reine se figea soudain, saisie par l'éclat des larges nénuphars jaunes qui en émergeaient. Un grand original accompagné de ses deux femelles s'en régalait. Croyant peut-être qu'elle s'inquiétait du menu du souper, Luntook entra aussitôt dans l'eau et en arracha toute une botte, coupant les fleurs et ne gardant que les rhizomes. Le soir même, il les faisait rôtir à l'étouffée sous la cendre en même temps qu'un lièvre des bois farci d'herbes aromatiques. « Un délice de saveurs au parfum si singulier », écrivait Marie-Reine, enthousiaste. Elle prisait moins la chicouté mélangée à la graisse de caribou. L'Indien obligeant la lui avait pourtant présentée étalée sur une tranche de pain bannik, cette miche ronde sans levain ressemblant à un soleil.

Luntook, à son grand étonnement, ne cueillait l'hamamélis, le capillaire, la dentaire et l'anomon qu'au lever du jour, en détachant uniquement les feuilles éclairées par le soleil. « C'est parce que l'astre leur confère alors toute sa force et sa puissance », expliquat-il comme elle l'interrogeait sur cette curieuse pratique. Pas un instant, le Micmac n'imaginait que cette référence à la cosmologie de son peuple puisse choquer la religieuse : pour lui, il n'y avait nulle incompatibilité entre les Esprits qu'adoraient ses ancêtres et ce dieu que les robes noires lui avaient appris à vénérer. De fait, Marie-Reine était bien trop émerveillée par ce savoir si instinctif pour songer à s'offusquer de cet amalgame. Elle acceptait bien volontiers qu'avant chaque repas, pendant qu'elle disait les grâces, Luntook se livre à un rite purificateur de l'endroit où ils allaient manger en tapant sur un petit tambour qu'il portait avec lui. Elle comprenait de mieux en mieux cette existence nomade où tout venait de la forêt et tout y retournait, « comme dans le grand cercle de la vie », lui disait Luntook. Elle buvait la tisane d'écorce de prunier sauvage, mangeait les fruits gonflés de suc des aubépines « aussi gros que prunes de Damas », comme aurait dit Jacques Cartier, elle cueillait et pêchait avec l'Indien, juste ce dont ils avaient besoin, jamais plus. Comme elle s'était réveillée, un matin, les yeux gonflés et suppurants, il fit bouillir une décoction d'érable à épis dans laquelle il trempa des compresses de tripe de roche qu'il appliqua sur ses paupières. Le bienfait fut presque immédiat.

Etonnée de le voir si aisément préparer le souper, monter la cabane, elle lui demanda d'où lui venait cette habileté à vaquer à des tâches généralement réservées aux femmes. Il lui répondit que comme tous les petits sauvages, à l'âge de huit hivers, il était resté seul quatre jours au fond de la forêt attendant que l'esprit de l'animal qui guiderait son destin lui apparaisse. Il avait vu une biche et son faon : il était donc naturel qu'il sache aussi bien exécuter les tâches féminines.

Marie-Reine vivait pleinement cette expérience tel un rêve initiatique, attachant son regard à ces dons de Dieu qu'étaient les hauts pins noirs, les bouleaux frémissants, les épinettes odorantes. Elle essayait de retenir les mots que lançait Luntook : « Kabem » lorsqu'ils parvenaient à la rive d'un lac scintillant, « Kitpoo » quand un aigle les survolait... Les bois, obsédants, les entouraient de toutes parts. Un peu lasse, elle lui demanda, un jour, en étendant le bras, où s'arrêtait cet océan de verts qui passait du bronze aux pastels les plus tendres. Pour toute réponse, le sauvage traça deux anneaux entrelacés comme les maillons d'une chaîne – ce qui, dans la croyance de son peuple, signifiait l'infini – et il dit : « Mesadek », « loin, loin, très loin ».

Ils suivaient depuis longtemps le cours d'un petit torrent serpentant dans les fougères et les mousses, quand le Micmac se tourna vers elle en souriant de toutes ses dents et lui désigna la couleur du ruisseau devenue opaque : « Stewiacke ! » Ils étaient parvenus à

Les Canadiennes

l'endroit où l'eau claire descendue des monts Chic-Chocs se mêle aux courants salins refoulés par les marées. Bientôt, les bois s'écartèrent comme un rideau et, le souffle coupé, Marie-Reine vit s'étaler devant eux le miroir luminescent de la baie des Français. Encore une lieue, et les bâtiments des premières fermes apparaissaient, plantés sur cette « terre fertile » que les Micmacs appelaient « Cadie »...

En 1606, ce panorama bucolique avait inspiré Lescarbot, le poète qui accompagnait Pierre Du Gua de Monts et Samuel de Champlain :

> *Va donc heureusement et poursuis ton chemin*
> *Où le sort te conduit, car je vois le destin*
> *Préparer à la France un florissant empire*
> *En ce monde nouveau, qui bien loin fera bruire,*
> *Le renom immortel de De Monts et de toy*
> *Sous le règne puissant de Henry notre Roy.*

Mais, en 1607, Champlain avait renoncé à l'Acadie, laissant les clefs de Port-Royal à son allié micmac, Membertou. Lescarbot avait alors chanté cet adieu :

> *Faut-il abandonner les beautés de ce lieu,*
> *Et dire à Port-Royal un éternel adieu ?*
> *Serons-nous donc toujours accusés d'inconstance*
> *En l'établissement d'une Nouvelle-France ?*

C'est seulement en 1611 qu'Antoinette de Pons, Marquise de Guercheville, dame d'honneur de Marie de Médicis et protectrice des Jésuites à la Cour, avait financé l'envoi de colons, tous hommes et célibataires, dans cette partie de la colonie délaissée par Champlain au profit de la rive nord du Saint-Laurent. Las, cette première tentative de peuplement au lieu-dit Saint-Sauveur n'avait pas résisté à une attaque des Anglais qui prétendaient – déjà – empêcher toute présence française en Acadie. Depuis, ils n'avaient cessé les escarmouches, prises de forts, destructions de villages, massacres et pillages.

Les Canadiennes

Lorsque Marie-Reine arriva enfin à Port-Royal, elle eut la surprise de constater, elle qui avait vécu dans l'animation populeuse de Ville-Marie, que ce gros bourg entouré de remparts abritait fort peu d'âmes. Il comptait tout au plus six cents habitants, dont un chirurgien, quatre tonneliers, un maréchal-ferrant, deux armuriers, un taillandier, un maçon, deux charpentiers et un tailleur d'habits. Dans le fort campait une garnison de quarante soldats que le gouverneur de l'Acadie, Joseph Robineau de Villebon, avait obtenue à grand-peine auprès du comte de Buade de Frontenac. Quant à la colonie tout entière, sa population était à peine du double – quand celle de Nouvelle-Angleterre recensait deux cent mille habitants !

Il n'empêche, le nombre ne faisait rien à l'affaire, et malgré les vicissitudes, les coups de force de leurs voisins et l'indifférence que leur manifestait leur roi, les Acadiens tenaient bon. Ils faisaient la fierté de leur curé, l'abbé Louis Petit, qui dans une lettre à son évêque, monseigneur de Saint-Vallier, vantait en ces termes les mérites de ses ouailles : « Gens d'un naturel doux et porté à la piété ; on ne voit parmi eux ni jurement ni débauche de femmes, ni ivrognerie ; quoiqu'ils soient dispersés, ils viennent en foule à l'église les dimanches et les fêtes et ils fréquentent assez les sacrements. Dieu me garde d'attribuer leur piété à mes petits soins ; je les ai trouvés sur ce pied-là quand je suis venu ici ; et cependant qu'il y a quinze ou seize ans qu'ils étaient sans prêtres, sous la domination des Anglais ; je dois rendre cette gloire à Dieu et à eux cette justice. »

Car oubliés des hautes instances de Versailles, les colons d'Acadie l'avaient aussi été des autorités ecclésiastiques, et les Anglais avaient fait main basse sur tous les ornements sacerdotaux. Qu'on était loin des parements d'autel aux rinceaux brodés de fil et des ostensoirs en argent ciselé ! Le seul édifice religieux était une ruine, en comparaison des églises aux clochers effilés dominant les deux grandes cités du Canada...

Ce dénuement frappa vivement Marie-Reine qui confia à sa mère : « Notre église est dans une pauvreté affreuse. Elle n'est couverte que de paille, les murs ne sont faits que de colombages, les vitres ne sont que de papier; il n'y a point de cloche et on appelle le peuple à la sainte messe au son du tambour; à l'autel on est obligé de se servir de chandelles, il n'y a ni gradins, ni chandeliers, ni crucifix, ni tableaux, ni encensoir; il n'y a même pas une armoire pour serrer deux ou trois chasubles de méchant camelot. Et le saint sacrement n'est conservé que dans une boîte de bois formée de quatre planches. » Mais loin d'être rebutée, la jeune religieuse voyait dans cette simplicité des raisons supplémentaires à sa venue en Acadie. Elle trouvait là l'écho de l'église des premiers chrétiens, dont Paul Chomedey de Maisonneuve et mère Marguerite Bourgeoys avaient voulu perpétuer l'esprit en fondant Ville-Marie.

Pour terminer sa première missive, Marie-Reine annonçait son installation provisoire dans une maison de la haute ville occupée par l'ancienne préceptrice des enfants du Sieur d'Aulnay, l'un des premiers lieutenants généraux de l'Acadie mort noyé dans les eaux glacées de Port-Royal. Mais, disait-elle, elle comptait bientôt se rendre dans les fermes et les villages alentour, et le récit de cette découverte serait l'objet de son prochain courrier. « Loué soit le Seigneur, qu'il vous garde en santé, ma mère. Réjouissez-vous car votre fille, son humble servante, est remplie de ses bontés. »

Peu de temps après, profitant d'une accalmie entre les belligérants, le capitaine Mélançon réussit à doubler le cap Breton et parvint sans encombre jusqu'à Port-Royal où il s'enquit aussitôt de sa passagère. Rassuré sur son sort, il serra la lettre que lui confiait Marie-Reine et promit de faire diligence pour qu'elle parvienne à sa destinataire aussitôt qu'il serait arrivé à Québec. Il comptait remettre à la voile au plus tôt, dès que ses cales seraient remplies des morues sèches dont il avait reçu commande. Marie-Reine espérait que sa mère lui aurait aussi écrit et qu'avant le grand gel, elle aurait des nouvelles des siens par le même chenal.

Entre-temps, elle allait faire la connaissance de ces familles qui, les premières, avaient jeté l'ancre dans cette anse entourée de vallons : les Boudrot, les Leblanc, les Richard, les Therriot, les Doucet, les Thibodeau... Sans oublier celles qui s'étaient éparpillées le long de la rivière Dauphin, à Grand-Prée, Petikoudiak, Chipoudy – et bien sûr Beaubassin, fief de la famille d'Entremont où, en 1673, Jacob Bourgeois avait fait venir de Boston le matériel nécessaire à l'érection d'un moulin à scie et d'un moulin à farine qui faisaient l'admiration de tout le voisinage.

Six semaines s'étaient écoulées quand la goélette jeta à nouveau l'ancre devant Port-Royal. Le capitaine Mélançon avait tenu parole. Non seulement il avait remis la lettre de Marie-Reine en main propre à sa mère, mais il rapportait la réponse que Manon avait aussitôt rédigée. Elle y consignait tous les menus événements, aussi insignifiants soient-ils, survenus depuis le départ de sa fille.

Marie-Reine apprit ainsi que Télésphore avait racheté Jonas, le négrillon d'Esther, laquelle, ne se sentant plus depuis que les premières campagnes de traite lui avaient rapporté quelques bénéfices, avait repris ses habitudes dispendieuses et contracté aussitôt force dettes. Maître Pharamond avait procédé à la transaction et pris acte que Télésphore se portait « acquéreur pour lui, ses hoirs et ayants cause, du nommé Jonas, nègre de nation, aussi à ce présent, âgé d'environ vingt ans, lequel ladite Esther Simard de Boismêlé a en notre présence remis et livré audit acquéreur, qui a déclaré l'avoir dès ci-devant vu et visité, l'a accepté, pris et reçu pour lui et ses ayants cause à toujours, déclare s'en tenir pour content, le reçoit dès à ce moment à ses risques, périls et fortune, pour jouir, faire et disposer dudit nègre, ainsi que bon lui semblera en toute propriété à perpétuité ».

Comme promis, Télésphore en avait fait présent à Marguerite. Depuis ce n'était que rires, poursuites et jeux de cache-cache entre ces deux petits êtres dont on ne savait lequel était le plus enfant. Le nain était tout dévoué à sa nouvelle petite maîtresse qu'il adulait et ne savait qu'inventer pour la contenter. Ainsi venait-il de lui offrir, astucieusement dissimulé dans un panier pour créer la surprise, un mignon petit chaton noir aux yeux d'agate jaune, qui faisait mille pitreries mais se montrait déjà fort utile pour chasser les souris dans la resserre. Sans doute cette boule de poils que Marguerite avait appelée Fripoune était-elle une descendante de ce matou que le Récollet Le Caron avait laissé s'échapper du navire qui l'amenait en Nouvelle-France en 1615. Ce n'était pas le premier félin domestique à avoir traversé l'Atlantique, puisqu'en 1535, déjà, Jacques Cartier avait embarqué des chats pour protéger les vivres des rongeurs, fonction jusque-là dévolue aux furets. Du moins avait-il pris la précaution de les consigner à bord. Mais depuis que le ministre Colbert avait imposé à la Royale d'avoir au moins deux matous par vaisseau, beaucoup de ces engagés à quatre pattes avaient profité des escales pour prendre la poudre d'escampette. Au mépris des querelles qui opposaient leurs maîtres, ils s'étaient probablement acoquinés avec la race de leurs congénères à poil ras que les pèlerins du *Mayflower* avaient amenés avec eux jusqu'à Cape Cod en 1620.

Manon rapportait plaisamment que Madame Morin avait fait un bond de trois pieds – un véritable exploit pour sa corpulence ! – quand cette petite noiraude s'était jetée dans ses jambes. « Mais c'est une créature d'sorcière ! cria-t-elle en se signant, c'te bestiole va vous porter la guigne ! Savez-vous point qu'c'est un artifice du diable ? » Afin de calmer la matrone qui passait d'un fauteuil à une chaise et d'une chaise à un fauteuil pour fuir les assauts du chaton, Manon avait dû apporter une provision de petites douceurs.

Fripoune n'était pas le seul présent que Marguerite avait reçu de Jonas. Fort habile de ses mains, le petit esclave avait sculpté dans un morceau de cèdre trouvé dans l'atelier de Télésphore une poupée fort ressemblante qu'il avait habillée de tombées de chiffon. Marguerite avait accroché à son cou la pièce trouée, cette amulette traditionnelle que lui avait remise Jacquelin, son parrain, le jour de son baptême – ainsi, disait-elle, sa poupée serait, comme elle, protégée des maux de dents.

Les facéties et les questions de cette enfant si éveillée, à la curiosité insatiable, mettaient un baume aux plaies de l'âme de sa mère. Anne, disait Manon, était moins pensive, moins sujette à ces périodes d'abattement qu'on lui avait connues après le décès d'Odilon. Elle avait renoué des relations plus suivies avec Quentin, lui rendant visite le vendredi quand elle savait Louise Marie Garance occupée à parader sur la place du marché. Elle riait même de ces rencontres en catimini, qui échappaient à la sagacité jalouse de la nouvelle vicomtesse. Sans rien en dire à son épouse, Quentin servait à Anne une rente confortable, pour être sûr qu'elle et Marguerite ne manquent de rien. Aveuglé par la tendresse qu'il portait à cette enfant, il ne lui serait jamais venu à l'esprit qu'elle puisse n'être pas de son sang.

Il pressait sa belle-fille de se remarier. « A ton âge, être veuve n'est point une fatalité », disait-il, l'encourageant à accepter les hommages de certains officiers et marchands qui n'étaient pas insensibles à la beauté de cette demi-sauvagesse. Mais Anne se doutait bien que ce conseil était en partie inspiré par Louise Marie Garance, qui voulait l'éloigner. « L'ami qui est devant mes yeux m'empêche de voir », répondait-elle, recourant pudiquement à cette périphrase qu'emploient les Iroquoises pour décourager les galants trop insistants. Mais contrairement à ce que pensait Quentin, c'est non à Odilon, mais à Réjean qu'elle faisait allusion. Réjean dont on n'avait toujours pas retrouvé la trace : Jacquelin, qui était revenu par deux fois jusqu'à Ville-Marie, assurait qu'il était bien vivant, mais Manon soupçonnait qu'il voulait la ménager par de belles paroles et qu'à la vérité il n'en savait rien.

Fort heureusement, Gaétan n'en savait visiblement pas davantage. Il était plus occupé à empocher le produit de la traite du castor – et, jusqu'alors, le marché avait été florissant comme jamais – qu'à mener son enquête. Jacquelin pouvait témoigner qu'entre la course aux allumettes, les jeux de cartes et de dés et le troc des boissons enivrantes, son chenapan de fils n'avait guère le temps de se soucier de sa promesse à Quentin. Pour tromper son monde, il faisait parvenir à son commanditaire, par les brigades qui redescendaient au printemps et à l'automne sur l'île de Montréal, des messages lénifiants où il l'assurait de son zèle.

« Telle mère, tel fils », concluait Manon. Elle racontait ensuite comment Esther avait essayé de filouter maître Pharamond en prenant langue avec un marchand d'Albany pour écouler une partie des peaux et garder pour elle seule le produit de la vente. Fricoter avec l'ennemi, en temps de guerre ! Lorsqu'on l'avait appris – car tout se savait, et madame Morin s'était fait un devoir de jouer les porte-voix –, les quelques personnes qui fréquentaient encore Esther à Ville-Marie lui avaient définitivement tourné le dos. Son fils Géraud lui-même, qui en raison de ses fonctions auprès de Monseigneur, nourrissait de hautes ambitions, avait pris ombrage des dérèglements de sa mère, et l'avait menacée d'enfermement si elle ne mettait pas bon ordre à sa conduite. Esther se terrait désormais dans sa maison déserte et vide, car tous les objets de quelque valeur, dont la commode Boulle qui trônait désormais chez Madame Morin, avaient été saisis et vendus à l'encan sur ordre de maître Pharamond.

Dans un dernier baroud, l'effrontée avait essayé de faire chanter le notaire : elle pouvait prouver qu'il pratiquait le prêt à usure, ce qui était un péché grave condamné par monseigneur de Saint-Vallier dans ses mandements, lettres pastorales et circulaires ! Narquois, le notaire l'avait mise au défi de le poursuivre ; il se faisait fort de démontrer que leur marché avait été conclu en toute équité et que c'était elle qui ne s'y était pas conformée. Et quand bien même il avait perçu des intérêts sur les sommes qu'il avait engagées, il n'était point le seul à désobéir aux ordonnances de l'évêque. L'affaire avait fait long feu avant même d'avoir commencé, d'autant que le chef de l'Eglise en Nouvelle-France, devant le peu de succès de ses commandements, avait dû assouplir sa position. Il avait ainsi convenu que les cas de « dommage naissant ou de lucre cessant autorisaient à prendre quelque chose au-dessus du sort principal »...

Esther n'était donc plus que l'ombre d'elle-même, et Manon, qui en concevait du remords, lui faisait porter, sans que celle-ci en devine la provenance, des provisions de bouche et du bois de chauffe. Madame Morin protestait que c'était charité bien mal ordonnée, rappelant que la babine n'avait eu besoin de personne pour dilapider la petite fortune qu'elle avait héritée de feu son premier mari et les sommes versées par le second. N'avait-elle pas creusé elle-même la fosse dans laquelle elle avait glissé ?

La lettre se terminait par toutes sortes de conseils inquiets et de vœux formulés à l'adresse de Marie-Reine par sa « mère affectionnée ».

La saison des glaces n'allait pas tarder. Le capitaine Mélançon ne reprendrait pas la mer avant le printemps. Il s'écoulerait plus de huit mois avant qu'un nouvel échange épistolaire puisse avoir lieu...

A la douceur de l'automne succéda brusquement la froidure, transformant la mer en une banquise dentelée qui laissait dépasser les membrures des navires. Sur la glace glissaient des phoques et des loups marins maladroits et insouciants. Leurs femelles mettraient bas en janvier sans pouvoir rien faire contre la cruauté des hommes qui, à la lune suivante, viendraient tuer leurs petits à coups de gourdins. On hala les chaloupes à voile et les canots renversés dans les barrachois, ces petites lagunes asséchées ourlant la rive comme des broderies au point de chaînette. On sortit les raquettes de frêne blanc et les carrioles à patins.

C'est dans un attelage de la sorte, tiré par un bœuf chenu et placide, que l'abbé Petit mena Marie-Reine à la rencontre de ses futures élèves. Connaissant le goût de

Manon pour la cuisine, la jeune religieuse s'empressa de noter les spécialités et les particularités culinaires de la contrée. Lors de cette première virée, c'était le temps de la « soupe à l'ombre ». On sortait les légumes du caveau creusé dans la terre sous la maison, on allait puiser dans les tonneaux les herbes salées, cives, feuilles d'oignon, plantain, épinards sauvages que l'on y conservait. Enfin, on y ajoutait un os de jarret de bœuf qui pouvait servir à confectionner trois ou quatre soupes dans un même village, et que l'on se passait de familles en amis.

Un jour qu'elle partageait ce mets avec les gens de Chipoudy, Marie-Reine se souvint soudain d'une légende que lui contait son père : celle de la pierre à soupe. C'était l'histoire d'un trimbaleux qui allait sur les routes. Quand, à la nuit tombée, il arrivait à proximité d'une ferme ou d'un village, et que son ventre commençait à crier famine, il ramassait une pierre sur le bord du chemin. Une fois dans la place, il la sortait de sa poche avec des airs mystérieux. « Une pierre à soupe » disait-il à ses hôtes intrigués. Aussitôt, ils lui demandaient de leur révéler les pouvoirs du caillou magique. Il se faisait un peu prier avant de consentir à le plonger dans le chaudron pendu au-dessus de l'âtre. Au bout d'un moment, la fermière, le nez au-dessus de la marmite, ne voyant aucun prodige se produire dans l'eau qui bouillait, commençait à lui lancer des regards soupçonneux. Il affirmait alors : « C'serait ben plus goûteux avec que'ques carottes et que'ques navets. » Aussitôt dit... Un peu plus tard, il suggérait : « Evidemment, avec un poulet... » Puis c'étaient des poireaux, un lièvre et ainsi de suite, jusqu'à ce que la soupe soit fin prête. Elle était bien sûr succulente et tout ce monde crédule s'extasiait. Quand, au matin, le trimbaleux repartait, il faisait cadeau du caillou à ses hôtes qui se confondaient en remerciements sans comprendre qu'ils avaient été bernés. Le vagabond reprenait la route, sûr de trouver, le soir venu, une autre « pierre à soupe » et des fermiers prêts à gober son tour de passe-passe...

Marie-Reine raconta cette légende après le repas, tandis que, réunis autour de la maçoune, les hommes fumaient leurs pipes de craie et que les femmes brochaient des mitaines. Elle conquit son auditoire, à l'exception d'un grincheux et de sa revêche moitié qui restèrent sur leur quant-à-soi.

« C'est-y avec c'te sorte d'balivernes qu'vous allez farcir la caboche de nos miochons ? L'est temps d'se ranger ma femme! pesta le bonhomme en se levant bruyamment.

– Faites point attention, ma sœur, l'Herménégilde c'est qu'un gadousier, un gougnafier mal dégrossi qui trouve toujours à r'dire ! soupira leur hôte, le saunier Pierre Sandre, après le départ du couple. C'est ben d'la misère pour l'Emmeline et la Phémie d'avoir un père pareil. Elles sont tant gracieuses et gentilles avec ça ! Elles ont perdu leur mère alors qu'elles étaient tout' p'tiotes. L'Herménégilde s'est remarié avec cette marâtre qui leur mène la vie dure. »

En entendant cela, Marie-Reine avança qu'elle pouvait peut-être apporter un peu d'espoir dans l'existence si triste des deux enfants en leur apprenant à écrire et à lire. « Comptez point trop là-d'ssus, ma sœur. L'Herménégilde il est point trop pour qu'les filles aient d'l'instruction, intervint Lazare Lelièvre, le passeur. Même qu'dame Elisa arrive point à lui faire entendre raison, c'est dire ! »

Marie-Reine n'avait pas encore fait la connaissance d'Elisa Arsenault, dont chacun parlait avec un respect mêlé de crainte, mais il lui tardait de se trouver face à ce personnage haut en couleur et en tempérament, d'après la description qu'en faisaient ses hôtes. Quelque chose lui disait que cette femme ressemblait à Manon, et qu'elle trouverait en elle une alliée pour mener à bien la tâche que le Seigneur lui avait assignée.

Pour l'heure, la brave dame était allée à Port-Royal soutenir un sien parent, Mathieu Martin, dans la juste querelle qui l'opposait au commissaire de la Marine – également lieutenant général de justice. En septembre

1692, Mathieu Martin avait obtenu la concession de la seigneurie de Cobéquid, « à charge de commencer dans trois ans de ce jour à travailler pour habiter, à peine d'être déchu ». Les trois ans étaient passés et Mathieu Martin n'avait toujours pas pu commencer à défricher le terrain où il voulait construire son manoir. Et pour cause : l'officier de justice, un certain Mathieu de Goutin, convoitait cet emplacement pour y établir un cabaret en totale illégalité et faire le trafic des boissons enivrantes avec les sauvages. Il avait recruté une gagne de vauriens, déserteurs et soiffards, pour chasser les gens de Mathieu Martin. Lequel n'avait eu d'autre recours que de porter plainte auprès du gouverneur général, le comte de Buade de Frontenac, dont la décision se faisait attendre. Décidément, la cupidité et le lucre ici aussi étaient chose courante parmi ceux qui étaient censés représenter la loi. Les Acadiens en avaient déjà fait la triste expérience lors du gouvernorat de François-Marie Perrot, le prédécesseur de Villebon, qui pratiquait le commerce illicite avec les sauvages et les Bostoniens et avait dû se réfugier en Martinique où il était mort.

C'est donc seulement au temps de la soupe de la Toussaint que Marie-Reine put rencontrer Elisa Arsenault, qui correspondait en tous points à ce qu'elle avait imaginé d'elle. Cette fête donnait lieu à une pratique en apparence fort peu chrétienne : la veille, on volait dans les potagers du voisinage les choux qui épaissiraient la soupe. Mais comme chacun « volait » l'autre, tout le monde s'y retrouvait.

Virée après virée, Marie-Reine était maintenant devenue familière de toutes les fermes, depuis les berges de la rivière Petikoudiak jusqu'à Beaubassin. Chacun se chicanait pour l'avoir à sa table et lui offrir le gîte. Les plus humbles de ces bâtisses à un seul étage étaient faites de troncs de cèdre équarris ou de bois récupérés des naufrages, montés pièce sur pièce et calfeutrés de mousse et de glaise. Deux ou trois fenêtres les perçaient, avec du papier huilé en guise de carreaux. Le

Les Canadiennes

toit était couvert de bottes de foin des marais attachées par de l'herbe à lien, ou de bardeaux de cèdres fixés par des chevilles d'érable – car les clous étaient rares et onéreux, et il fallait les importer de France ou de Nouvelle-Angleterre. « Chaque avril, avait noté l'intendant de Meulles lors de sa venue en 1685, il vient une barque anglaise qui leur apporte le reste de leurs petites nécessités, qu'ils achètent pour du charbon de terre ou des pelleteries qu'ils ont obtenues des sauvages. »

Modestes ou cossues, toutes ces maisons étaient construites sur une élévation. Elles avaient toutes la même forme, avec un comble allongé descendant du côté de la mer jusqu'à un mur rempli de roches. On renchaussait ce dernier avant l'hiver avec de la mousse de grève, pour résister au froid et au suète, le vent du Sud-Est particulièrement violent. Certaines de ces maisons ne comportaient qu'une seule pièce, que l'on appelait le grand bord. Sur l'un des côtés était construite une grande boîte fermée de rideaux qui allait du plancher jusqu'au plafond, le « sac à housse » : c'est là que dormaient les parents – et parfois aussi les enfants, ces derniers sur des châlits que l'on glissait dessous pendant la journée. On accédait à ce monument emmuré en montant sur un coffre, qui était bien souvent le seul meuble que possédât la famille, avec un vieux baril à saler le poisson transformé en chaise berçante. Devant chaque maison, dans une fosse fumante qui exhalait des relents d'écailles de poisson grillé, la chaux se consumait lentement. Cette odeur âcre était indissociable de la morte saison en ce pays où la terre, le sable et la mer se confondaient, et où tous les matériaux rejetés par l'océan étaient utilisés.

Car à l'inverse des colons du Canada qui étaient des tasseurs d'abattis et qui avaient gagné leurs champs sur les bois francs à coups de cognée, en faisant reculer la forêt, les Acadiens étaient tournés vers la mer, dans leur manière de vivre, de se nourrir et même de cultiver. Plutôt que de défricher les hautes terres, ils avaient endigué la mer en construisant des aboiteaux.

Les Canadiennes

C'est bien là ce qui étonna le plus Marie-Reine, quand la fonte des glaces mit à jour ces damiers de battures asséchées entourées de levées de terre. D'une hauteur de huit pieds, ces dernières étaient ouvertes d'un côté par un clapet qui permettait de laisser passer l'eau. En cheminant sur le sentier de glaise large de six pieds qui séparait les parcelles, la jeune religieuse aperçut un jour un homme qui inspectait chaque pouce de ces murets. L'abbé Petit appelant cet homme le « sourd du marais », Marie-Reine se méprit d'abord sur cette appellation, croyant le paysan atteint d'infirmité, quand c'était au contraire son ouïe fine qui l'avait fait désigner pour cet emploi. Il lui suffisait en effet d'un murmure pour déceler une fissure. « La chaleur s'en vient tôt c'te printemps, l'hareng passera près d'la côte », avait dit l'homme, ce jour-là, en humant l'air qui s'adoucissait.

Mais ce n'étaient pas les bancs de harengs qui étaient arrivés, c'étaient les Anglais. Depuis la prise de fonction de Robineau de Villebon, ils harcelaient les villages côtiers dès les premiers jours de la belle saison. C'est pour cette raison que le gouverneur avait décidé de déménager son administration de Port-Royal à Nashwaak, où il avait fait élever un fort dans le haut de la rivière Saint-Jean. Sage précaution : en ce printemps 1696, c'est bien contre les remparts de Port-Royal que fusèrent les boulets anglais. Pour répondre à l'audace de d'Iberville qui avait repris la baie d'Hudson et Terre-Neuve et détruit le fort Pemaquid, les Bostoniens se vengeaient sur Beaubassin et Port-Royal. Le capitaine Mélançon avait-il senti le vent? Toujours est-il qu'il eut la bonne idée de se faufiler avant l'assaut de l'escadre anglaise, non sans avoir pris livraison du pli que Marie-Reine avait eu le temps de lui remettre. Elle n'y disait rien de l'attaque imminente, soucieuse d'épargner à sa mère ce nouveau motif d'angoisse. Pendant bien des années, elle prendrait d'ailleurs soin de ne jamais aborder dans ses lettres à sa mère le sujet des Anglais.

En vérité, les Acadiens vivaient dans un état de peur constante face au péril anglais. Ils avaient d'ailleurs pris l'habitude de se replier dans les bois auprès des Micmacs dès que le danger se rapprochait. Car les Anglais avaient le sentiment d'être chez eux dans cette Acadie qu'ils nommaient Nouvelle-Ecosse. Aussi se permettaient-ils de frapper les colons français quand bon leur semblait, paix ou non.

Marie-Reine préférait faire part à sa mère des progrès des deux petites filles qu'elle avait prises sous sa protection, Emmeline et Phémie. La jeune religieuse s'était attachée à ces deux enfants si frêles. Lorsqu'elle avait fait leur connaissance, Phémie allait sur ses quinze ans. Avec ses cheveux bruns tirés en bandeaux autour de son visage, son air sage, elle rappelait à Marie-Reine sa sœur Guillemette. Quant à Emmeline, sa cadette de deux ans, quoiqu'elle fût plus fantasque, la jeune femme s'en faisait obéir aisément sans jamais élever la voix. Son minois rougissant sous ses boucles châtain aux reflets cuivrés, ses longs cils cachant l'éclat de ses prunelles noisette, Emmeline s'était confiée un jour à Marie-Reine : elle était persuadée que bientôt un beau chevalier viendrait l'arracher à son existence miséreuse. Marie-Reine n'avait pas eu le cœur de la contredire.

Avec l'approbation d'Elisa Arsenault, la religieuse leur dispensait son enseignement en cachette de leur père. Comme tous les Acadiens, Herménégilde Bonaventure se levait avant l'aube. Après avoir englouti des fèves au lard, du pâté à la viande et de la tête fromagée, il terminait sa collation matinale avec un bon taillon de pain bis beurré couvert de mélasse. Puis il s'en allait préparer le « train de grange » – les instruments aratoires qui lui seraient nécessaires pour les travaux des champs – ou bien, s'il avait décidé d'aller en mer jeter ses filets à morue ou darder l'anguille à la fouine, il disposait les agréés dans le hangar recouvert de couenne herbée.

Sur la grève, les « pécheux », les ramasseurs de coquillages et de crustacés, étaient déjà à l'œuvre, raclant le sable à la recherche des palourdes ou gaffe à la main pour pincer les homards réfugiés dans les infractuosités de roches. C'est à ce moment-là que Marie-Reine venait retrouver les deux jeunes filles à l'abri de la « baraque ». L'air y embaumait car, dans cette grange au toit amovible, on abritait le foin salé et le foin doux. A la vérité, Emmeline et Phémie apprenaient autant à leur institutrice qu'elle leur apportait. C'est à elles que Marie-Reine devait de savoir tresser du foin d'odeur avec des languettes de frêne noir pour en faire des paniers, soulager les douleurs avec la pierre de loup marin, et de reconnaître l'ancolie qui soigne les éruptions : et tous ces savoirs, c'est de leur fréquentation des Micmacs qu'elles les tenaient...

Pour se consoler de la sévérité de leur père, les deux enfants s'évadaient dans les chansons et les contes dont elles faisaient partager la fantaisie à Marie-Reine. C'est en pensant à Marguerite, sa filleule, que celle-ci prenait en note ces légendes pour les retranscrire fidèlement dans ses lettres : celle des « quatre frères vent », évoquant un temps où les animaux et les humains s'entendaient à merveille et où les vents étaient enfermés au centre de la terre dans une grotte sans fond. Et celle de Blanche de Beaumont, la fiancée du chevalier de Nérac qui, en allant retrouver son bien-aimé, était morte noyée dans un naufrage au large du Rocher percé. A en croire la légende, on pouvait l'apercevoir par temps de brouillard errer à la recherche de son amour perdu. Emmeline était toujours très émue en racontant cette histoire. Mais Marie-Reine, à cette époque, ne savait pas encore que les pensées de la jeune fille allaient à un jeune chasseur de baleines dont le navire était venu un printemps s'ancrer dans la baie.

Dans sa réponse à la lettre de sa fille, Manon assura que la petite Marguerite avait elle aussi beaucoup aimé cette légende. Mais elle s'attarda surtout sur les derniers épisodes du feuilleton relatif à la ruine d'Esther. La malheureuse, à la rue, avait dû demander asile à son fils Géraud, ce qui n'avait guère ravi ce dernier, très occupé à de délicates manœuvres politiques. Il avait en effet pris ses distances avec monseigneur de Saint-

Vallier, arguant que le rituel dont le prélat était l'auteur, rompant avec l'orthodoxie romaine, était sévèrement dénoncé par les Jésuites comme d'inspiration janséniste. Par cette prise de position, Géraud espérait en fait secrètement s'acquérir les faveurs des Messieurs de La Flèche. Son but était de se voir attribuer l'un des vingt-neuf diocèses du royaume dépourvus d'évêques...

Cette situation insolite résultait de la dispute de la régale qui avait opposé le pape Innocent XI et son successeur Alexandre VIII à Louis XIV. Après avoir chassé les Jansénistes, le monarque avait remis l'Eglise de France au pas. Il ne permettait plus que les séculiers puissent posséder des bénéfices, ni que ceux qui n'étaient pas prêtres eussent des évêchés. Le fils d'Esther, qui se voyait déjà l'améthyste au doigt, intriguait dans ce sens. Il se préparait à aller en France défendre ses prétentions auprès du supérieur du collège de La Flèche, afin qu'il soumette sa nomination au roi.

La déplorable réputation que sa mère s'était acquise par son incurie et sa légèreté ne pouvait que nuire à ce projet. Toutefois, Géraud ne pouvait abandonner sa génitrice à son triste sort sans qu'on l'accusât de manquer à la plus élémentaire charité. Il s'était donc résigné à l'emmener avec lui – avec la ferme intention, aussitôt arrivé, de la confier, ô ironie, aux sœurs de l'hospice de La Salpêtrière. Esther revenait ainsi à son point de départ : elle allait finir sa vie derrière les murs gris d'un mouroir pour miséreux. En apprenant la machination de son fils, elle avait perdu toute raison et c'est une demi-folle, vêtue comme une pauvresse, le corps amaigri enveloppé dans une pelisse de petit-gris mitée, qui avait quitté cette Nouvelle-France qu'elle était si sûre de conquérir cinquante ans plus tôt.

Jacquelin n'aurait sans doute pas laissé faire une chose pareille s'il avait été prévenu à temps, affirmait Manon. Mais Géraud, pressé de parvenir à son but, avait mené l'affaire si rondement que le maître équi-

Les Canadiennes

peur était encore à Michillimakinac quand ce départ précipité avait eu lieu. Depuis, Télesphore avait appris qu'en fait d'évêché, Géraud avait obtenu une cure aux marches de l'Est du royaume – une contrée où les hivers, disait-on, étaient pires que ceux du Canada. Quant à Esther, elle était morte peu après son enfermement. « C'est ben d'la misère. Elle méritait tout d'même point ça », regrettait Manon. « *Sic transit gloria.* Nous sommes peu de chose et poussière nous redeviendrons poussière » murmura Marie-Reine en lisant ce passage.

Le va-et-vient des échanges épistolaires entre la mère et la fille se poursuivit ainsi sans anicroches au cours des années suivantes, malgré la menace toujours présente de la flibuste anglaise qui avait obligé le capitaine Mélançon à différer par deux fois sa traversée jusqu'à Québec. Quand, à la fin du printemps 1700, il s'apprêta à quitter la capitale de la Nouvelle-France pour rejoindre Port-Royal, il ne savait pas que le pli remis par Manon contenait cette fois-ci une bien triste nouvelle.

Le 12 janvier, au matin, à l'âge de quatre-vingts ans, Marguerite Bourgeoys avait rendu son âme à Dieu. « Nôt' colonie a perdu une sainte femme, mais moi j'ai perdu une mère », écrivait Manon, imbibant le papier de ses larmes au fur et à mesure qu'elle décrivait par le menu l'hommage rendu par Ville-Marie à sa bienfaitrice.

Les plus hautes autorités de la colonie s'étaient déplacées. Le gouverneur de Callières, le chevalier de Rigaud de Vaudreuil, les Sulpiciens, les Jésuites, les Récollets, les filles de famille comme les sauvagesses, tous se pressaient dans la chapelle de l'Enfant Jésus où étaient célébrées les funérailles. Sur la tombe, on avait posé une épitaphe gravée sur une plaque de cuivre : « Cy-gist Vénérable Sœur Marguerite Bourgeoys, institutrice, fondatrice et première supérieure des filles de la Congrégation de Notre-Dame établies en l'île de Montréal pour l'instruction des filles tant dans la ville qu'à la campagne, décédée le 12 janvier 1700. Priez Dieu pour le repos de son âme ». Au trentième jour suivant son décès, un service eut lieu dans la chapelle de Notre-Dame-de-Bon-Secours. Et Manon, comme toutes les « Premières » et les « Filles du Roy » qui avaient reçu de Marguerite Bourgeoys cet inestimable don de l'instruction, y assistait. « Le cœur de notre chère sœur Marguerite était exposé sous un voile blanc dans une cassette que l'on a tantôt scellée dans le mur. Ma fille, à toi qui as suivi la voie qu'elle a tracée, avec la même humilité, petite et pauvre comme elle de même, je te rapporte les paroles de l'oraison que Monsieur de Belmont a prononcée : " Appelée à la vie parfaite et apostolique par une faveur miraculeuse de la Très Sainte Vierge, elle répond si généreusement à la grâce que, suivant à travers les flots et les périls de la mer Jésus-Christ, qui l'appelait dans ce Nouveau-Monde, elle forme le généreux dessein de lui conquérir la moitié de la société en lui gagnant toutes les personnes de son sexe... Et que l'une des vertus que cette grande servante de Dieu a puisée dans son union à Jésus-Christ, c'est son courage : et quand je dis courage, je dis sa confiance et sa foi. De là la magnanimité avec laquelle elle a envisagé les périls de la mer, ceux de la guerre, entrepris avec une constance invincible les œuvres que vous voyez accomplies par elle avec un si glorieux succès. " »

« Courage », « périls » : en traçant ces mots, la plume de Manon avait tremblé – car c'est le visage de Marie-Reine qu'elle voyait, comme si elle pressentait la tragédie en train de se préparer là-bas, sur les rives de la baie des Français...

Chapitre VII

« Sacre dieu! Nom d'un sacre dieu! »
Les aiguilles en fanons de baleine d'Elisa Arsenault s'arrêtèrent de cliqueter, tandis que ses sourcils se dressaient en un arc offusqué. Comme elle, tous ceux qui se trouvaient sur la grève juste en dessous de Chipoudy se figèrent en entendant le juron ricocher dans le cirque rocheux de la baie. Le verbe blasphématoire provenait de derrière le chartil de Ventre bleu.
« C't'e vagabond! » ronchonna la pieuse dame, persuadée que le vieux fol, encore pris de boisson, avait dû choir. C'est alors que, du promontoire de rochers où elle tricotait, elle aperçut le vieillard en train de sauter sur place avec de grands mouvements désordonnés, comme s'il était pris de la danse de Saint-Guy.
Intriguée, Elisa se leva et se dirigea vers lui, imitée par tous ceux qui se trouvaient sur la grève – Roch, Phémie, Marie-Reine, et Bixente le harponneur qui en profita pour prendre la main d'Emmeline. Même les coupeurs de la *Magdeleine* de Biscaye, occupés à dépecer la baleine franche qui rougissait la mer de son sang et de ses viscères, dévalèrent de leurs échelles et vinrent faire cercle avec les autres autour de Ventre bleu. Seuls les femmes et les enfants micmacs, qui étaient descendus de leur campement d'été pour crocher des huîtres à la pince, se mirent à fuir vers les bois en hurlant « manitousuiekhi, manitousiouekhi! », « le sorcier, le sorcier! ».

Les Canadiennes

Du bout de sa fourche vermoulue, Ventre bleu pigouillait une masse gélatineuse dont les tentacules translucides, boursouflés de pustules, s'étalaient en étoile sur les graviers cendrés. Près du bec cornu prolongé par un corps flasque marbré de rose, un œil énorme semblait maudire la petite foule interloquée. Plus hardi que les autres, un matelot de la *Magdeleine* entreprit de mesurer la bête à l'aide de son harpon. Le calmar en faisait deux fois la longueur.

Ventre bleu avait poussé sa bordée d'injures quand le manche de son outil s'était courbé jusqu'à se rompre sous le poids de ce monstre visqueux emberlificoté dans les algues.

Le vieux ramasseur d'algues était connu de tous les habitants de la côte pour ses débordements de langage et son comportement farfelu. Il n'était pas rare de le surprendre parlant tout seul, apostrophant violemment l'océan ou bénissant le ciel suivant le résultat de sa récolte. Du printemps à l'automne, il ramassait ces monticules d'écheveaux verdâtres que laisse la marée en se retirant, le boudrier, pour le vendre aux fermiers de Petikoudiak et de Chipoudy comme engrais. L'hiver, quand la banquise s'emparait des battures mortes, Ventre bleu raclait sous la glace la boue qui sert pareillement à enrichir à la terre. C'était sa principale source de revenus, avec la petite pêche. Aux eaux montantes, il capturait à la nasse quantité de plies, de gaspareaux, d'aloses et de perches qui s'étaient laissé piéger par les talus de terre dans le Petikoudiak ou la Memramcouk. A l'embouchure de ces cours d'eau, il lançait sa ligne à deux hameçons et remontait, accrochés comme des pampilles, des poulamons – ces petites morues négligées par les pêcheurs hauturiers. Ce n'était pas grand-chose, mais ça lui permettait de ne pas mendier : il troquait sa récolte iodée contre des œufs, une demi-brique de gras cuit ou de pain croustille, et des légumes.

Les familles de Petikoudiak et de Chipoudy s'étaient mises d'accord pour lui laisser le « monopole » du varech. « Il faut toujours avoir un simple dans une paroisse, ils sont bénis par Notre-Seigneur et promis au royaume des Cieux. D'ailleurs cela porte bonheur », disait Elisa Arsenault.

Issue de l'une des premières familles d'Acadie arrivées en 1636, la veuve de Bona Arsenault hébergeait à présent Marie-Reine, depuis que celle-ci exerçait sa mission d'institutrice dans l'un et l'autre bourg distants de cinq lieues. Elisa menait son monde à la baguette, et personne au conseil paroissial n'aurait osé contester ses avis. Mais à sa table, il y avait toujours une écuelle et un pot d'étain pour le passant nécessiteux. Ventre bleu n'était pas le dernier à se retrouver, les soirs de brunante et de frimas, à frictionner ses doigts gourds devant la maçoune qui ronflait d'attisées de bûches d'orme et d'épinette. Il était devenu pour Marie-Reine un personnage familier de son univers acadien – cet univers qui était le sien depuis maintenant cinq ans.

Au couchant, quand le soleil lançait ses dernières flammes sur le glacis mordoré des falaises au tribord de la baie des Français, on pouvait voir Ventre bleu claudiquer sur le sentier escarpé qui menait à la grève. Arc-bouté sur les deux branches tordues qui faisaient office de bras à sa carriole, il freinait dans la pente de tout le poids de sa vieille carcasse voûtée en lançant des « dia, dia, dia ! », comme s'il voulait retenir un cheval imaginaire.

Munies de râteaux de bois, les femmes ramassaient sur l'estran des coques et des couteaux pour la tchaude, la soupe du soir à base de coquillages et de pain rassis émietté et trempé de lait ; autour d'elles, les gamins sautaient entre les rochers dans les flaques tièdes laissées par l'océan pour en faire sortir les petits crabes à la carapace molle, et parfois même un homard recroquevillé dans une fissure.

Dès qu'ils voyaient débouler la guimbarde rafistolée et brinquebalante, formée de deux troncs d'arbres et d'un panier à foin, qui poussait le vieillard plus qu'il ne la tirait, ils se précipitaient en piaillant comme nuée de mouettes. Le vieil homme les regardait courir vers lui en souriant de sa bouche édentée et il fredonnait sa rengaine d'une voix éraillée :

La mer l'est si grande et mon bateau l'est si p'tit,
Seigneur ayez pitié, j'm'en veux revoir ma mie,
dondaine, j'm'en veux revoir ma mie.

Il avait toujours des chansons et des contes plein la tête, de sorte qu'il était de toutes les veillées, car on était sûr qu'il ne serait jamais à court d'une de ses histoires mirobolantes qu'il sortait d'on ne sait où. Il en inventait même. Et c'est celles-là que préféraient les enfants, car le vieux bougre agrémentait à chaque fois ses versions de nouveaux épisodes fantastiques, au gré de son imagination.

Les anciens, ceux qui les premiers s'étaient installés à Petikoudiak et à Chipoudy, savaient bien qu'il n'était pas d'ici. On ne connaissait de lui ni son patronyme ni son âge. On supposait que c'était un Basque, car parfois il employait des termes en cette langue, quand il parlait du temps où, petiot, il accompagnait son père, le guetteur de cachalots, en haut d'un promontoire appelé Pena del Ballenero.

N'en sachant guère plus sur cet étrange bonhomme, on avait donc pris l'habitude de le désigner de son sobriquet. Il lui avait été attribué par l'équipage d'un morutier de Plaisance venu se réfugier au fond de la baie un jour de grande rafale, il y avait bien longtemps de cela. Le navire était déjà au large de Terre-Neuve, quand les matelots avaient découvert un homme cuvant son eau-de-vie, roulé en boule dans les lignes. « L'a plus qu'la ralingue su'l corps c'te ventre bleu ! » avaient-ils dit, avec tout le mépris qu'ils pouvaient mettre dans ce vocable.

Comment des morutiers, habitués à remonter des centaines de poissons de quatre-vingts livres et plus, auraient-ils pu témoigner le moindre respect envers un vieil échalas tout juste bon à attraper des maquereaux et des sardines ? Ils étaient bien décidés à le débarquer à la première occasion. Une bouche à nourrir de plus, et de surcroît un beaujean crasseux incapable à la manœuvre ! Mais ils n'avaient pu remonter au vent jusqu'à Cap-Breton où ils comptaient se débarrasser de leur passager clandestin. Les vents avaient poussé leur balestan bien au sud du Grand Banc. A l'aplomb de Chibouctou, la bourrasque s'était levée. Ils n'avaient plus songé alors qu'à sauver leur peau et à quitter au plus vite ces sinistres parages : d'un côté les brisants acérés comme des sabres sur lesquels vous drossaient les courants, de l'autre la brume, de l'épaisseur d'un édredon, où l'on risquait de donner contre un corsaire. La flibuste anglaise infestait le coin et mieux valait ne pas s'y frotter. Ces bandits s'attaquaient aussi bien aux navires marchands français qui remontaient des Antilles les cales pleines de rhum, de tabac blond, de sucre de canne et d'épices, qu'aux morutiers de Terre-Neuve.

Outre la piraterie à laquelle ils s'adonnaient avec l'approbation tacite du roi d'Angleterre, les flibustiers faisaient en effet office de chiens de garde sur les zones de pêche, enjeu commercial entre Saint-James et Versailles. Chacun défendait ses droits. Car à l'instar du castor sur les rives du Saint-Laurent et dans les forêts du Pays d'En Haut, la morue était un enjeu commercial d'importance. Chaque année, à partir de mars, des milliers de navires croisaient à proximité des hauts fonds au sud et au sud-est de Terre-Neuve. La France en expédiait près de deux cent cinquante, et pour ne pas laisser le champ libre à ses compétiteurs durant les intersaisons, elle avait installé en 1682 à Chedabouctou la Compagnie française de pêche sédentaire.

Sage précaution : quelque huit cents bâtiments battant pavillon de Saint-George écumaient en effet les flots depuis la presqu'île d'Avalon, le fief qu'avaient construit les Anglais à Terre-Neuve, jusqu'à Pentagouët, aux limites de la Nouvelle-Angleterre. Les Bostoniens n'étaient pas les derniers à participer à cette pêche à outrance dans les eaux françaises, malgré les droits de cinq livres par barque que le gouverneur d'Acadie avait imposés, et les saisies prétendument dissuasives de plusieurs de leurs navires. Rien n'y faisait : l'usurpation se développait de plus belle, l'appât du gain était trop tentant.

Car le Grand Banc qui suit le courant chaud remontant vers le nord est une véritable mine d'or. Samuel de Champlain, l'ancêtre de tous les colons de Nouvelle-France, en avait évalué la richesse dès son premier séjour, en 1604. Dans un mémoire adressé au roi, il estimait à un million de pièces le nombre de poissons que l'on pouvait pêcher par année dans ces eaux. Il n'était pas rare qu'un bon marin remonte jusqu'à trois cents morues par jour – il en tenait le décompte en accrochant la langue de chaque prise à un fer suspendu à sa taille.

Les saisies les plus médiocres étaient expédiées vers les Antilles pour nourrir les esclaves importés d'Afrique qui s'escrimaient dans les champs de canne. La meilleure qualité, la verte, était conservée au sel pour être vendue à primeur sur les tables françaises. Accommodée de diverses sauces, elle devenait le mets principal des quelque cent soixante jours – cent soixante-six, même, dans certains diocèses – où tout bon catholique se doit de faire abstinence. Car outre les quarante jours du carême, il y avait les Quatre-Temps, les Rogations, la Saint-Marc et bien d'autres fêtes votives que l'on se devait d'observer sous peine de condamnation.

A Plaisance, dans une anse profonde à l'extrémité est de l'île de Terre-Neuve, principal port d'attache de ces morutiers, le pouvoir royal avait fait édifier un fort et une redoute qui dominaient le village saisonnier de toute la puissance de leurs canons. A vrai dire, il s'agissait autant de prévenir les incursions anglaises que de surveiller les pêcheurs bretons et basques qui en venaient facilement aux mains et à la lame pour grappiller sur le territoire du voisin. En effet, le choix de l'emplacement où on ferait sécher et saler la morue était gage de la qualité de sa conservation, et donc des bénéfices que l'on en tirerait. Chaque équipage se livrait à une course pour obtenir la meilleure orientation. Arrivés à une dizaine de lieues de Plaisance, les matelots profitaient de la nuit pour mettre une doris à la mer; à force d'avirons, ils tentaient d'arriver les premiers afin d'acquérir le droit d'amiral pour leur capitaine.

Sitôt qu'ils avaient pris possession de leur emplacement, le capitaine donnait l'ordre de construire une cabane recouverte d'une des voiles du navire et tapissée de branches de sapin; elle tiendrait lieu de logis aux marins et d'abri aux barils de sel. Puis l'on dressait les vigneaux, des échafauds de treillis de perches recouverts de branchages posés sur des piquets de bois à un pied et demi du sol. Ils servaient à assurer la ventilation des morues que l'on étalerait dessus, bien à plat, après que l'habilleur, le piqueur et le décolleur auraient enlevé les peaux et tranché les têtes d'un coup habile de leur barbette. Chaque équipage bornait sa parcelle, et gare à qui viendrait empiéter sur les graves déjà occupées! De jour comme de nuit, les hommes se colletaient dans des batteries qui en laissaient plus d'un estropié.

L'équipage du balestan qui avait amené Ventre bleu était de cet acabit. Et à en juger par les balafres violacées qui se confondaient avec ses rides, le vieil homme avait dû, lui aussi, prendre part à ces rixes en son temps.

Lorsque la bourrasque avait enfin cessé, le morutier avait dérapé, en laissant le vieux fol à terre. Au fil des jours et des semaines, il s'était révélé un peu rabouteux et pas mal astucieux de ses mains. C'est lui qui avait sculpté pour Elisa le petit destrier censé empêcher les lutins de venir voler les chevaux. Les antérieurs dressés, l'étalon de bois donnait véritablement l'illusion de galoper sur le toit de chaume de l'écurie à la poursuite des petites créatures invisibles. Mais Ventre bleu avait aussi ses travers, et il devenait facilement affabulateur sous l'emprise du vin de pissenlit dont il faisait grande consommation. On disait alors qu'il était tourmenté par les feux follets.

Ces divagations n'étaient pas du goût des adultes. Les enfants, eux, se moquaient bien qu'il transgresse allégrement la véracité des faits, pourvu qu'il les fasse voyager dans ses rêves peuplés de monstres marins et de vagues hautes comme les murs d'une forteresse. Quand venait le temps des marées d'équinoxe – qui, dans la baie des Français, atteignent jusqu'à soixante pieds –, les gamins revenant de la corvée d'eau à la rivière déposaient leurs brimbales sur le seuillon de la maison d'Elisa, au pied du banc à seaux. Ils étaient sûrs d'y trouver Ventre bleu. Alors, ils le tannaient jusqu'à ce qu'il cède :

« Raconte, Ventre bleu, raconte quand t'as échoué sur l'île de Sable... »

Le regard perdu vers l'est, fixant un point au loin bien au-delà des collines de Grand-Prée et de Pigiguit, Ventre bleu levait ses bras noueux de rhumatismes et faisait mine de s'envoler. D'une voix qui imitait les hululements du vent dans les haubans, il entamait son épopée :

« C'était une nuit de grande bourrasque. D'mémoire de morutier, on en avait jamais point vu d'pareille, et sûr qu'on en a point r'vu d'puis. Des creux d'cinquante pieds et plus. La mer, ct'e vieille carne, fumait d'colère. Elle lâchait ses déferlantes qu'on aurait dit les cavaliers d'l'Apocalypse. Nôt' pôv' navire, l'*Saint-Crespin*, l'était ballotté comme sac de noix et nous avec. Les voiles c'était plus qu'd'la charpie et tous les barils d'sel z'étaient roulés par-d'ssus l'bord.

« Nôt'capitaine, Bastarache dit l'Basque qu'on l'appelait, m'a crié d'monter abattre l'mât de hune avec ma hache pour avoir moins d'prise au vent. C'est là qu'une maudite rafale m'a j'té à l'océan. J'tais pas ben lourd en c'temps-là, vu qu'j'étais l'plus jeunôt d'l'équipage. Faut croire qu'l'bon Dieu a eu pitié, et qu'c'était pas mon heure. Le diable essayait ben d'me tirer au fond par les pieds, mais j'm' suis cramponné à un baril qui flottait. »

Les Canadiennes

Les gamins s'agitaient un peu à ce moment-là, parce qu'ils connaissaient par cœur ce préambule, et que c'était la suite qui les faisait rêver. Il y en avait toujours un pour tendre la perche à Ventre bleu :
« Et alors, dans l'p'tit matin...
– Ah, c'était à croire ! enchaînait immanquablement le vieil homme, les yeux dans le vague comme s'il revoyait la scène. L'était là, allongée comme qui dirait une sirène endormie, avec des cheveux d'ange qui tourbillonnaient autour d'elle, vu qu'c'était l'vent qui soul'vait l'sable. On en avait ben entendu des racontars su' c'tîle, qu'c'était l'mouroir de l'Atlantique, qu'y avait plus d'navires qui s'y étaient perdus corps et biens que d'poissons dans l'Grand Banc, qu'elle apparaissait aux marins les nuits d' lune noire et qu'alors y z'avaient plus qu'à faire leur prière et à recommander leur âme à Dieu, parce que c'était signe de naufrage et quand y croyaient qui z'allaient pouvoir l'atteindre, elle plongeait dans la profondeur, comme une baleine.

« Et voilà qu'j'y étais, accroché à mon baril, affalé su'l bord, la tête dans l'sable. J'ai dormi tout mon saoûl. C'est un bruit d'sabot et de drôles de meuglements qui m'ont réveillé. Un tintamarre d'enfer. J'ai cru qu'c'étaient des revenants, qu'c'étaient les âmes d'tous ces mécréants d'matelots qu'avaient péri qui sortaient d'leur trou. J'faisais point l'faraud quand j'ai l'vé la tête et pis, j'les ai vus. Des chevaux et encore des chevaux qui martelaient la crête, avec leur longue crinière dans l'vent et autour de moi des loups marins, tant d' loups marins que j'pouvais point les j'ter. J'me disais, ben si l'capitaine y voyait ça, toute c't' huile d'éclairage qu'ça ferait et des tabliers de chausses !

« J'ai pris mes jambes à mon cou et j'ai fait l'tour de l'île – oh, elle était pas ben grande –, pour voir si y avait pas quelqu'un. Personne, pas âme qui vive, pas un arbre, juste des montagnes et des ravins de sable qui changeaient tout l'temps d'place avec ct'e satané suète qu'arrêtait pas d'souffler, et des bois d'navires, tout plein d'épaves. Et pis au milieu un lac. C'était point

Les Canadiennes

d'l'eau trop claire, mais c'était d'l'eau. Su'l' bord poussaient des fleurs de pois, des iris et des fougères pas plus hautes que des farfadets. J'savais qu'ça pouvait s'manger, parce qu'j'en avais vu à Terre-Neuve. Et aussi des toutes pt'ites fraises qu'étaient ben goûteuses. Sûr que j'ai remercié l'Seigneur, parce qu'c'est point les hirondelles bleues qui nichaient dans l'sable qu'auraient fait mon souper.

« J'm'avais fait une cabane avec des bois flottés et j'construisais une façon d'chaloupe avec des planches et des bouts d'cordage qu'j'avais trouvés sur la plage, avec l'idée d'me sauver d'c'te maudite. Mon rafiot était presque achevé, quand une nuit de grande noirceur, j'ai senti la terre qui tremblait. V'là qu'elle se réveille et qu'elle va m'emmener avec elle par le fond, que j'me suis dit. J'suis sorti d'ma cabane et j'ai cru qu'j'avais la berlue. Des vagues gigantesques qui touchaient l'ciel comme des tours de cathédrale et qui roulaient leur écume argentée qu'on y voyait comme en plein jour. L'lendemain, la mer était plate comme une limande. J'ai pas d'mandé mon reste, et j'ai souqué comme si j'avais l'diable aux trousses. Quand j'me suis r'tourné, l'île elle était plus là. C'est un galion d'baleiner qui m'a repêché. Les marins quand j'leur ai raconté mon histoire, y sont tous signés, y croyaient qu'j'étais un fantôme !

– Et l'île, elle existe en vrai ? demandait toujours un des marmots quand Ventre bleu s'arrêtait de parler.

– Pt'êt ben qu'oui, pt'êt ben qu'non », répondait-il, gardant intact le mystère de son aventure.

« Encore cette légende à dormir debout ! J'vais t'en faire, vieux fol, tu vas nous porter la guigne » le morigénait Elisa quand elle le surprenait à se vanter de ses exploits. Car l'île de Sable existait bien, seize mille arpents désertiques à une bonne centaine de milles des côtes de Nouvelle-Ecosse. C'était même la première terre d'Amérique, si l'on peut dire, où la France avait tenté d'établir un poste permanent. Cela remontait à près d'un siècle, sous le règne d'Henri IV. Le 12 janvier 1598, le Vert-Galant avait nommé Troïlus de La Roche de Mesgouez lieutenant général dans les pays de Canada, Hochelaga, Terre-Neuve, Labrador, rivière de la Grande-Baie de Norembègue et terres adjacentes desdites provinces et rivières. Il lui concédait aussi le droit de lever dans le royaume le nombre de gens qui lui était nécessaire pour le voyage, tant de l'un que de l'autre sexe.

Ainsi muni de ses lettres patentes, l'aventurier parvint à enrôler une quarantaine de colons – des gueux, des beaujeans pauvres comme Job – qu'il déposa à l'été sur l'îlot inhospitalier, ainsi qu'une poignée de soldats commandés par Querbonyer et quelques petits chevaux propres à résister au rude climat et au sol ingrat. A charge pour lui de faire ravitailler la colonie une fois l'an. Or, au cœur de l'été 1602, aucune voile ne se pointe à l'horizon, le navire tant attendu n'arrive pas. Pour une bonne raison : il n'est jamais parti. Troïlus de La Roche de Mesgouez a failli à son engagement.

Les jours, les mois passent. Les redoutables rafales d'automne mugissent, couvrant de neige et de glace les lichens et les fougères, enlevant aux habitants de l'île tout espoir de secours. Serait-il Dieu possible que leur seigneur les ait oubliés et condamnés à mourir de faim au beau milieu de l'océan? La révolte gronde, enfle; les colons se retournent contre les soldats et leur commandant qu'ils assassinent. Lorsque enfin, l'année suivante, Thomas Chefdostel, l'intendant de La Roche, rappelé à l'ordre par le roi, jette l'ancre devant l'île, il n'y trouve que onze survivants, hâves, méconnaissables, vêtus de peaux de loups marins, et qui n'ont plus d'humain que le nom...

De ce jour, plus personne n'avait osé aborder de son plein gré ces lieux hantés par tant de morts violentes. Retournés à l'état sauvage, les chevaux que l'on n'avait pu réembarquer étaient les uniques vestiges de ce terrible échec.

Mais sur la côte acadienne, la seule évocation de l'île de Sable suffisait à fermer les visages des anciens. La première fois que Marie-Reine avait entendu Ventre bleu raconter son histoire, elle avait eu bien du mal à calmer ses élèves partagés entre le délicieux frisson de la peur et l'excitation. Aussi, tout comme Elisa, préférait-elle de beaucoup que Ventre bleu leur conte les déboires du P'tit Jacob ou les rodomontades du Michelin qui se vantait d'avoir dompté un ours, ou encore la légende de la bête à sept têtes.

Debout face à la dépouille du calmar géant, aujourd'hui, Ventre bleu n'a le cœur ni à sourire ni à chanter : dans ses yeux d'un gris si délavé qu'ils en paraissent blancs défilent des orages, alors que le ciel est limpide.

« C'est l'messager d'Satan, ça ! C'est l'malheur qui s'en vient ! tonne-t-il en faisant le geste de jeter du sel par-dessus son épaule gauche pour conjurer un sort. D'ailleurs, c'est pas le seul présage, parce que, r'gardez donc, les eaux vertes du Petikoudiak qui sont devenues jaunes comme si elles charriaient les entrailles du démon. Et ces boules de feu, là-haut, qu'on dirait des sorcières sur leur balai qu'annoncent la fin du monde ! »

La tralée des gamins ne prête guère attention à ces prédictions. A bonne distance, ils se chacottent à qui osera toucher la bête. Toujours à l'affût d'un tour pendable, les bessons d'Anselme Chiasson mettent Roch au défi. Mi-fanfaron mi-effrayé, le garçonnet s'approche et donne un coup de la pointe de son sabot contre l'un des tentacules qui, sous l'effet du ressac, semble reprendre vie. L'enfant recule avec un cri d'effroi :

« La bête, elle est point morte ! »

Ventre bleu s'est arrêté de proférer ses formules magiques. Un silence craintif s'installe, que viennent seulement rompre le friselis régulier des vaguelettes sur les cailloux et les goualantes des cormorans. Sous la luminescence rasante des derniers rayons, le calmar géant ressemble à un spectre.

« Qu'est-c'est y donc encore que ces sornettes, espèce de gadousier, veux-tu donc donner des cauchemars à

tous les miochons du canton avec tes élucubrations!
C'est encore l'eau-de-vie qui t'a monté au cerveau!»
Elisa Arsenault, furibonde, huche rudement le soiffard.
« Ah, ça! comme si le ciel allait nous tomber sur la tête
le jour où la Radegonde s'est mise en cuisine... » Après
ces paroles sibyllines, elle laisse passer un silence, juste
assez long pour piquer la curiosité de l'assistance. Puis
elle ajoute, cordiale : « Vous êtes tous invités au fricot!
Toi aussi, Ventre bleu, à la condition que tu nous serves
aut'chose que tes calembredaines du diable! C'est
l'heure de s'ranger! »

A ces mots, les sourires reviennent et les regards
luisent de gourmandise. Les sombres augures de
Ventre bleu sont vite oubliés. Les matelots de la *Magdeleine* de Biscaye ne perdent pas de temps pour découper le calmar en tronçons qui serviront d'appât pour les morues. Les femmes chargées de paniers de coques, les gamins se tortillant sous les pinçons des crabes dont ils ont rempli leurs poches, tous s'en retournent d'humeur joyeuse vers Chipoudy et Petikoudiak.

Chacun se demande, en salivant à l'avance, ce que la cuisinière de dame Elisa a mis dans son fameux fricot, qui n'a pas son pareil à dix lieues à la ronde.

« Pt'êt ben du lièvre des bois ou d'la perdrix, dit l'une.

– Moi, j'aime mieux qu'y soit au p'tit noir, lance un des garçons.

– Non, au cacaouït, au cacaouït, c'est ben meilleur! » réplique son voisin en agitant frénétiquement la main pour se débarrasser du crabe qui lui enserre le pouce.

La viande ou le gibier qui composera le festin du souper est la seule inconnue. Car pour le reste, on se doute déjà du menu : la soupe « varte » aux jeunes feuilles de chou assaisonnée d'oignons et d'herbes salées, des foies de morue fumés et des laitances de hareng étalés sur de gros taillons de sourges tout juste sorties du four, de la bière d'épinette, du vin de cenelles et de la limonade à la graine de lin. Après le fricot, sûr que Radegonde aura préparé un petit-manger ou des tartasseries aux prunes.

Et puis après le souper, l'Anselme prendra sa bombarde et l'Clovis dit Caudebec son flûtiau, on poussera les tables chevalet, les chaises et les bancs de sapin, on dansera et on chantera, en trillant la turlute, les ritournelles qui font tourner la tête des demoiselles :

> *Quand j'étais chez mon père, ô gai!*
> *trag fal ha de la diou diam,*
> *quand j'étais chez mon père, ô gai!*
> *trag fal ha de la diou diam,*
> *petit garçon garçounet,*
> *trag fal ha fa de la diou diam,*
> *petit garçon garçounet,*
> *trag fal ha de la diou dié*
> *je n'avais rien à faire ô gai!*
> *je n'avais rien à faire*
> *qu'une femme à chercher.*

Et l'idée de cette réjouissance les fait déjà sautiller sur le sentier de glaise à la lisière des terres hautes et des basses terres. Marie-Reine et Elisa marchent côte à côte, regardant toutes deux devant elles Bixente et Emmeline, toujours main dans la main, dont les yeux échangent des serments sans parole.

« C'est qu'tantôt il va faire sa grande demande, ça vaut bien un fricot, confie Elisa avec un petit sourire espiègle. L'est ben temps avant qu'la *Magdeleine* reprenne la mer. Ça fait ben trois saisons de pêche qu'il la fréquente. »

Comme pour approuver Elisa, Bixente Aprendesteguy s'est retourné avec un grand sourire qui éclaire son visage bistré. C'est un solide gaillard de vingt-cinq ans, au cheveu et aux yeux d'un noir luisant. Bien charpenté, les muscles saillant sous la harde de toile grosse, il a la robustesse et l'agilité nécessaires au harponneur qu'il est devenu.

Il y a trois ans, en juin 1697, Bixente a retrouvé Emmeline au hasard d'une promenade sur l'estran où elle faisait provision de passepierre et de tétines de

Les Canadiennes

souris. Il l'avait déjà rencontrée trois années auparavant, quand la *Magdeleine* était venue mouiller pour la première fois dans la baie des Français, et il n'avait pas oublié ce visage avenant auréolé de boucles couleur d'automne, cette taille souple et cet air tout de douceur et de modestie avec lequel elle l'avait regardé – si différent de l'impudeur arrogante des ribaudes rencontrées dans les bouges. Très vite, par une belle soirée, alors qu'ils étaient assis au pied d'un saule pleureur et que s'exhalait le parfum des roses sauvages, il lui a fait promesse de la marier, dès qu'il aurait amassé de quoi se monter en ménage.

Depuis l'âge de quinze ans, Bixente sert sur le baleinier de deux cents tonneaux qui, chaque début d'été, s'enquille dans la baie. Car les baleines franches viennent ici nourrir leurs veaux de plancton, avant de reprendre à l'automne leur voyage vers d'autres océans. En août, elles pullulent, crevant de leurs souffles les eaux noires, avant de sonder en dressant leurs queues à la verticale dans un ballet d'éclaboussures, tels d'immenses éventails.

Dès que le guetteur en a repéré une, les matelots de la *Magdeleine* sautent dans leurs galions et avironnent vers le halo d'écume où a disparu la bête, en hurlant « Baliak, baliak! ». Puis ils attendent patiemment qu'elle refasse surface, car c'est le moment où elle est le plus vulnérable. Alors, les galions l'enserrent pour la forcer vers le rivage. Tandis qu'à la poupe des chaloupes, le barreur à la gouverne s'efforce de maintenir l'esquif à la perpendiculaire de l'animal, les harponneurs, en équilibre sur le plat-bord de la proue, lancent leur javelot meurtrier de toutes leurs forces pour que la pointe triangulaire traverse le cuir et la graisse et atteigne la chair à la tête et au collet. Quand le cran est fiché, le rouleau de cordeau auquel il est attaché se dévide à toute allure, et malheur à celui qui entraverait son déroulement, car il aurait main ou pied arraché. Les avironneurs rament à tour de bras en arrière pour empêcher la pinasse d'être emportée dans les remous de la baleine qui se débat furieusement et tente de sonder pour échapper à ses assaillants. Combien de marins ont ainsi suivi leur proie dans le cimetière des profondeurs, ou ont été éjectés de leur chaloupe soulevée comme un fétu par un revers de queue ou de nageoire caudale !

Mais lorsqu'ils voient l'animal resurgir, avec une plaie à la fistule de l'évent, quand ils voient le sang s'échapper à gros bouillons et que l'animal se met à flotter, ils savent qu'ils n'ont plus qu'à l'achever à la baïonnette. Le danger est passé. Car la baleine franche est le seul de ces cétacés dont le corps remonte ainsi de lui-même lorsqu'elle est blessée à mort. Ils se congratulent, félicitent bruyamment les harponneurs – chacun des dards, long de six pieds, porte la marque de son propriétaire gravée dans le fer, ce qui permettra de distribuer les parts en fonction du nombre de lances qui sont restées fichées dans la bête.

Puis ils halent la baleine comme une énorme baudruche jusqu'à la grève. Parfois, on peut entendre la plainte déchirante du veau dont la mère vient d'être ainsi sacrifiée, mais ces petits cris, semblables aux sanglots d'un enfant, sont bientôt couverts par le ronflement des fours de pierres plates destinés à faire fondre le lard découpé en petits morceaux dans de grandes chaudières.

Une baleine franche peut donner jusqu'à cinquante barriques de cette huile que l'on versera parcimonieusement dans les becquillons pour s'éclairer. Elle servira aussi aux courayeurs pour adouber les cuirs, aux drapiers pour assouplir les laines, aux foulons pour fabriquer des savons, aux maçons pour faire de la céruse. Ce n'est pas le seul trésor qu'offre le grand cétacé. Les fanons grattés et séchés au soleil viendront corseter les poitrines des duchesses et des marquises et maintenir la raideur de leurs robes à paniers ; les os blanchis seront utilisés comme bois de charpente ou pour dresser des palissades. Mais le plus précieux de ses morceaux, et le plus prisé, est la langue, qui peut peser jusqu'à dix quintaux. Salée ou fumée, servie avec des pois, elle devient un mets de choix réservé aux nobles durant la période de carême, car l'Eglise jugeant que la baleine est un poisson, en autorise la consommation en période de jeûne. A estimer la taille imposante de celle que les matelots de la *Magdeleine* ont extraite de la gueule de l'animal et dont une part reviendra à Bixente, les futurs fiancés peuvent déjà compter sur un joli pécule.

Marie-Reine observe le jeune couple avec un sourire attendri. Elle se demande toutefois comment Elisa, qui de toute évidence a joué les intermédiaires, a bien pu convaincre le père Bonaventure de donner sa fille à un Basque. Lui qui, déjà, regimbait à la voir sortir de la ferme pour autre chose que les travaux des champs ou la corvée d'eau! C'est qu'Emmeline est la cadette, et elle vient tout juste de passer ses dix-huit ans. Elle est encore trop jeune pour se marier, au regard d'un père acadien qui ne tient pas à se défaire si tôt de l'aide et des bras de l'un de ses enfants. Car même si, selon le droit canon, l'âge de nuptialité pour les filles est de douze ans, il est bien rare, en Acadie, que l'on convole avant d'avoir atteint vingt ans révolus.

Elisa ne se méprend par sur l'air interrogateur de l'institutrice :

« Hé oui, dit-elle avec jubilation, c't' astiné d'Herménégilde a ben fini par s'laisser faire quand je lui ai dit que sur ma foi, Bixente était point un courailleux et qu'il avait promis, à la fin de la prochaine campagne de pêche, de s'ancrer à Chedabouctou et de travailler pour la compagnie sédentaire. Fille mariée, fille sauvée, j'lui ai rappelé en lui glissant aussi que le jeunot avait mis d'côté un joli p'tit magot. L'est point sourd, l'Herménégilde, quand il entend parler de sous. »

En entrant dans la cuisine attenante à la grande chambre, Marie-Reine se dit que Radegonde doit être aussi dans la confidence, car elle n'a jamais mis autant d'énergie à fourgailler le fricot de sa micouenne de bois, et elle chante à tue-tête :

J'étions fille du vent et d'Acadie
J'avions vécu par-devant la mer
J'étions fille du vent et d'Acadie
J'avions coupé les blés de la terre.

A voir le dressoir et tout le gréement de la maison qui brille et fleure bon la cire, jusqu'au plat de bois franc dans lequel on pourrait presque se mirer, Radegonde n'a pas seulement mis ses talents de ménagère au service de la préparation du festin de fiançailles ; elle a aussi nettoyé la maison en frottant tout ce qui lui tombait sous la main à grand renfort de chiffons de chien de mer, et rempli tous les becs de corbeaux d'huile de loup marin pour illuminer la fête. « Regarde point à la coutange ! » lui avait recommandé Elisa. Satisfaite, la maîtresse de maison inspecte les lieux, redresse le croc à morue posé sur le linteau de la porte qui doit attirer la chance sur le logis – c'est le soir ou jamais – avant de se planter sous le tambour de sa maison, pour accueillir ses hôtes. Sur le châssis, l'ombre des encoches qui indiquent la marche du soleil marque six heures.

Bixente et Emmeline arrivent les premiers, bras dessus bras dessous. Le jeune homme a fait toilette qui porte un pantalon bleu, une chemise blanche à manches bouffantes et un foulard rouge noué autour du cou. Sa future a revêtu une jolie matinée de fine droguette sur une jupe d'étoffe indienne picotée et une capeline de toile qui retient ses nattes cuivrées. Dans l'échancrure de son corsage, elle a accroché un coquillage du Saint-Esprit, que Bixente a ramassé pour elle.

Renfrogné comme à son ordinaire, Herménégilde Bonaventure suit, avec dans son ombre sa mégère, Julienne, une « malécœureuse » comme dit Elisa – Marie-Reine a pu s'en rendre compte le jour où elle est allée plaider la cause d'Emmeline et de Phémie à la ferme Bonaventure.

Ni le père de la promise ni sa marâtre ne se sont mis en frais. Elisa ne peut s'empêcher d'en faire la remarque en le voyant appareillé comme un miséreux,

Les Canadiennes

avec sa chemise de toile écrue qui pendouille par-dessus sa culotte à clapet glissée dans les canisteaux en peau d'orignal de sa confection. Sans se laisser démonter, Herménégilde réplique que c'est déjà ben beau qu'il ait interrompu son ouvrage, qu'après avoir mis à brûler des coquillages pour en faire de la chaux à crépi, il était pour s'en aller abouetter ses lignes à morue comme chaque soir. En grognassant, il ajoute que « c't'idée d'faire le fricot au débotté, ça l'fait chouenner, vu qu'ça lui magane une nuit de pêche, et qu'après le lever du jour c'est point la peine d'espérer qu'le poisson soit mordeux. Si c'était pas l'fumet qui sort de la cuisine qui l'avait alléché...

« Ah! Ah! C's'rait ben d'l'oie dans tes marmites, pas vrai la Radegonde? Et c'est-y pas un cuisseau d'chevreu qu'est embroché dans ta maçoune? Hé ben, c'est pourtant point la Noël! » dit-il en se pourléchant les babines. La tête à moitié enfouie dans une marmite où réduit un saupiquet, il hume avec délectation les arômes du vin rouge mariné d'oignons, de vinaigre, de pain rôti, de cannelle et de gingembre.

Soudain, l'idée de se bourrer la face grâce aux libéralités d'Elisa le rend tout guilleret. Flattant au passage la croupe de la replète cuisinière, qui l'assassine d'un regard furibond, il la déleste de l'un des pichets de cidre qu'elle s'apprêtait à poser sur la table chevalet : « Pomme un peu mûre doit être cueillie, susurre-t-il, moqueur.

– Ben crère, toujours à lutiner! Maudit courailleux, j'm'en vas t'écrapoutir d'un bon coup d'ma mailloche! » le rabroue la Radegonde. Les convives impatients se pressent dans le grand bord.

« Alors, qu'est-ce que ça goûte? » demandent-ils pour savoir lequel d'entre eux a su deviner la recette choisie ce soir par Radegonde.

Tous les voisins de Petikoudiak, de Chipoudy et même ceux de Memramcouk et de Beaubassin sont là, car en ce pays le monde aime aller veiller. Faute de chemins carrossables, ceux de l'autre côté de la baie sont venus en canot, ce qui est le moyen de locomotion habituel pour se rendre dans les domaines et jusqu'à l'église. Pour célébrer l'heureux événement, les compagnons de la *Magdeleine* ont apporté un tonnelet de vin de Bordeaux, un minot de « lard de carême » – la viande de baleine qui sera longuement bouillie pour la rendre moins coriace avant d'être frite avec du sucre et des épices – et un petit baril de la langue tout juste boucanée du cétacé qu'ils ont fini de dépouiller jusqu'à l'os. C'est là un présent de roi que Bixente et Emmeline apprécient à sa juste valeur. Gavés de beignes et de croquets, les joues barbouillées de petit-manger, les gamins se sont regroupés dans le bord à dormir où ils jouent à cache-mouchoir et à la pomme mordue.

Elisa a attendu qu'Herménégilde soit suffisamment repu pour pousser Bixente à faire sa grande demande.

« Y a point d'badrage à ce qu'j'te baille ma nichouette », concède le père d'Emmeline.

Tous s'apprêtent à applaudir, quand Herménégilde, soudain dégrisé, ajoute :

« Tu la prends comme elle est, j'ui octroie point d'donaire. »

Un murmure scandalisé parcourt l'assistance, car chacun sait à quoi s'en tenir sur le patrimoine de ce nanti qui joue les avaricieux – plus de deux cents livres en bovins et suidés, sans parler des arpents de terre en valeur. La seule générosité qu'on lui ait jamais connue était intéressée : lorsqu'il a concédé gratuitement un bout de terrain pour construire la chapelle de Chipoudy, il savait qu'en retour, lui et sa famille auraient leur banc et le privilège d'une messe basse à perpétuité tous les ans dans la première semaine de carême. Ah ça, il le faisait bien valoir! Mais quant à doter sa fille du premier lit... Quand bien même aurait-il eu des velléités de le faire, Julienne y aurait mis le holà. Car en application de la coutume de Paris dans le régime matrimonial, lors de ses épousailles avec Herménégilde, elle a été douée de donaire coutumier. Elle dispose donc en usufruit de la moitié des biens meubles et immeubles, qu'elle n'entend pas voir entamer par une quelconque donation au profit de sa belle-fille. Cette « sargaillonne » qui s'est entichée d'un étranger !

« Ça m'va » répond Bixente en passant son bras autour des épaules d'Emmeline. Il fait claquer un bec sur la joue de sa fiancée rosie par l'émotion. Bien que choquée par la pingrerie d'Herménégilde dont elle aurait pourtant dû se douter, Elisa Arsenault pousse un soupir de soulagement. Elle a bien cru, un instant, que le maraud allait se dédire de la promesse qu'il lui avait faite... D'un geste ample, elle intime à l'Anselme et au Clovis d'envoyer fort sur la musique. Ils ne se font pas prier, donnant aussitôt une chanson à boire :

> *L'vin n'est pas pour ces dames*
> *Il est pour son mari*
> *Ça les rendrait trop folles*
> *Devers leurs maris*
> *On vous servira Madame*
> *Avec de l'eau de puits*
> *Ça les rendra tout'faciles*
> *Envers leurs maris.*

Les hommes font chorus en claquant des mains sur leurs cuisses, tandis que leurs épouses feignent de se récrier. Mais tout le monde s'esclaffe. Même les enfants qui, en entendant la musique, ont quitté leurs jeux, reprennent en rythme le refrain suivant :

> *Henri Quatr', sur le Pont Neuf,*
> *Attrap'le diable par la queue,*
> *Il le tourne et il le vire,*
> *Il le fait crever de rire,*
> *Il le met dans un p'tit coin,*
> *Il le fait crever de faim...*

Plié de rire, chacun essaie de reprendre son souffle, et c'est le moment que choisit Elisa pour exiger des ballades et des pastourelles, *La Belle Germine*, *Mon doux berger*, *La Blanche Biche*, plus adaptées aux regards enamourés que se lancent les fiancés. Dehors, le brouillard humide et froid s'est épaissi et monte à l'assaut des reliefs de la baie.

Avant de partir, car demain déjà il faudra lever l'ancre, les hommes d'équipage de la *Magdeleine* entonnent quelques couplets de marins en guise de sérénade :

> *Le dix d'avril, j'avons parti*
> *Le dix d'avril j'avons parti,*
> *Pavillon haut grande réjouissance*
> *C'était pour naviguer en France*
> *Quand on a fut sur ses grands bancs*
> *a-t-aperçu un corsaire de guerre*
> *qui nous poursuivait par derrière*
> *trois coups d'canon ils ont tiré*
> *trois coups d'canon ils ont tiré*
> *les boulets ont touché l'arrière*
> *le sang coulait comme rivière...*

Ils s'apprêtent à poursuivre, quand le capitaine lève la main pour les faire taire. « 'Coutez ! 'coutez c'est l'canon ! ». Au même moment, Ventre bleu qui, après avoir fait grandement honneur au souper et au vin de gadelles noires, était allé prendre le frais, rentre en lançant d'une voix sépulcrale :

« V'là l'diable ! V'là l'diable qui tonne, j'vous l'avais ben dit ! C'est la bête qui s'venge.

– P'têt ben qu'c'est qu'l'bruit d'une fête à Port-Royal qui porte jusqu'icitte ? » avance Elisa Arsenault d'une voix tremblante.

La cité, redevenue capitale de l'Acadie, doit en effet célébrer la nomination de Sébastien de Villieu au poste d'administrateur de la colonie – Villieu, ce capitaine de la Marine qui a glorieusement empêché le débarquement de Phips au cap Tourmentain lors de l'invasion anglaise de 1690. Peut-être n'est-ce que l'écho de ces réjouissances ?

Les Canadiennes

Mais les détonations sourdes qui viennent du Sud-Est n'ont rien des claquements secs et trépidants d'un feu d'artifice. Elles ne peuvent tromper des oreilles qui, pour leur malheur, ne sont que trop familiarisées avec le son des batteries anglaises depuis 1654.

Une bataille entre un flibustier et un navire marchand? Ou bien est-ce la guerre? Encore la guerre? Personne, parmi les invités, n'ose prononcer le mot... Les Acadiens ont décidément le sentiment que le sort s'acharne sur eux. Ils vont de nouveau faire les frais de ce cruel jeu de paume qui a toujours opposé la France et l'Angleterre pour la possession de leur pays. Un pays trop bien placé, en vigile sur l'océan, à la croisée des routes commerçantes et des courants poissonneux; un pays trop fertile, trop beau enfin, puisque c'est en s'entendant décrire par Giovanni Verrazzano ses vallons et ses forêts que François Ier l'aurait ainsi dénommé, en référence à l'Arcadie, terre des dieux de la Grèce antique...

Aussi loin que remontent les mémoires, l'Acadie a toujours été l'enjeu d'une rivalité armée, bien avant même qu'aucune des familles présentes ne s'y soit installée. En 1613 d'abord, Samuel Argall, le responsable des routes de navigation sur l'Atlantique, qui avait initié une liaison directe entre la Virginie et l'Angleterre, reçut de Saint-James l'ordre de raser toute habitation française jusqu'au cap Breton. Avec soixante soldats et quatorze canons à bord de son croiseur de cent trente tonneaux, il mena à bien sa mission destructrice.

Puis en 1621, sir William Alexander obtint de Jacques Ier, roi d'Angleterre, une charte pour prendre possession en son nom des territoires allant des côtes de l'Atlantique à l'embouchure du Saint-Laurent. Il s'installa sur les ruines de Port-Royal avec soixante-dix colons écossais et rebaptisa le pays Nouvelle-Ecosse. Il ne devait y rester que trois ans, car, en 1632, le traité de Saint-Germain-en-Laye restitua l'Acadie à la France.

Comme s'il ne suffisait pas de se défendre contre les convoitises de l'ennemi extérieur, les soixante familles acadiennes durent aussi subir les luttes intestines entre les prétendants à la gouvernance, en particulier cette guerre des deux Charles qui éclata en 1635 à la mort d'Isaac de Razilly, gouverneur d'Acadie. Pendant quinze ans, Charles d'Aulnay et Charles de La Tour se défièrent, le premier attaquant les navires du second dans le port Saint-Jean, tandis que l'autre tentait de s'emparer de Port-Royal. Seule la noyade accidentelle de d'Aulnay mit fin à ce duel et, comble de l'ironie, son rival épousa sa veuve à peine un an après...

Un semblant de paix revint parmi la centaine d'habitants que comptait alors l'Acadie. La France et l'Angleterre ne guerroyaient plus. Mais cette trêve n'était pas du goût du major général de la milice du Massachusetts, le Bostonien Robert Sedgwick : en 1654, de son propre chef, il s'empara du fort Saint-Jean, puis de Port-Royal, sans que les malheureux colons puissent lui opposer de résistance. Elisa n'était pas près d'oublier ce terrible épisode : « Nous n'avions pas vraiment le choix, nous étions seuls, la France se préoccupait bien peu de la colonie, racontait-elle à Marie-Reine. J'avais tout juste dix ans, mais je me souviens fort bien des pleurs de ma mère et de la rage impuissante de mon père. »

Ainsi s'expliquait ce qui avait tant étonné Marie-Reine en arrivant ici : la présence d'Ecossais convertis dans la population, et l'existence de liens commerciaux de part et d'autre de la rivière Pentagouët, dont le lit traçait une frontière indécise avec la Nouvelle-Angleterre. C'est, en effet, aux habitants du Massachusetts que les cultivateurs acadiens cédaient les meilleurs morceaux de leurs bovins et de leurs moutons. En échange, ils se procuraient des tissus, des instruments aratoires, des clous, des carreaux de fenêtre, et tant d'autres choses qu'ils ne pouvaient faire venir de France ni même de Québec, trop éloignée et avec laquelle il n'y avait que peu de relations. Lors de sa seule visite en 1685, l'intendant de la Nouvelle-France, Jacques de Meulles, avait lui-même constaté que

« l'Acadie est présentement si peu de chose, n'étant aucunement maintenue et ne tirant aucun secours de la France ».

Au printemps 1670, sur l'ordre de Colbert, on avait bien tenté de remédier à cet isolement en ouvrant un chemin entre la vallée du Saint-Laurent et la baie acadienne : il aurait eu l'avantage d'être praticable même en hiver, quand le grand fleuve était pris par les glaces. Ce qui n'aurait mis le fort Saint-Jean qu'à quatre-vingts lieues de la capitale de la Nouvelle-France, contre quatre cents par voie de mer en allant par le cap Breton. Un an plus tard, on annonça même qu'il ne faudrait plus que dix jours pour aller par la Chaudière de Québec à Pentagouët. Mais ce projet avait avorté : vingt lieues à peine avaient été défrichées, avant de s'enfouir à nouveau dans la nature sauvage qui avait très vite repris ses droits.

A la belle saison, les navires mettaient plusieurs semaines pour rallier Port-Royal à Québec, tandis que Boston n'était qu'à trois jours de voile. Cette proximité était tout aussi favorable aux échanges que propice aux visées hégémoniques des Bostoniens dont les attaques sporadiques n'avaient jamais cessé, même en temps de paix entre les royaumes de France et d'Angleterre.

Avant d'arriver en Acadie, Marie-Reine ignorait tout de la tragédie à répétition que vivait ce pays depuis sa fondation. Elle n'avait pas souvenir que l'on se fût particulièrement ému, autour d'elle, du sort des Acadiens, quand on avait appris en 1690 que Port-Royal était tombé aux mains de l'amiral Phips. Tout juste avait-t-on déploré que l'envahisseur eût désormais la voie libre pour cingler jusqu'à Québec.

« Que pouvaient faire les huit cents habitants, femmes et enfants compris, de notre capitale, les soixante-dix soldats et les dix-huit canons dont disposait le chevalier Louis-Alexandre Des Friches de Meneval, dans un fort dont l'enceinte n'était même pas achevée? s'excusait presque Elisa. Que pouvaient-ils contre quatre navires de guerre armés de soixante-dix-huit bouches à feu, et trois transports de troupes portant près de huit cents hommes ? »

Mais les Acadiens n'étaient pas près d'oublier, encore moins de pardonner, la traîtrise de Phips : après avoir promis au gouverneur de ne pas molester les habitants, il les avait fait enfermer dans l'église et, sous la menace de brûler leurs maisons et de les déporter, leur avait fait prêter serment d'allégeance au roi d'Angleterre. Pour sauver leurs femmes et leurs enfants, les quarante-sept chefs de familles de Port-Royal, avec à leur tête Emmanuel Le Borgne, s'étaient exécutés, contraints et forcés, en déclarant, la gorge nouée : « Nous jurons et sincèrement promettons que nous serons fidèles et porterons vraie allégeance à Sa Majesté le roi Guillaume, roi d'Angleterre, d'Ecosse, de France et d'Irlande. »

Avec une fourberie qui n'avait d'égale que celle de ses alliés iroquois, Phips ne se contenta pas d'obliger les sujets de Louis le Dieudonné, fils aîné de l'Eglise catholique romaine, à jurer fidélité à Guillaume le protestant qui se prétendait l'héritier légitime du trône de France ; mettant en pratique les anathèmes du pasteur Cotton Mather, il se vanta d'avoir « abattu la croix, pillé l'église, descendu le maître-autel, brisé leurs images ». Et la mise à sac de la maison de Dieu n'ayant pas suffi à assouvir son ire, il incita ses hommes à piller sur terre et sur mer, à mettre le feu aux maisons, aux granges, aux étables, à tuer toutes les bêtes à cornes et autres animaux domestiques qu'ils pouvaient atteindre, à s'emparer de tout, jusqu'aux nippes des habitants. Comme butin, il emmenait avec lui le gouverneur de Meneval, les soldats de la garnison qui n'avaient pas succombé à l'assaut et l'abbé Petit, vicaire général nommé par monseigneur de Saint-Vallier, qui dut, lui aussi, jurer fidélité au protestant.

Ceux des habitants qui avaient pu s'échapper fuirent à l'ouest dans les terres, vers le Bassin des Mines, Beaubassin. Certains parvinrent par-delà la baie de Chiqnectou jusqu'à Chipoudy. Elisa, qui était alors dans l'affliction, venant de perdre son époux d'une fluxion de poitrine, les avait vus arriver, désemparés. Elle les avait recueillis, elle avait écouté leurs lamentations, apprenant qu'une nouvelle fois l'Anglais s'était emparé de son pays. « Emparer » était un bien grand mot ; car n'ayant pu obtenir des Acadiens la garantie que leurs alliés abénakis enterrent la hache de guerre et cessent leurs attaques contre les villages frontaliers de la Nouvelle-Angleterre, le nouveau gouverneur, Edward Tyng, n'avait pas pris le risque d'y laisser une garnison...

Etrange situation que celle d'un pays occupé dont l'occupant est absent ! D'autant plus étrange qu'ignorant superbement la mainmise anglaise, Louis XIV dépêcha en avril 1691 Joseph Robineau de Villebon avec le titre de gouverneur. Il lui confiait la mission « de profiter de la bonne volonté des Abénakis pour le service de Sa Majesté, de leur haine pour l'Anglais et de la proximité de la Nouvelle-Angleterre pour les employer à faire une sorte de continuelle guerre auxdits Anglais et en même temps une diversion pour mettre le Canada à couvert de leurs entreprises ».

De par la volonté des deux monarques qui, en Europe, se disputaient la suprématie, les Acadiens cumulaient ainsi les tristes privilèges d'être tout à la fois otages, proies et appâts, sans qu'on leur octroie pour autant les moyens de se défendre. Car le gouverneur de Villebon, qui prit bel et bien ses fonctions, fit ériger un fort non pas à proximité des villages des colons répartis autour de Port-Royal, du Bassin des Mines, de la vallée du Petikoudiak et de la Memramcouk... mais en amont du fleuve Saint-Jean, à quelque quatre-vingts lieues de toute habitation ! C'est dire si les Acadiens étaient à la merci de la moindre foucade belliqueuse de leurs supposés maîtres anglais. Lesquels ne s'en privaient pas. Et la paix signée à Ryswick, en 1697, ne changeait rien à l'affaire, au contraire : en rendant officiellement l'Acadie à la France, elle n'avait fait que renforcer la volonté des Bostoniens de prendre définitivement leur revanche.

Et si justement c'était eux, les Bostoniens, cette canonnade qui se rapproche ?

Le capitaine de la *Magdeleine* ne s'accorde pas le temps du doute. Sa cargaison est trop précieuse pour qu'il prenne le risque de voir six mois d'une campagne de dur labeur tomber aux mains de l'ennemi. Il a eu plusieurs fois maille à partir avec des navires anglais, ne devant sa survie et celle de son bateau qu'à la célérité de sa manœuvre. Il n'y a pas une minute à perdre, si l'on veut pouvoir mettre à la voile et atteindre le Bassin des Mines. Ce port naturel est le seul havre dans lequel on peut s'embosser avec une chance d'échapper à la mitraille, avant que l'Anglais n'apparaisse dans la baie de Chiqnectou. D'une voix brève, le capitaine rassemble ses hommes, leur ordonne de mettre prestement les chaloupes à la mer pour rejoindre la goélette. Comme les autres, Bixente doit obéir et, malgré les supplications d'Emmeline, il s'arrache à son étreinte.

Le brusque départ des matelots a déclenché une prise de conscience générale de l'imminence du danger. Dans le brouhaha, les mères rameutent leurs marmots, les maris leurs femmes, et les convives regagnent précipitamment qui son canot, qui sa ferme. Munie d'un éteignoir en fer-blanc, Radegonde va de becquillon en becquillon étouffer les lucioles de la fête qui pourraient attirer le regard des vigies anglaises. Car depuis 1696, où l'entreprenant Le Moyne d'Iberville leur a repris la baie d'Hudson et Terre-Neuve, les Anglais ne prennent plus seulement pour cibles les postes militaires ou commerciaux : ils font feu sur tout ce qui bouge, dans le dessein de saper les forces vives du pays, de désorganiser cette colonie qui leur appartint par trois fois et dont le développement menace la Nouvelle-Angleterre. Ce n'est donc pas Port-Royal qu'ils ont le dessein d'attaquer en cette nuit de septembre 1700, mais indifféremment les habitations qui jalonnent la côte. Leur but : semer la terreur, rappeler aux Acadiens qu'ils sont à leur merci, même au plus profond de la baie des Français.

Portés par la marée montante, dissimulés par l'opacité du brouillard stagnant au-dessus de l'océan, ils ne signalent leur présence que par les salves qui, à intervalles réguliers, trouent la noirceur de reflets oranges. Déjà, au sud de Chipoudy, des flammes s'élèvent du côté de la ferme Bonaventure. Seul Roch est reparti avec ses parents. Elisa a insisté auprès d'Herménégilde pour que Phémie et Emmeline restent auprès d'elle, prétextant qu'elle avait besoin de leur aide pour ranger les reliefs de la fête. En vérité, le désespoir de la jeune fiancée depuis que Bixente l'a quittée lui a seul dicté ce mouvement. Ce n'est pas auprès d'Herménégilde et Julienne qu'Emmeline trouvera réconfort et compréhension. Phémie, qui a pour sa jeune sœur des sentiments quasi maternels, a elle aussi refusé de les suivre. Pétrifiées, les deux jeunes filles regardent l'effrayante lueur qui monte à l'assaut de l'horizon :

« Pour sûr c'est qu'les meules ou les cordes d'bois sec qui brûlent! » affirme Elisa en les détournant de la fenêtre. Dans son coin, Ventre bleu noie sa peur dans un gobelet de vin de gadelles sans qu'Elisa, pour une fois, veuille l'en empêcher. On l'entend marmonner en sourdine des onomatopées dans sa langue natale.

Le souffle d'un premier boulet, qui s'écrase dans les arrachis juste en dessous de la maison, interrompt sa litanie. Puis c'est un deuxième projectile qui atteint le toit, embrasant aussitôt la charpente. Une poutre tombe et vient heurter la tête du vieil homme. Aussitôt, lâchant ses marmites de cuivre dans une cacophonie de cymbales, Radegonde veut se précipiter vers le pauvre bougre qui gît comme un paquet de guenillons au milieu d'une flaque de sang, mais Elisa la retient :

« C'est point temps, ma brave, y' nous faut déraper! »

Toussant et crachant dans l'âcre fumée qui envahit le grand bord, elle saisit au vol deux courtepointes, son faîtuchon et la bougrine qui pendent au crochet de la porte, et elle pousse vigoureusement dehors Marie-Reine, Emmeline, Phémie et Radegonde qui se cramponne obstinément à l'une de ses chasse-pintes.

Les Canadiennes

« Courez, courez jusqu'à la virée du bois, j'm'en viens ! » leur intime-t-elle en retournant dans la maison. Comme elle tente d'attraper une boîte en métal, les flammes l'entourent soudain. Bientôt, elle n'est plus qu'une torche hurlante dans le brasier.

« D'vire point, d'vire point ! » a-t-elle encore la force de crier aux quatre femmes horrifiées. Puis elle s'affaisse auprès de la boîte qui, en s'ouvrant, laisse échapper une croix d'or et un missel serré dans une reliure en os de baleine gravé – les si chers présents de son défunt époux.

Poursuivies par cette odeur de brûlé qui colle à leurs cheveux et à leurs robes, Marie-Reine, Emmeline, Phémie et Radegonde ont couru droit devant, les yeux aveuglés par les larmes, les vêtements et les bras égratignés par les plaquebières, les pieds tordus par les racines, jusqu'à en perdre le souffle. Elles ont pénétré profondément dans les bois. La haute futaie de pins leur cache le spectacle affligeant des tuniques rouges en train de se livrer au pillage et de massacrer les bêtes affolées qui se sont échappées de leurs enclos ; mais les cris, les hennissements et les beuglements leur parviennent, et se mêlent à leurs propres gémissements. Recroquevillées contre une souche, serrées les unes contre les autres, elles grelottent de peur, de détresse, de froid.

Quelques heures plus tard, l'aube qui s'infiltre lentement entre les troncs vient caresser les visages des trois femmes que le sommeil a fini par terrasser. « Quai-quai naganish ! » Un souffle chaud tout contre son oreille fait sursauter Marie-Reine. Ouvrant péniblement ses yeux gonflés, elle reconnaît l'une des petites filles micmacs qui, la veille, jouait sur la grève avec les enfants de Chipoudy. L'enfant découvre toutes ses quenottes et montre de l'index une lueur scintillante au travers des feuilles de cornouillers. « Kabem, Kabem mamayeush, mamayeush », répète-t-elle en cherchant à tirer la religieuse par le bras. « Le lac, elle veut nous emmener au bord du lac », explique Radegonde qui, comme tous les

Acadiens au contact des sauvages, a fini par entendre leur langue.

Les quatre femmes ont suivi l'enfant jusqu'au campement établi sur la rive où elles sont accueillies avec force sourires. « Kwe niwitswaka. » Celui qui semble être le sachem les salue gravement en hochant la tête d'un air compatissant : lui aussi a entendu le feu qui sortait de la bouche des canons. « Ishe ko to. » Ce feu, vénéré par lui et ses frères à l'égal d'un dieu, est devenu une arme de mort entre les mains des Blancs.

Pleines de sollicitude, les femmes du campement nettoient avec de l'eau fraîche les traces de suie qui maculent les visages des réfugiées, massent leurs bras lacérés par les ronces avec un onguent au relent de scabieuse. Puis, dans une écuelle de bois, elles les forcent à manger les restes d'un ragoût de porc-épic. « Ah-ah, thishine kow week », « oui, oui, c'est du porc-épic chaud », insiste la plus âgée en piochant avec la main dans le plat pour en gaver tour à tour Emmeline, Phémie et Marie-Reine. Radegonde, quant à elle, se fait violence pour avaler quelques morceaux de ce gibier nocturne, mais elle a trop faim.

Après l'horreur de la nuit, le calme chaleureux de cet accueil est doux au cœur de la jeune religieuse, qui découvre chez ces sauvages la générosité d'un peuple élu de Dieu. Samuel de Champlain n'a-t-il pas écrit dans son journal de bord que cette nation, la première qu'il ait rencontrée à son arrivée en Nouvelle-France, lui a fait fête comme des enfants à un père ?

Se désignant comme « migmawag », les « amis de l'aurore », dès 1605 ils ont fait alliance avec les colons français, reconnaissant le roi comme leur « père protecteur ». Parce que les Acadiens, limitant leur défrichage aux marais bordant les côtes, n'ont jamais cherché à empiéter sur le Megumawaach – leur pays –, l'amitié des sauvages ne s'est jamais démentie. Ils ont même donné nombre de leurs filles en mariage à des Français, et prêté main forte dans les conflits entre les colons et l'Anglais. Il leur semble tout naturel de faire place à ces quatre rescapées.

Le sachem, qui compte bien des lunes, leur montre dans un geste large et lent le lac, la forêt, le ciel, et leur souhaite la bienvenue sur « cette terre où le Grand Dieu nous a fait naître et où nous sommes crus comme des herbes et les arbres que tu vois ». Un murmure d'approbation parcourt l'assemblée du campement, comme un consentement général à l'adoption de ces quatre femmes.

Puis chacun s'écarte pour retourner à ses occupations. Une flopée de gamins, dont les petits corps cuivrés luisent comme du satin, se sont jetés dans le lac. Ils s'éclaboussent à qui mieux mieux en riant et en attrapant à main nue de petits poissons qu'ils dévorent tout crus. Ceux qui ne barbotent pas dans l'eau jouent aux osselets percés qu'ils jettent en l'air pour les rattraper à l'aide d'un bâton.

Des femmes ont repris la coupe des herbes à bernache qui, une fois séchées et liées en bottes, calfeutreront les interstices des wigwams du campement d'hiver. Après avoir suspendu à un arbre le berceau de leur nourrisson – une petite planche recouverte de peaux de castor –, de jeunes mères font provision de duvet de roseau, le pied de lièvre. Elles l'utiliseront pour matelasser la couche enfantine et, mélangé avec de la pruche, pour nettoyer les petits derrières.

La vieille qui a nourri Emmeline et Marie-Reine comme si elles étaient des enfants en bas âge, a ramassé soigneusement les os du porc-épic pour les jeter dans le feu. Ce serait en effet un sacrilège envers la Mère Terre que de laisser les ossements pourrir sur place, de même que les arêtes des poissons ou les bréchets des bec-scie ou des plongeons doivent être rejetés à la mer afin que l'espèce se perpétue. Ensuite, elle invite les jeunes femmes à se reposer à l'abri de la large cabane couverte de nattes de roseau pour laisser passer l'air. « Chitimayo, atook », dit-elle en souriant de toutes ses dents blanchies à la gomme de sapin. Avec sollicitude, elle chasse les maringouins et les mouches à feu qui bourdonnent autour de la peau tendre des jeunes filles – la sienne ne risque rien, enduite d'huile de phoque et de graisse d'ours dont l'odeur rance éloigne les insectes. A peine allongée sur les branchages de sapin odorant, Emmeline, épuisée de chagrin, s'endort tout aussi commodément qu'elle l'aurait fait dans le bord à dormir de la ferme.

L'éclat d'une semonce a fait ressortir la vieille de la cabane. Par l'entrebâillement, Marie-Reine aperçoit un des garçons en train de se faire asperger d'eau par sa mère. Elle l'a surpris en train de s'emparer de la chasse-pinte de Radegonde, et à en juger par les larmes et les protestations du bambin, il ne semble guère apprécier le traitement. Plus tard, Marie-Reine apprendra qu'il s'agit de la pire des corrections que des parents micmacs puissent infliger à leur progéniture – laquelle, au demeurant, jouit de la plus grande liberté, tant filles que garçons.

Pour l'heure, afin qu'un tel incident ne se reproduise pas, Marie-Reine a convaincu Radegonde de se défaire de sa précieuse marmite de cuivre pour la mettre à la disposition de toutes les femmes du campement. Ce présent a été grandement apprécié et aussitôt utilisé pour mitonner une fricassée de rat musqué, accompagnée d'une soupe de gourganes et de lièvres enveloppés de feuilles et cuits dans le sable chaud de la rive du lac. Radegonde, d'abord méfiante, a commencé par suivre d'un œil critique la préparation de ces mets au goût inusité. Mais au fil des jours, son intérêt de cuisinière n'a fait que grandir et elle s'est mise, elle aussi, à accommoder avec des herbes et des grainages la ouananiche tout juste sortie de l'eau, l'oie aux pommes sûres et le raton laveur frit à la graisse d'ours.

La saison fraîchissant, Emmeline, Phémie, Marie-Reine et Radegonde avaient fini par rejeter leurs nippes pour se vêtir, à la mode des sauvages, d'une robe de fourrure de castor jetée sur l'épaule et de jambières de peau. Elles avaient même ramené leurs cheveux en cadenettes liées par des colliers de radasse. Marie-Reine avait l'impression d'être revenue des années en arrière, quand elle avait traversé cette forêt avec Luntook, son guide, de la baie des Chaleurs à Port-Royal. Mais le plus surprenant était l'effet de cette révolution vestimentaire sur le comportement de Radegonde.

Elle qui ne s'en était jamais laissé conter par les hommes, on la voyait devenir tout miel quand Unnu, le père de la fillette souriante qui avait guidé les réfugiées jusqu'au camp, tournait autour d'elle. Unnu était veuf, grand et musclé et, sans qu'on puisse le qualifier de « beau », il émanait de lui quelque chose de calme et de rassurant. Bref, Radegonde n'était pas insensible à cette force tranquille.

Et puis, un beau matin, avant le lever du jour, elle disparut. Marie-Reine, Phémie et Emmeline furent prises d'angoisse, mais Unnu, tout comme le sachem, affichait un grand sourire complice. Le soir même, Radegonde était de retour, traînant derrière elle sur la guimbarde de Ventre bleu tout ce qu'elle avait pu ramasser d'utilisable dans la maison dévastée d'Elisa : ses chères chasse-pintes et ses poêlons qui avaient à moitié fondu sous l'action du feu, deux couvertes miraculeusement épargnées, des becquillons tordus qui avaient dû être projetés par le souffle. Elle rapportait aussi le tonnelet de bordeaux, cadeau des matelots de la *Magdeleine*, dont on pouvait penser qu'il avait roulé dans les arrachis et échappé ainsi au pillage, un boisseau de prunes séchées, dont elle devait être seule à connaître la cachette, un fardeau de bois, et enfin un petit miroir, que les femmes micmacs s'arrachèrent aussitôt pour se mirer dans cette « eau dans laquelle on se regarde ». Radegonde revenait avec sa dot ! Ne pouvant apporter à Unnu un lac ou une rivière avec droit exclusif de chasse et de pêche, comme le voulait la coutume micmac, elle avait fait au mieux avec les restes du désastre.

Le lendemain, Unnu lui offrit plusieurs bracelets et colliers de porcelaine et se présenta devant le sachem, qui de fait était devenu le père adoptif des quatre réfugiées. D'une voix solennelle, il lui demanda la main de Radegonde : « Père, j'aime votre fille, voulez-vous me la donner pour que les petites racines de son cœur puissent s'entrelacer avec les miennes, de manière que le vent le plus violent ne puisse jamais nous séparer ? ». Petites racines : en entendant cette formule, si peu assortie à l'embonpoint gourmand de Radegonde, ses compagnes n'avaient pu se retenir de rire. Mais Radegonde était heureuse : à la trentaine passée, elle gagnait d'un coup un mari et une fille ! Le reste n'avait pas d'importance.

La lune des feuilles qui tombent était déjà passée, l'hirondelle bicolore, la paruline jaune et la moucherolle des aulnes s'étaient envolées vers le sud, cédant la place à la sarcelle aux ailes vertes, quand, un soir autour du feu, le sachem annonça qu'il partait le lendemain en éclaireur, comme le voulaient ses fonctions de chef, pour trouver l'emplacement du campement d'hiver. Par-dessus son pagne de peau d'orignal, il avait revêtu la veste aux liserés géométriques brodés de piquants de porc-épic rouge et noir, auxquels il avait fixé les manches amovibles qu'il ne portait qu'aux premières gelées ; il avait coiffé le bonnet pointu à longues oreillettes et lacé des mitasses au-dessus de ses akum – les souliers de neige.

Quand il revint dans la tribu, quelques jours plus tard, il ramenait enfin à ses protégées des nouvelles de leurs proches. Il les tenait d'un guerrier malécite qui se battait aux côtés des Français. Les quatre femmes apprirent ainsi que la *Magdeleine* avait pu échapper aux Anglais, mais que les fermes de Petikoudiak et de Chipoudy avaient été ravagées par les pillards. Il ne restait plus rien du domaine d'Hérménégilde Bonaventure, qui avait péri dans l'incendie de l'écurie en voulant sauver ses chevaux. Julienne et Roch étaient saufs, et ils s'étaient réfugiés chez les grands-parents maternels de l'enfant à Beaubassin.

Savoir leur petit frère en vie apporta quelque réconfort aux deux sœurs, mais l'idée de tomber sous la férule de leur marâtre et de devoir leur pitance à cette femme revêche et sans cœur les fit frémir. D'autant qu'Emmeline ne vivait que dans l'espoir d'être réunie à Bixente. Or, nul doute qu'au printemps suivant, le capitaine de la *Magdeleine* chercherait des eaux plus sereines que la baie des Français pour sa prochaine campagne.

Le plus sage était donc d'accepter de partager l'hospitalité des Micmacs jusqu'au retour des beaux jours. Alors, il serait temps, comme le suggérait Marie-Reine, d'aller jusqu'à la baie des Chaleurs ou à l'île Percée pour se renseigner auprès des pêcheurs. Et si la *Magdeleine* ne naviguait pas dans ces parages, elles pourraient laisser des messages qui, tôt ou tard, parviendraient jusqu'à Bixente, car tous les navires finissaient par se croiser un jour ou l'autre.

« Sois patiente, mon enfant, cette épreuve que t'envoie le Seigneur ne fera que renforcer l'affection que tu as pour l'époux qu'Il t'a choisi, dit la religieuse à la jeune fiancée. Je te fais promesse de rester auprès de toi et de Phémie, car je vous aime comme mes enfants. Nous irons à l'île Percée ; il se trouvera bien une flûte ou un morutier qui acceptera de nous prendre et de nous emmener jusque chez mon frère aîné Corentin, qui a une ferme au pays des Etchemins. Tu y seras en sécurité pour y attendre Bixente. Prie la Très Sainte Vierge, car elle ne t'abandonnera pas. »

Avant que de décabaner, on procéda aux noces de Radegonde et d'Unnu par un grand festin de queues de castor et d'outardes rôties à la braise. Le fiancé les avait nuitamment chassées, les attirant à l'aide d'un flambeau de gomme de sapin avant de les assommer avec un gourdin. On avait mis le tonnelet en perce, et ces libations auxquelles les Micmacs étaient peu habitués donnaient une éloquence enfiévrée aux harangues qui se succédaient pour souhaiter bonheur et prospérité aux époux. Puis, après s'être mesurés au tir à l'arc, au jeu de balle en l'air et au jeu de crosse, tous dansèrent autour du feu au rythme des chegumakins. La fête finie, le sachem s'enfonça dans la forêt, débroussaillant et coupant les branches pour marquer le passage que prendraient les traînes après lui pour le rejoindre dans la clairière qu'il avait choisie. A leur arrivée, il aurait déjà marqué le plan de la cabane d'hiver et aplani la terre là où les femmes devraient dresser les perches de bouleau recouvertes d'écorce, avant de les calfeutrer de liasses d'herbe à bernache et de les entourer de branches de sapin.

Deux jours après son départ, toute la tribu s'ébranla à son tour en direction du nord. Les hommes portaient les canots renversés à bras levés au-dessus de leurs têtes, les femmes tiraient les traînes, Marie-Reine, Phémie, Radegonde et Emmeline comme les autres. La neige recouvrait déjà le sol d'une couche épaisse. Marie-Reine s'approcha d'Emmeline dont le visage triste trahissait de sombres pensées :

« Aie confiance dans le Seigneur, souffla-t-elle en lui pressant la main. Aux Etchemins, l'année prochaine, aux Etchemins, tu le retrouveras... »

Chapitre VIII

Au tout début du printemps 1701, trois nouvelles, diligentées par un émissaire du gouverneur, parvinrent à Michillimakinac. Seules les deux premières importaient vraiment aux yeux des hommes de traite et des coureurs des bois : Louis-Hector de Callières avait réussi à amener la ligue des Cinq Feux à négocier une paix sûre et durable, et la menace qui pesait depuis cinq ans sur les déserteurs était levée. Le roi leur accordait une amnistie sans condition.

La troisième nouvelle n'était encore à vrai dire qu'une rumeur : celle d'une reprise imminente de la guerre entre la France et l'Angleterre. Tout au long du siècle qui venait de s'achever, les deux royaumes n'avaient cessé de se battre l'un contre l'autre. Il serait bien temps de voir si la colonie allait pâtir de ce nouvel affrontement qui avait pour motif une querelle de parchemin à mille lieues des préoccupations des habitants de la Nouvelle-France. Charles II d'Espagne était mort à Madrid le 1er novembre 1700. Paix à son âme, mais en quoi cette histoire de famille les concernait-elle ? En vérité, plus que ne le pensaient ces lointains sujets de Louis XIV...

Dans son testament, le défunt roi d'Espagne avait désigné le duc d'Anjou, petit-fils du roi de France, pour lui succéder. Il désirait en effet qu'un Bourbon règne sur l'ensemble des possessions espagnoles. Or, outre la

Les Canadiennes

Castille, l'Aragon, la Navarre, les Pays-Bas, Naples, Milan, la Sicile, la Sardaigne et les présides de Toscane, ces dernières englobaient le vaste empire colonial de l'Amérique latine, du Mexique et des Philippines.

Louis XIV avait accepté le testament de Charles II. Ce faisant, il reniait les accords de partage précédemment signés avec l'Autriche et les alliés de l'empereur Léopold Ier. Mais surtout, il ouvrait la France sur l'océan, lui offrant la totalité du marché américain. Comment l'autre empire maritime, l'Angleterre, pouvait-il réagir à cette mainmise sur toutes les lignes commerciales de l'Atlantique – sinon en reprenant les armes ?

La paix de Ryswick, paraphée en 1697, n'aurait donc été, au bout du compte, qu'une parenthèse. Pourtant, au Canada, elle avait eu une conséquence autrement bénéfique qu'une simple trêve : celle de conduire les Iroquois de la ligue des Cinq Feux à cesser toute hostilité, et à se dire qu'ils avaient plus à perdre qu'à gagner en jouant les tampons entre les deux puissances coloniales. Dans les dernières années du conflit, ils n'y avaient pris que des coups, et leurs troupes étaient passées de plus de deux mille cinq cents hommes à un millier à peine. Désormais, ils promettaient de laisser « la hache passer au-dessus de leurs têtes ». Leur faire tenir parole : tel était le but des longues palabres qu'avait entreprises le nouveau gouverneur de Callières. Il avait désigné pour l'y aider un ancien donné devenu coureur des bois, Nicolas Perrot, qu'il avait nommé ambassadeur plénipotentiaire auprès des nations des Grands Lacs.

Déjà, en 1684, c'était à ce Nicolas Perrot que le comte de Buade de Frontenac avait fait appel, pour amadouer les Poutouéatamis et les Ménominis afin de renforcer la « ligue » indienne des alliés de la France contre les Iroquois. L'ancien donné avait su trouver les mots pour faire cesser les rivalités tribales et convaincre les Indiens de la toute-puissance royale :

« Je vous lie à mon corps, qu'appréhenderez-vous si vous vous unissez à nous qui faisons les fusils et les haches et qui pétrissons le fer comme vous pétrissez la gomme ? Je suis venu pour embrasser tous les hommes qu'Onnontio, le chef de tous les Français qui sont établis dans ces pays, m'a dit de joindre ensemble pour les prendre sous sa protection. » Son entregent et le respect qu'il inspirait depuis lors, du lac à la Pluie jusqu'aux rives du Mississippi, étaient des atouts majeurs dans la préparation de ce qu'on appelait déjà, avant même qu'elle ne soit paraphée, « la Grande Paix ».

Après avoir mené à bien la mission confiée par Frontenac en 1684, Nicolas Perrot avait repris son activité de traite autour des Grands Lacs. Il continuait néanmoins à jouer un rôle de médiateur entre les nations amérindiennes – et c'est ainsi que le gouverneur de Callières avait fait appel à lui pour les négociations de paix avec les Iroquois. Plusieurs fois, il s'était rendu à Québec pour faire valoir auprès du gouverneur son dévouement à la colonie et revendiquer titre et récompense. En ce printemps 1701, il venait d'obtenir satisfaction et était revenu à Saint-François-Xavier en même temps que Michel Sarrazin, Réjean et Guillaume, de retour de leur troisième expédition dans la vallée du Mississippi.

Le trio, cette fois, avait poussé l'aventure jusque dans les méandres les plus secrets du delta. Le naturaliste en rapportait une profusion de luxuriants croquis au fusain et à l'aquarelle esquissant des corolles aériennes, des grues à aigrette, des hérons cendrés, des flamants au plumage pourpre et des perroquets aux crêtes turquoise. Dans les boîtes étaient épinglés des papillons aux ailes d'arc-en-ciel, des coléoptères vernissés aux répugnantes pattes velues, et dans les éprouvettes sautillaient encore de lilliputiennes grenouilles rouges qu'il suffisait de frôler du doigt pour qu'elles exsudent un poison redoutable.

Sur son carnet de voyage relié de maroquin, Michel Sarrazin avait couché ses réflexions, notant : « On n'herborise pas icitte comme en France, je parcourrais plus aisément toute l'Europe et avec moins de danger que je ne ferais cent lieues en ce pays et avec plus de péril. » Pour preuve, il avait recopié les cartes établies sur des écorces de bouleau par les Amérindiens. Au cours de leurs pérégrinations à la poursuite du gibier, ces chasseurs gravaient dans leur mémoire le parcours de chaque ruisseau, de chaque rivière, la position des lacs. Avec un sens de l'orientation qui ne se démentait jamais, ils se guidaient sur la marche de la grande Mouhine et de la Mouhinchiche, la Grande et la Petite Ourse. Au retour de leurs expéditions, ils étaient capables de reproduire chaque particularité du relief.

Curieux de tout dans cet univers fascinant qu'il était le premier à contempler avec le regard d'un scientifique, Sarrazin avait aussi consigné les coutumes et les rites des peuplades qu'ils avaient croisées en chemin, tels les Illinois, qui « ont un malheureux penchant pour la sodomie, aussi bien que les autres sauvages qui habitent aux environs du fleuve Mississippi. Et l'on trouve parmi eux quantité d'hermaphrodites, qui portent l'habit de femme mais font indifféremment usage des deux sexes ». Dans plusieurs de ces nations, il avait pu constater que les femmes « boivent le jus de certaines racines qui les empêchent de concevoir ou qui fait périr leur fruit », une pratique admise à « la fin de se soulager en quelque façon en diminuant le pesant fardeau qui opprime une pauvre famille incapable de nourrir ses enfants » – et aussi parce que aucune fille mère n'aurait trouvé de mari.

Ces mœurs étranges, parfois contre nature, empreintes d'autant de cruauté que de poésie, il avait hâte d'en faire part à ses pairs. Tout méritait d'être relaté : l'ébahissement des femmes du delta aux lourdes tresses huilées, en découvrant leur reflet dans un miroir ; leurs rires quand, imitant Michel, elles avaient frotté un index hésitant sur la pierre d'encre avant de « peindre la parole » sur une feuille de vélin ; la richesse des pictogrammes animaliers dont les Miamis se tatouaient de la tête aux pieds. Et puis ces crocodiles antédiluviens que les habitants des bayous appelaient alligators et dont ils faisaient longuement bouillir la chair molle au goût de vase ou de serpent. « L'alligator goûte ce qu'il mange », lui avait expliqué, en voyant sa lippe écœurée, la femme de la tribu des Bayagouias qui lui servait ce plat. Ce soir-là, l'alligator avait un furieux goût de carcajou faisandé...

Sarrazin ne doutait pas que les spécimens et les anecdotes qu'il rapportait ne lui ouvrent les portes de l'Académie des sciences. Sans parler des boutures délicatement enveloppées qu'il avait promises à son ami et inspirateur Monsieur de La Quintinie. Il était particulièrement fier de lui rapporter une plante primaire de ce dahlia à petites fleurs jaunes bordées d'orange. Son introduction dans le royaume de France, un siècle auparavant, avait donné lieu aux hybridations les plus échevelées. Décidément, il lui tardait maintenant de rentrer dans sa patrie pour faire étalage de ses connaissances. Les semaines qui devaient encore s'écouler avant qu'il ne rejoigne Québec pour embarquer sur le premier trois-mâts en partance lui paraîtraient bien longues.

Réjean et Guillaume éprouvaient la même impatience, en avironnant gaillardement vers Saint-François-Xavier. Guillaume, parce qu'il allait retrouver la sensuelle Nipinoukhe, et accessoirement les trois marmots qu'il lui avait faits au retour de chacune des expéditions ; Réjean, parce qu'il se languissait de la vivacité et du rire perlé de sa petite Madeleine, l'enfant bénie des dieux, qui lui rappelait tant Petite Plume au même âge. Elle avait presque onze ans maintenant – onze hivers, rectifiait le manitou qui la révérait à l'égale d'une émanation de la Mère Terre et qu'elle menait par le bout du nez. Avec ses torsades brunes, son nez légèrement retroussé et ses grands yeux noirs, sa tunique de peau frangée et ses colliers de porcelaine, elle ressemblait plus à une petite sauvagesse qu'à la descendante de deux familles dont les racines plongeaient dans la glèbe d'Île-de-France et les plaines du Perche. D'ailleurs le manitou qui, les soirs de pleine lune, s'enfermait avec elle dans la « tente tremblante » pour décrypter les paroles transmises par l'astre à la terre nourricière, était convaincu qu'elle possédait les dons d'une envoyée des esprits. N'avait-elle pas poussé son premier cri alors que le parhélie montait de l'horizon ?

Depuis la naissance de cette enfant, Héloïse avait été grosse par deux fois, mais elle avait perdu le fœtus avant terme, victime de ses crises de mal sacré. Dans l'atmosphère humide et malsaine de la Baie verte, elle s'étiolait, respirant avec difficulté, crachant parfois du sang. Courageuse, elle cachait sa souffrance, mais Réjean n'était pas dupe. Il voyait bien que la fièvre des marais la consumait à petit feu. Avant son départ pour cette ultime virée aux confins de la Grande Rivière, il avait fait serment que, dès leur retour, ils repartiraient avec Michel Sarrazin pour Michillimakinac. Il ignorait que dans une dernière étreinte, il l'avait engrossée une nouvelle fois.

En les voyant arriver, ce n'est pas avec sa bonhomie habituelle que le père Zacharie accueillit les explorateurs. Normalement, un tel événement aurait dû donner lieu à des acclamations de bienvenue et à des réjouissances. Mais à l'exception du Jésuite, du sachem et de Nicolas Perrot qui les attendaient, le village semblait plongé dans la torpeur. Les trois hommes arboraient le visage grave de ceux qui sont porteurs d'une sinistre nouvelle.

Avant même que le missionnaire n'ait ouvert la bouche, Réjean comprit, en voyant Madeleine sangloter dans les bras de Nipinoukhe. Puis ses yeux se posèrent sur l'estrade de rondins à l'orée de la bétulaie. Un corps y gisait, enveloppé d'une robe de fourrure ornée de colliers, le visage peint des signes qui devaient le guider vers le pays des Esprits. Il n'était pas besoin de mots pour savoir qu'il s'agissait de la dépouille d'Héloïse. Les femmes du village l'avaient préparée pour le grand voyage, lavant et enduisant son corps d'essences parfumées et l'habillant de sa plus belle parure, l'accompagnant de leurs mélopées jusqu'au jour de sa sépulture.

Par une terrible ironie, Michel Sarrazin venait justement de compiler dans son herbier des spécimens d'une herbacée carnivore aux longs limbes orangés couverts de poils glanduleux propres à retenir les insectes – et qui, dans la pharmacopée des sauvages, était broyée pour soigner les affections des bronches et du poumon. Mais cette panacée arrivait trop tard pour sauver Héloïse.

Le sachant en route, le père Zacharie avait attendu Réjean pour la mise en terre, qui eut lieu sans tarder. En voyant la petite forme si menue de son épouse disparaître sous les pelletées d'ocre sableuse, Réjean se sentait accablé par la culpabilité. Quel piètre mari il avait été ! Sans même parler de l'aimer, il n'avait pas su protéger Héloïse comme il le lui avait promis et maintenant, il allait l'abandonner dans cette tombe si loin du cimetière où reposaient les siens, si loin de Lachine. Car si la baie des Puants avait emporté la mère, il ne la laisserait pas lui ravir sa fille, la prunelle de ses yeux, son seul enfant, puisque le fruit que portait Héloïse était mort avec elle. Il quitterait ce lieu de malheur le plus vite possible.

Dans la chapelle, le père Zacharie récita la prière des défunts. Sur le maître-autel trônait un magnifique ostensoir en argent ciselé en forme de soleil surmonté de la croix : Nicolas Perrot, revenu avec le titre et les pouvoirs de commandant en chef de la baie des Puants et des pays voisins, en avait fait présent à la mission. Puis, tandis que Réjean serrait convulsivement sa fille contre lui, le prêtre prononça ces paroles d'espoir qui semblaient s'adresser à lui : « Qui regarde vers Lui resplendira, sans ombre ni trouble au visage. Un pauvre crie, le Seigneur entend, il le sauve de toutes ses angoisses. » Sous le poids de son regard pénétrant, Réjean frissonna : le religieux avait su lire jusqu'au tréfonds de son âme.

Quelques jours plus tard, toute la troupe montait à bord des chaloupes à voile : Réjean et Madeleine, Michel Sarrazin et ses précieuses boîtes, Nicolas Perrot qui reprenait du service comme négociateur dans la préparation de la paix avec les Iroquois, mais aussi

Les Canadiennes

Guillaume, Nipinoukhe et leur progéniture. Car, sans compter le paiement de ses services, l'ancien donné avait entassé suffisamment de fourrures, d'objets de troc, de wampuns et de radasse pour s'établir confortablement. Il caressait le projet d'ouvrir un comptoir d'équipeur à Michillimakinac – voire d'acheter une ferme dans une paroisse du Saint-Laurent, si la conjoncture le permettait.

Mais lui comme Réjean étaient partis depuis si longtemps – onze ans déjà ! – qu'ils n'avaient pu avoir connaissance des bouleversements qui avaient affecté le poste de Michillimakinac. Ce qu'ils trouvèrent là-bas les stupéfia.

Suite à la paix de Ryswick et à l'ordonnance interdisant la course dans les Pays d'En Haut, le gouverneur de Frontenac avait retiré le gros des troupes, ne laissant que quelques hommes de garde, çà et là, dans les postes qui n'avaient pas été abandonnés sur ordre du roi. Défense avait été faite aux soldats d'y pratiquer aucun commerce que ce soit. Michillimakinac, qui si longtemps s'était enorgueillie d'être la capitale des Pays d'En Haut, le centre de tous les négoces, avait échappé de peu à la fermeture. Désormais, elle végétait, vivant d'une traite subreptice que poursuivait encore une poignée d'irréductibles voyageurs. L'arriviste commandant La Mothe Cadillac avait été l'un des premiers à devoir partir, fort dépité de quitter cet emploi qui lui permettait de s'enrichir grâce au trafic des castors et des boissons enivrantes.

Même le village des Hurons et celui des Outaouais avaient été abandonnés par leurs habitants. Certains étaient partis vers d'autres lieux de chasse et de troc ; d'autres s'apprêtaient à faire route vers l'île de Montréal pour vendre directement leurs fourrures aux marchands de traite et assister aux fêtes grandioses que promettait la célébration de la Grande Paix. Toute la parentèle de Nipinoukhe était du nombre et la jeune femme aurait bien voulu les accompagner. L'ancien donné hésitait, tenu par cette amitié indéfectible qui le liait à Réjean. Il ne se résolvait pas à le laisser seul avec Madeleine à Michillimakinac, mais il ne pouvait pas non plus le forcer à les suivre, sachant les risques que son ami encourrait en retournant en ville. Il ignorait encore l'amnistie que, dans sa grande clémence, le roi avait accordée aux déserteurs.

Vu la décrépitude de l'endroit, Guillaume remisa aussitôt son idée d'ouvrir un commerce au pied du fort, où il y avait désormais plus de balbuzards que de chalands. Il songeait de plus en plus à s'établir avec femme et enfants à Ville-Marie ou alentour, s'il pouvait acquérir une terre à un bon prix.

Ses dernières hésitations tombèrent quand, partageant une chopine avec des voyageurs dans la dernière taverne encore ouverte, il récolta deux informations d'importance. La première était l'effondrement du marché du castor, qui avait fait la fortune de tant de voyageurs et de coureurs des bois. En multipliant les permis de traite, le gouverneur Frontenac avait tué la poule aux œufs d'or. Un surcroît de six cent mille livres pesant de castor s'accumulait dans les entrepôts sans trouver preneur, et le roi avait dû signer un arrêt réduisant le prix des fourrures. Ceux qui avaient misé tout leur avoir dans ce seul produit étaient ruinés, quand ils ne vendaient pas à perte. Sans parler de ceux qui avaient fait des dettes en espérant s'en dégager grâce à des bénéfices putatifs qui avaient fondu comme neige au soleil.

La seconde, encore plus riche de conséquences, était la fin de la traque des déserteurs...

« Trappés comme l'castor qu'y z'ont été ! » s'esclaffe l'un des interlocuteurs de Guillaume. Il vient de raconter la mésaventure d'un certain Gaétan Simard, un drôle de bâdrant de Ville-Marie, un joueur invétéré qui a perdu jusqu'à ses chausses à la passe-dix. Le maraud, qui ne pouvait s'acquitter de ses dettes de jeu, l'a pris de haut : il jurait que la prochaine brigade lui apporterait de quoi rembourser, et largement encore, ses partenaires injustement suspicieux. Mais c'était parole de câlisse, et on n'a rien vu venir. Alors, les joueurs qui avaient été floués ont voulu régler son compte au dénommé Simard, il y a eu une grande chicane et le bardasseux y a laissé la vie.

« Bah, c'tait un gars d'peu, avec point d'vergogne. Même qu'y était fâché avec son père, un brave homme çui'la et pas fier, le Jacquelin, qu'était un Môsieur. Qu'c'est ben d'la misère qu'il a été pris par les fièvres. Quand l'est reparti avec la dernière brigade, l'était ben mal en point. J'serais point étonné qu'il ait passé tantôt dans la redescente, pôv' lui. Mais l'jeunot, c'tait tout l'contraire d'son père. Un malfaisant ben trop fouineur. Qu'on disait qu'y r'cherchait un déserteur pour toucher la récompense. Eh ben, c'est l'diable qui la lui baille la récompense, et deniers sonnants! » conclut le voyageur en lançant avec mépris un jet de salive sur le sol de terre battue.

Ne connaissant ni Gaétan ni Jacquelin, Guillaume ne prête pas une attention particulière au récit, pour lui anecdotique, de cette rixe. Il est en revanche beaucoup plus intéressé par l'annonce de la mansuétude royale touchant les déserteurs. Voilà qui le libère de ses scrupules, puisque plus rien ne s'oppose à ce que Réjean et Madeleine regagnent Ville-Marie!

Guillaume s'empresse de rapporter sa conversation à Réjean, sans omettre l'histoire que lui a contée le voyageur, pour bien démontrer qu'il n'y a plus de raison valable pour demeurer ici. Mais lorsqu'il mentionne les noms de Gaétan et de Jacquelin, il voit avec étonnement le visage de son ami devenir d'un blanc cireux.

« Qu'est-ce t'as donc qu't'es tout pâle? »

Le seul nom de Gaétan a fait remonter tout le passé à la surface. Non que Réjean l'ait vraiment connu : ils s'étaient seulement croisés à l'occasion du mariage de Nicolas et d'Adèle. Pourtant, malgré son jeune âge, Réjean avait éprouvé une immédiate antipathie pour ce garçon fanfaron et tout imbu de la position sociale acquise par son père.

Les Canadiennes

L'annonce de sa mort dans des circonstances aussi sordides ne l'émeut pas ; ce qui le trouble, en revanche, c'est la raison de son séjour à Michillimakinac. Il était venu, a dit le voyageur, non seulement pour la traite, mais à la recherche d'un homme dont la capture était mise à prix. Réjean a l'inexplicable conviction que cet homme traqué, c'était lui, et que quelqu'un – mais qui pouvait lui en vouloir à ce point ? – avait mandé Gaétan pour le retrouver.

Les suppositions les plus folles lui traversent l'esprit : serait-ce le sanguin et hargneux Jolicœur, qui aurait porté l'affaire devant les autorités militaires ? Absurde, il n'avait pas le grade suffisant, et puis pourquoi se serait-il adressé à Gaétan qu'il ne connaissait pas pour cette basse besogne ? Quentin ? Réjean ne saurait croire que le seigneur des Erables, qui l'a toujours eu en amitié, ait pu lancer un limier à ses trousses.

Alors ce ne peut être qu'Odilon. Odilon auquel Petite Plume se sera confiée, lui avouant l'agression subie dans l'érablière ; Odilon qui aura voulu venger l'outrage sans se salir les mains, préférant déléguer un sicaire. Cela voudrait dire que le jeune seigneur est revenu sain et sauf de la guerre, échappant à la balle que lui destinait Mauvais Frère. Peut-être même a-t-il retourné son mousquet contre le fils d'Eau-qui-rit, sans savoir qu'il tuait son demi-frère !

Et Petite Plume, le haïssait-elle donc au point d'encourager cette chasse dont il était le gibier ? Cette pensée lui donne la nausée. Pas question, en tout cas, de rester dans cette incertitude insupportable. Il faut qu'il sache, et si l'hypothèse qui le fait trembler de tout son être est exacte, il est prêt à affronter Odilon d'homme à homme, à mains nues, en combat singulier, à se battre pour Petite Plume sous ses yeux, à se soumettre à ce que les anciens appellent le « jugement de Dieu » pour prouver qu'il aimera la jeune femme jusque dans la mort.

La violence des sentiments qui s'entrechoquent dans son cœur doit se lire sur son visage, car Guillaume l'observe avec inquiétude.

« C'est-y donc qu'tu les connaissais ?
– Qui donc ? » Réjean est tiré brusquement de ses pensées.
« Ben c'te maraud, là, l'Gaétan et pis son père, Jacquelin qu'y s'appelait.
– Jacquelin, oui, c'est l'meilleur compagnon de Télésphore, l'mari d'ma mère. Un fameux coureur des bois qu'est d'venu marchand équipeur et l'associé d'mon beau-père dans le commerce du bois. J'aurais ben d'la peine s'il lui est arrivé malheur. C'est un homme ben honnête.
– Ouais, à c'qu'on dit. Mais c'est point qu'pour ça qu'tu tires une face de carême, dis ? insiste Guillaume, qui croit deviner la raison de cet air sombre. C'est-y point qu'tu penses que l'gars qu'cherchait l'Gaétan, c'est toi ? Mais t'as point à t'faire du mauvais sang présentement ! Tabernouche ! C'te crapule grille en enfer et l'roi a pardonné ! Et pense donc, tu vas r'voir ta mère ! »

Dans son empressement à convaincre Réjean de partir avec lui, Guillaume n'a pas une seconde imaginé que son ami puisse encore songer à Petite Plume. Pour lui, c'est du passé, un triste épisode qui a été effacé, racheté par le mariage de Réjean et d'Héloïse et par la naissance de Madeleine. L'amour que porte le père à sa fille n'a-t-il pas balayé tout autre sentiment ? Aux yeux du Seigneur, cela ne vaut-il pas toutes les absolutions ?

« Un homme de bien, sans malice, clair comme l'eau de source » avait pensé Réjean lorsqu'il avait rencontré le donné au pied du village iroquois. C'était il y a près de douze ans, et il n'a pas changé d'opinion depuis, au contraire. Et c'est pour cela qu'il lui taira les affres qu'il traverse en cet instant. Cette âme pure et simple ne pourrait comprendre le pauvre pécheur qu'il est redevenu. Alors il donne le change.

« C'est juste. J'ai point à craindre les hommes de la prévôté, j'peux rentrer la tête haute. Et pis ma mère va être ben heureuse de connaître ma nichouette. »

Sur les berges de la rivière des Outaouais, la nature est en pleine éclosion. À tout instant, la petite Madeleine pousse des cris émerveillés devant les kalmias en fleur et les fougères arborescentes qui dégringolent le long des falaises roses, pointant son petit doigt vers les écureuils et les ratons laveurs qui caracolent sous ses yeux, riant nerveusement quand les tourbillons que fend la proue franchissent le plat-bord et viennent l'asperger.

Au rythme cadencé des pagaies, ce sont des dizaines et des dizaines de canots qui descendent vers le lac Saint-François. Toutes les nations des Pays d'En Haut et des Grands Lacs envoient des ambassades pour assister à la signature de la paix.

Enfin, les habitants de la Nouvelle-France vont connaître ce dont ils rêvent depuis la fondation de la colonie : vivre sans craindre à tout moment une incursion barbare des Iroquois. Est-ce possible ? Ils ont été tant de fois échaudés ! Ils n'y croiront vraiment que lorsqu'ils verront tous les sachems converger vers Ville-Marie et tous les prisonniers français rendus à leurs familles. Et pour que cette réalité devienne effective, il faut que toutes les nations soient signataires. Car il ne servirait à rien de mettre les Iroquois hors d'état de nuire aux intérêts des Français, s'ils devaient continuer à attaquer les alliés amérindiens. C'est la raison pour laquelle Hector de Callières a demandé à Nicolas Perrot de venir l'épauler dans l'ultime phase des palabres.

A Ville-Marie, la population doute encore quand, à la fin de juillet 1701, les premiers délégués des nations viennent planter leurs wigwams au pied des palissades de la cité. Car non seulement une épidémie de grippe, apportée par un navire marchand, s'est déclarée et risque d'apeurer les sauvages, mais jusqu'à la dernière heure, les Anglais ont manœuvré en coulisse afin de faire capoter les pourparlers.

Pourtant, malgré l'épidémie et les dissensions entre clans proanglais et profrançais au sein de la ligue des Cinq Feux, ils sont tous là, les Iroquois et leurs anciens ennemis, en ce 4 août ensoleillé. La nation de la Grande Montagne, la nation de la Grande Pipe, la nation des

Collines, la nation de la Pierre Debout, la nation du Silex, le peuple de la Parole vraie, le peuple de l'Eau corrompue, le peuple du Riz sauvage, les Outaouais, les Kiskakons, la nation de la Fourche et celle du Feu, les Sauteux, les Pououtéatamis, les Sakis ou peuple de l'embouchure, les Folles Avoines, les Renards ou peuple de la terre rouge, les Mascoutens, les Miamis, les Illinois, les Nez percés, les Népissingues, les Algonquins, les Temiscamingues, les Cristinaux, les Gens des Terres, les Kicapous, les Gens du Sault, les Abénakis et bien sûr les Hurons, en deuil de leur sagamore Kondiaronk, dit le Rat, qui s'est éteint la veille et auquel on a réservé des funérailles de chef d'Etat.

Défilant à leurs côtés, on remarque trois Français : Nicolas Perrot, qui accompagne le chef des Illinois; Paul Le Moyne de Maricourt, émissaire des Onontagués, qui, pour la gloire du royaume, est devenu bigame en épousant la fille du chef de cette tribu; et enfin, Louis-Thomas Chabert de Joncaire, interprète du roi auprès des Tsonnoutouans. Bien que déjà marié à Madeleine Le Gay, ce jeune lieutenant a contracté, là encore pour raisons diplomatiques, de nouveaux liens avec l'aînée du sachem de cette nation. A cette occasion, les Tsonnoutouans l'ont rebaptisé « Sonnonchiez ».

Guillaume, Nipinoukhe, Réjean et Madeleine, qui viennent d'accoster, assistent éblouis à l'ouverture de cette cérémonie. Treize cents sauvages, tous les habitants de la ville et bon nombre de ceux de Québec, venus tout spécialement, se pressent dans la double enceinte érigée pour la circonstance. Trois cents canots sont alignés en travers du fleuve devant la pointe rocailleuse où Louis-Hector de Callières a fait construire sa résidence.

Les délégués des nations s'avancent en une longue procession chamarrée. Ils ont fière allure, enveloppés dans des capots ornés de dentelles et de galons dorés, leurs visages matachés de bleu, de rouge, de vert, le nez et le contour des yeux soulignés au noir de charbon. Leurs cheveux huilés ou gominés à l'ocre sont ceints de bandeaux brodés de piquants de porc-épic et piqués de plumes chatoyantes. Sur leurs torses brillent des pectoraux de cuivre et d'argent et des wampuns blancs.

Quand tous ont pris place, commence la présentation des offrandes de paix que l'on suspend sur une corde traversant toute l'enceinte : larges colliers de porcelaine, bracelets, pendants d'oreilles et pétunoirs taillés dans une pierre verte et polie. Le plus ancien parmi les ambassadeurs prend la parole face à toute l'assistance : il vient, dit-il, de déplier l'affection et l'amitié de ceux de sa nation, figurée sur ces colliers; leur cœur est ouvert, il n'y a aucun pli et on voit dans ses paroles le fond de leurs âmes. Saisissant un grand collier de perles blanches et violettes, il le tend en déclarant :

« Voilà le chemin qu'il faut tenir pour venir visiter vos amis. Voilà les lacs, voilà les rivières, voilà les montagnes et les vallées qu'il faut passer, voilà les portages et les chutes d'eau. Remarquez tout afin que dans les visites que nous nous rendrons les uns aux autres, personne ne s'égare. Les chemins seront maintenant faciles, on ne craindra plus les embuscades. Tous ceux qu'on rencontrera seront autant d'amis. »

Un autre ambassadeur se lève et, montrant des bâtons de porcelaine, déclare à son tour :

« Voilà pour percer vos oreilles afin que nous puissions nous parler les uns aux autres et que nous assistions aux conseils les uns des autres. »

Aux discours succèdent d'autres discours, accompagnés chaque fois d'un échange de cadeaux symboliques qui sont autant de gages de la fidélité de celui qui les offre. Puis vient le tour de l'un des envoyés iroquois :

« Quand nous sommes venus ici la dernière fois, nous avons planté l'arbre de la paix, dit-il, évoquant les premiers pourparlers vieux d'un an. Présentement, nous y mettons des racines pour qu'elles aillent jusque chez les nations d'En Haut afin qu'il soit affermi. Nous y ajoutons aussi les feuilles pour qu'on puisse faire les bonnes affaires à l'ombre. »

Ce à quoi Louis-Hector de Callières répond :

« Je me saisis de vos haches et de celles de mes alliés pour les mettre avec les miennes et tous les autres instruments de guerre, dans une fosse que je fais profonde, sur laquelle je mets un gros rocher et y fais passer une rivière, afin qu'on ne les puisse plus trouver pour s'en servir les uns contre les autres. » Puis, insistant sur l'un des points cruciaux du traité, la médiation française entre toutes les nations, il avertit fermement : « S'il arrivait que quelqu'un de mes enfants en frappât un autre, celui qui aura été frappé ne se vengera point, ni par lui ni par aucun de sa part, mais il viendra me trouver pour que je lui en fasse raison. » Le ton se fait plus chaleureux lorsqu'il conclut : « J'attache mes paroles aux colliers que je vais donner à chacune de vos nations et je vous invite tous à fumer dans ce calumet de paix où je commence le premier, et à manger de la viande et à boire du bouillon que je vous fais préparer, pour que j'aie, comme un bon père, la satisfaction de voir tous mes enfants réunis. »

Lorsque enfin les trente-huit chefs de nations ont apposé au bas du rouleau de parchemin leur pictogramme – qui un rat, qui un castor, qui un serpent ou un soleil, qui encore un aigle –, la foule des habitants commence à s'égailler pour aller fêter dignement cette journée historique, et certes pas avec du bouillon.

Dans le brouhaha et la bousculade, Réjean cherche des yeux la tignasse rousse de Télésphore qui, par définition, dépasse les autres d'une tête. Il est sûr de trouver sa mère à ses côtés. Enfin, il les a repérés! Tout joyeux, il crie vers eux, soulevant la petite Madeleine de ses bras tendus, quand il aperçoit Quentin, que seule une haie de soldats sépare de lui. Sa chevelure blonde zébrée de reflets argent, sa silhouette longiligne voûtée par l'âge, le seigneur des Erables s'appuie lourdement sur une canne. Lui aussi l'a reconnu. Mais au lieu de lui adresser un signe amical, comme s'y attendait Réjean, il le foudroie de son regard bleu dur et pointe un index impérieux vers lui en le désignant à un officier.

« Saisissez-vous de cet homme, hurle-t-il, c'est un assassin ! »

Manon, qui a fendu la foule en jouant des coudes et de la croupe pour approcher de son fils, capte à la volée l'ordre émis par Quentin. Toutes griffes dehors, elle se rue sur les deux soldats qui ont empoigné Réjean :

« Bas les pattes, margousins ! Mon gars est point un assassin et çui-là, tout seigneur qu'il est, il a point la queue d'une preuve ! »

Toute rouge, dressée comme une poule en furie, elle ameute les badauds toujours attirés par une algarade et prêts à prendre parti.

« Manon, je t'en prie ! » La phrase est sortie en même temps de la bouche de Télésphore, qui essaie de calmer sa femme agrippée de toutes ses forces à la vareuse de l'un des soldats, et de celle de Quentin, que la scène offusque autant qu'elle l'apitoie.

« Qu'avez-vous à faire des criailleries de cette poissarde, mon ami, ce n'est que parole de manante ! Que l'on exécute vos ordres, faites justice ! », siffle Louise Marie Garance, raide comme à l'accoutumée dans une robe de soie amarante.

Les soldats font mine d'emmener Réjean. Mais, protestant qu'il ne comprend pas de quoi on l'accuse, il se débat comme un diable dans l'eau bénite, la petite Madeleine accrochée à ses basques. Enfin, Guillaume et Michel Sarrazin accourent à sa rescousse.

« Holà ! c'est aller un peu vite en besogne, Monsieur, que de se saisir ainsi d'un homme sans lui signifier de quel chef on l'accuse ni lui donner loisir de se défendre, intervient le naturaliste avec une calme autorité. Et de quel crime serait-il coupable que vous ayez déjà tranché sans procès ? Cette querelle, si tant est que vos griefs soient recevables, n'a pas été jugée, ni la cause perdue.

– Qui êtes-vous, Monsieur, rétorque Quentin avec hauteur, pour oser me parler ainsi et mettre en doute ma parole et le jugement du procureur du roi ?

– Je m'appelle Michel Sarrazin, présentement chirurgien et naturaliste, fils de maître Sarrazin, magistrat près la haute cour de Beaune en Bourgogne. Et je me flatte d'être l'ami de Réjean la Liberté. Sur mon honneur, c'est un honnête homme, j'en réponds. Mais vous parliez de jugement... »

Michel Sarrazin attend que Quentin s'explique. La petite foule qui fait cercle autour des protagonistes s'est tue. Les regards vont de l'un à l'autre. Quentin s'est redressé, le menton levé ; il jauge sans aménité son interlocuteur et lui répond d'un ton sec :

« Si fait, Monsieur, au vu de preuves et de témoignages accablants, le procureur du roi a prononcé la sentence de mort contre ce gibier de potence qui a pris la vie de mon fils Odilon.

– Toutes des preuves de câlisse ! Qu'des menteries d'c'te racaille d'Jolicœur et l'mousquet d'mon Simon qu'il a p't'êt' ben volé lui-même si ça s'trouve ! C'est-y suffisant pour condamner mon gars ? » tonne Manon en prenant à témoin la foule qu'elle sent prête à la soutenir face à la morgue d'un seigneur. C'est que l'on n'aime pas trop les représentants de la justice, dans ce pays épris d'une liberté sans entraves ; il ne fait pas bon s'y montrer pour le « maître des hautes œuvres » et le bourreau, qui se font copieusement conspuer.

« Hou, hou ! Un procès, un procès ! » La foule des petites gens s'échauffe et réclame que le prévenu puisse prouver son innocence.

« Qu'est-ce donc que le motif de tout ce tintamarre ? » Reconnaissant de loin Réjean, Guillaume et Michel Sarrazin au centre du cercle des agitateurs, Nicolas Perrot s'est glissé jusqu'à eux. Mis au courant, il s'adresse à Quentin : « Vous êtes un gentilhomme, Monsieur : pourriez-vous connaître la paix de l'âme si vous faisiez condamner un innocent ? Accordez à cet homme le droit de s'expliquer sur les troubles circonstances qui vous font l'accuser. J'intercéderai auprès du gouverneur et du procureur du roi pour qu'il ait un juste procès.

– Courage ! Nous y serons ! » crient d'une même voix Guillaume et Michel Sarrazin à l'adresse de Réjean. Abasourdi par ce qu'il a entendu, ce dernier a cessé de se démener et se laisse conduire jusqu'au fort pour y être enfermé. Nipinoukhe attire vers elle la petite Madeleine qui veut retenir son père.

De toutes les hypothèses que Réjean avait échafaudées, c'est la plus improbable qui s'est réalisée : Odilon est tombé là-bas, en Iroquoisie, tué par le mousquet gravé du sobriquet de Simon. Ce mousquet que lui, Réjean, avait omis de reprendre à Mauvais Frère... Aux yeux de Quentin, ce ne peut évidemment être que lui qui a tiré le coup mortel.

L'hébétude dans laquelle l'a plongé son arrestation, et le chaos indescriptible qui a accompagné son transfert au cachot – gens de traite, engagés, commis, artisans et fermiers tentant d'entraver la marche des soldats – ont empêché Réjean de remarquer, à l'écart de tout ce remue-ménage, une jeune femme levée sur la pointe des pieds, les yeux écarquillés pour tenter de l'apercevoir. Il n'a pu lire, dans ce regard brûlant, sur ces traits tendus par l'émotion, toute la passion qu'Anne, Petite Plume, éprouve encore pour lui.

Nicolas Perrot tint parole. Soutenu par Michel Sarrazin qui avait remis son départ, et à qui ses découvertes valaient déjà une belle renommée, il obtint du gouverneur de faire casser le premier jugement condamnant Réjean et d'ester en appel auprès du Conseil souverain.

Une foule nombreuse assistait à ce nouveau procès, car ce n'était pas tous les jours que l'on jugeait un crime de sang. Chacun s'était déjà forgé son opinion, et le chahut était tel que le procureur dut plusieurs fois menacer de faire évacuer par la troupe la salle du fort transformée en prétoire. Le calme était à peu près revenu quand Quentin vint à la barre raconter les faits : son fils atteint au front, lui-même gravement blessé, la battue pour tenter de mettre la main sur le tireur et la découverte du mousquet gravé du sobriquet de Simon Peltier dit la Liberté. Lorsque le procureur eut demandé à Quentin de préciser une nouvelle fois à quelle date ce tragique événement s'était produit, Guillaume bondit :

« C'est point possible, à c'te heure Réjean était avec moi, même qu'on r'montait la rivière des Outaouais avec Héloïse, paix à son âme ! » s'écria-t-il.

Il raconta les circonstances de sa rencontre avec Réjean et Mauvais Frère. Il expliqua aussi comment le guerrier abénaki, après avoir délesté Réjean de l'un des mousquets pour traverser l'eau, les avait quittés pour remonter seul vers le lac Champlain, en jurant de se venger de ce père qui ne l'avait pas reconnu et de ce frère qui avait usurpé sa place. Pour emporter l'adhésion d'un public déjà acquis au prévenu, Guillaume ajouta que ce jour-là, le jour de l'attaque des Iroquois sur Lachine, Réjean avait sauvé des eaux furieuses de la Richelieu la jeune fille qui allait devenir sa femme. A la relation de cet acte de courage, on entendit force reniflements et des « ah ben ! » dans l'assistance, car personne n'avait oublié le massacre.

Michel Sarrazin témoigna lui aussi, apportant la preuve qu'au jour dit de l'assassinat d'Odilon, il avait engagé Réjean à Michillimakinac, à huit semaines de canot de l'endroit où on le présumait en train de commettre le forfait.

Quel retournement ! Quel spectacle ! De joie, Manon s'était évanouie et Madame Morin, en pleine hystérie, s'affairait à lui faire respirer un flacon de sels en poussant des cris d'orfraie propres à réveiller un mort. Télésphore et Jacquelin – malgré la fièvre qui le torturait depuis son retour de Michillimakinac, ce dernier avait tenu à être présent – se congratulaient avec effusion. Frappant nerveusement de son maillet pour essayer de se faire entendre dans ce tohu-bohu, le procureur prononça la relaxe et mit fin à cette séance houleuse, soulagé de n'avoir pas à s'illustrer fâcheusement en étant le premier magistrat de la colonie à envoyer un homme à la potence.

On se pressait autour de Réjean comme autour d'un héros, on lui envoyait de grandes claques dans le dos. Guillaume souriait de toutes ses scarifications, pas peu fier d'avoir joué les *deus ex machina*. Quant à Michel Sarrazin, il affichait l'air satisfait de l'homme qui a fait triompher la justice, car de par sa réputation et son rang, sa déposition avait été déterminante.

Dans l'euphorie, personne ne prêtait attention à Quentin ni à son épouse, restés assis. Louise Marie Garance semblait statufiée. Quant au vicomte, effondré sur son banc, la tête dans les mains, il pleurait. Soudain, tout était devenu pour lui d'une clarté effrayante : Mauvais Frère, le parricide qui avait voulu le tuer, l'assassin d'Odilon, ne pouvait être que le fils d'Eau-qui-rit – son fils ! Des impressions et des images diffuses remontées du passé affluaient en lui : le manoir vide à son retour de Ville-Marie avec Marie-Angélique, l'air bizarre de Mathurine et de Manon, auquel il n'avait alors pas attaché d'importance, le sentiment d'une présence invisible dans la grande chambre, le brusque départ de Mokwa... Il se souvint aussi de ce gamin trop grand qu'il avait aperçu un soir à la tombée de la nuit dans les pas du chef de bande abénaki, et dont la silhouette dégingandée lui avait paru familière.

« Tenez-vous, mon ami, que va-t-on penser ! »

Louise Marie Garance essaya de soulever Quentin par le coude pour le forcer à reprendre contenance, mais il la repoussa brutalement et se leva d'un bond pour aller vers Réjean. Les deux hommes tombèrent dans les bras l'un de l'autre. Et Quentin, le fier, l'altier Quentin, sanglotait :

« Pardon, pardon pour tout le mal que je t'ai fait ! »

Manon rouvrit les yeux à ce moment-là, et la vision de cette réconciliation la fit aussitôt retomber en pâmoison tandis qu'elle murmurait :

« C'est pas beau, un peu ? »

Madame Morin en lâcha le flacon de sels et faillit perdre l'équilibre, ce qui déclencha l'hilarité générale. Cherchant d'un œil courroucé la longue figure de maître Pharamond, elle apostropha le notaire secoué de rire :

« Ah ça, freluquet, c'est-y qu'tu vas m'laisser êt' la risée du monde ! » C'est qu'elle l'avait dompté le bonhomme, ayant même réussi à obtenir de lui promesse de mariage. Toutefois, leur union n'avait toujours pas été consacrée, car le fiancé trouvait toujours un prétexte pour en reculer la date. C'était même devenu un sujet de plaisanterie à Ville-Marie. Lorsqu'elles croisaient Madame Morin à l'office, les couvassières ne manquaient pas de lui demander perfidement :

« Alors, à quand la noce, Mâme Morin ?

– Tantôt, tantôt, vous serez surprises ! répondait-elle, agacée.

– Oh, la voici tout' fâchée ! reprenaient en chœur les cancanières en riant sous cape de sa déconvenue.

– C'est la jalousie qui les fait bavasser », la consolait Manon qui ne pouvait plus se défaire de cette amitié encombrante.

Manon ne tarda pas à recouvrer ses esprits ; enfin, elle put serrer son fils prodigue sur sa confortable poitrine jusqu'à l'étouffer. Elle en fit autant de la petite Madeleine qui, intimidée par l'exubérance de cette nouvelle famille, n'osait lâcher la main de Nipinoukhe.

Puis tous, y compris Quentin et Louise Marie Garance qui, l'air pincé, se tenait volontairement à dix pas en arrière, remontèrent jusqu'à la maison de Télésphore où Manon les avait invités. Elle avait retrouvé tout son allant, houspillant la cuisinière qui n'activait pas la fournaise suffisamment vite à son gré, plongeant dans la resserre pour en sortir viandes boucanées, anguilles en saumure, ouananiches et dorés raidis sous la glace, courges et poireaux, pressant la servante de déplier la table à tréteaux et d'y jeter un tapis. C'est qu'il s'agissait de régaler tout ce beau monde et de fêter doublement la paix : celle de la colonie, et celle qui unissait à nouveau sa famille et ses amis ! Elle y mettait d'autant plus d'ardeur, brassant l'air, bavardant à tort et à travers avec l'un ou l'autre, bousculant Madame Morin qui se trouvait toujours sur son passage, qu'elle redoutait le moment où Anne et la petite Marguerite feraient leur apparition...

Depuis le retour de Réjean et son arrestation, la jeune femme était retombée dans une prostration inquiétante. Suivant l'avis de Manon, elle n'avait pas assisté au procès, elle n'aurait pu soutenir une telle tension. Dans la chambre qu'elle occupait avec sa fille, où lui parvenaient les échos de la fête, elle priait, attendant que Manon lui fasse signe de descendre. Elle essayait de se composer une attitude, de réprimer les tremblements qui la faisaient frissonner de tout son être, de masquer la rougeur de ses joues. Réjean était là, à quelques pas d'elle seulement – mais Quentin et Louise Marie Garance aussi, dont elle avait reconnu les voix. Saurait-elle se contenir pour ne pas éveiller le soupçon chez son tuteur et chez cette femme sèche et hautaine, qui avait si mal remplacé Marie-Angélique et fait le vide autour de Quentin ?

Marguerite trépignait, impatiente d'aller s'amuser avec les enfants dont elle entendait les cris et les rires. Elle finit par échapper à sa mère et dégringola l'escalier sans qu'Anne puisse la retenir. En déboulant dans la grande salle, elle se retrouva nez à nez avec Madeleine. Il ne fallait pas être grand clerc pour remarquer la troublante ressemblance entre les deux filles : même chevelure brune, même teint légèrement hâlé piqueté de taches de rousseur, même air décidé et espiègle. Seule la couleur des prunelles les différenciait, noire chez l'une, vert ambré chez l'autre. Elles-mêmes en furent tout interdites, chacune croyant voir son double.

Les conversations s'étaient arrêtées. Manon lançait des signaux désespérés en direction de Madame Morin, cherchant un vain secours auprès de la matrone pour qu'elle l'aide à rompre ce terrible silence. Comme s'il venait de recevoir un coup de poing, Réjean vacillait contre le pilier de la fournaise. Les yeux de Quentin s'étaient rétrécis et avaient pris ce bleu glacial qui marquait chez lui un profond bouleversement.

C'est alors qu'Anne fit son entrée dans la pièce. Elle vit aussitôt les deux fillettes côte à côte et saisit le regard sans équivoque que Quentin portait sur elles. Il avait compris. Il était inutile de nier. Après un instant d'hésitation, comme si elle voulait se donner un dernier sursis pour rassembler tout son courage, elle se précipita à genoux aux pieds de son beau-père et leva vers lui un visage suppliant. Mais Réjean ne lui laissa pas le temps de parler :

« J'suis l'seul coupable, j'suis qu'un misérable ! lança-t-il, hors de lui, à Quentin. Fait'd'moi c'que vous voudrez, mais la blâmez point. C'est qu'j'l'aimais trop pour la laisser à un aut' ! C'est qu'j'l'aime trop. Vous pouvez point comprendre. »

Oh que si ! Quentin pouvait comprendre, et son regard avait retrouvé sa transparence d'opale quand il releva Anne et l'embrassa doucement sur le front. Lui aussi, il avait éprouvé cette passion qui fond sur l'homme comme un ouragan et balaie tout sur son passage. Marie-Angélique avait voulu marier sa pupille à Odilon, faisant fi des sentiments qu'éprouvait la jeune fille. C'était un vœu noble devant lequel il s'était incliné, mais le cœur a ses raisons que la raison ne connaît pas. Ces deux-là s'aimaient depuis toujours, et Marguerite était née de cette fusion qui avait défié les années. C'était l'expression du destin, d'une volonté qui les dépassait tous.

« Voilà au moins qui est clair ! Je savais bien que cette petite ne pouvait être de votre sang... Vous voyez où conduit une trop grande faiblesse envers ces sauvages. » La voix acide de Louise Marie Garance résonna comme une viole désaccordée.

« Si elle n'est point de mon sang, du moins est-elle de mon cœur ! » repartit Quentin d'un ton cinglant. Laissant sa femme à sa rancœur, il prit la main d'Anne et celle de Réjean et les joignit avec ces mots empruntés à l'imagerie poétique des sauvages :

« Il est temps de replanter l'arbre qui est tombé. Que le Seigneur vous accorde d'être enfin heureux, et puisse-t-il me pardonner mon aveuglement. »

Les acclamations et les bravos qui accueillirent ces paroles achevèrent d'ulcérer Louise Marie Garance, qui préféra se retirer. Manon la suivit des yeux avec mépris.

« Eh ben, qu'elle aille donc ressasser sa méchanceté ailleurs qu'dans ma maison, c'te feufie ! » s'écria-t-elle.

Puis elle s'empressa d'ajouter : « Sauf vôt' respect, sieur Quentin, mais ça m'porte trop s'ul cœur, j'peux point m'en empêcher ! »

Soudain, un bruit étrange tenant à la fois du borborygme et du grognement attira son attention. C'était Madame Morin qui sanglotait, le nez rouge, et sortait de son décolleté un mouchoir de batiste d'un blanc douteux dont elle se tamponna les joues.

« Ben donc, ma bonne, qu'est-c'est donc qui vous achale ?

– Ah, tout c'bonheur, c'est grande joie mais ça m'émotionne ! »

Manon éclata de rire :

« Mais c'est qu'ces deux-là vont pt'êt' ben s'marier avant vous !

– Dieu seul le sait », soupira Madame Morin avec un regard lourd de reproche vers maître Pharamond.

Les noces de Réjean et d'Anne eurent lieu dès que le délai nécessaire à la publication des bans le permit. La cérémonie fut simple, dénuée de tout apparat, dans la chapelle de Notre-Dame-de-Bon-Secours où Anne avait tant prié. C'est Quentin qui conduisit la promise jusqu'au pied de l'autel : il ne pouvait faire geste plus symbolique pour témoigner son attachement et son pardon. Louise Marie Garance, en revanche, boudait. Il avait bien fallu qu'elle accompagne son époux, sinon l'on aurait jasé, mais elle comptait prendre prétexte de la santé délicate de son fils pour s'éclipser dès après la bénédiction nuptiale. Quentin n'en avait cure : ils n'avaient plus rien à se dire et vivaient désormais sous le même toit comme deux étrangers.

Madame Morin, devenue décidément fort sentimentale, avait ressorti sa panoplie de mouchoirs et se mouchait avec vigueur entre les répons. Manon était radieuse. Seuls nuages à son bonheur : que Marie-Reine ne soit pas auprès d'eux, et que mère Marguerite s'en soit allée. Elle eût été fière, se dit Manon, en envoyant un baiser par la pensée à cette « mère » qui avait fait d'elle une vraie femme de Nouvelle-France.

Désormais, elle serait tout à fait comblée si elle pouvait rassembler ses enfants et petits-enfants autour d'elle comme elle se l'était promis. Il faudrait que cela ait lieu à Saint-Ignace, le berceau de « sa » famille – et sans trop tarder. Car malgré ses rondeurs et sa jovialité donnant à croire qu'elle avait encore toute son énergie débordante, Manon sentait bien que le temps grignotait ses forces. Elle avait des trous de mémoire, mélangeait les prénoms, laissait brûler ses rôts, s'essoufflait de plus en plus.

Sitôt après la noce, Télésphore, qui serait passé dans un trou de souris pour satisfaire les désirs de sa chère moitié, dépêcha donc des messages à Yvonne, Nicolas, Luc et Corentin qu'il chargea de joindre Mathieu et Benoît. Grâce aux relations du chef abénaki successeur de Mokwa avec un chef de bande etchemin qui faisait commerce avec un chef micmac, il tenta de prévenir Marie-Reine, car la goélette du capitaine Mélançon n'était pas réapparue dans le Saint-Laurent cette saison. Mais c'était bouteille à la mer : il n'eut aucune réponse. La jeune religieuse ne s'était pas manifestée depuis plusieurs mois. Il s'en inquiétait, car il avait appris que les Bostoniens harcelaient les villages acadiens. Mais il s'était gardé d'en parler à Manon, qui se serait rongé les sangs. Cette dernière restait donc persuadée que la rareté et la lenteur des liaisons maritimes et terrestres entre Port-Royal et Québec étaient seules responsables du retard de la missive envoyée chaque semestre par sa fille.

C'est alors que Quentin surprit tout le monde en annonçant qu'il retournait en France pour y finir ses jours. Comme dernier témoignage de cette amitié qui les avait liés pendant un demi-siècle, autant dire toute une vie, il demandait à Manon et à sa famille de l'accompagner jusqu'à Québec :

« Lorsque le navire lèvera l'ancre, ce sont vos visages et vos sourires que je veux emporter avec moi comme la dernière image de ce pays que j'ai tant aimé. »

Tous furent atterrés par cette décision dont Manon – tout comme Madame Morin – attribua la responsabilité à Louise Marie Garance, une « babine qui a toujours regretté sa moumoune patrie ». C'est d'ailleurs bien ce que croyait aussi cette dernière : en femme décidée et autoritaire, elle était persuadée d'avoir la haute main sur ce mari qui, du jour au lendemain, depuis le procès, était devenu un vieillard. Quentin n'avait plus de goût à rien, sinon à se remémorer les jours heureux qu'il avait connus auprès de Marie-Angélique, l'enfance d'Odilon, les jeux que son fils partageait avec Réjean et Petite Plume, ce temps où il construisait son bonheur aujourd'hui disparu.

Mais contrairement à ce qu'elle pensait, Louise Marie Garance n'était pour rien dans la décision de Quentin. La vraie raison en était la santé fragile de leur fils qui supportait de plus en plus mal la rudesse des longs hivers – et aussi l'annonce de la mort d'Albéric de Sommerville et de son épouse autrichienne, emportés par une épidémie de scarlatine. Par testament, Albéric confiait à Quentin la gérance du manoir et des terres de Sommerville et le nommait tuteur de Louise-Adélaïde, leur fille unique. Quentin n'avait qu'un très vague souvenir de cette enfant blonde qui avait accompagné ses parents lors de leur venue en Nouvelle-France. C'était dans de bien tristes circonstances. Marie-Angélique, sa bien-aimée Marie-Angélique se mourant lentement, ces retrouvailles entre le frère et la sœur avaient été l'une des rares joies qu'il ait pu encore lui offrir. A présent, il devait à sa mémoire d'exécuter les dernières volontés de son frère, de préserver cet héritage comme elle aurait voulu qu'il le fît.

Jusqu'à son remariage avec Louise Marie Garance, Quentin n'aurait jamais songé à quitter le Canada, Ville-Marie, son domaine ; il avait même ignoré les suppliques de son père qui l'avait maintes fois conjuré de revenir prendre sa place et son rang au château de Thal. Odilon eût-il été encore vivant, tout eût sans doute été différent. Il ne se serait peut-être même pas remarié avec cette femme froide et pétrie de préjugés, qui lui avait donné ce second héritier si différent de lui ;

Les Canadiennes

il aurait coulé une vieillesse paisible aux Erables entouré de son fils, de sa bru et de leurs enfants. Mais le sort s'était acharné contre lui : il avait perdu Marie-Angélique, puis Odilon, il avait souffert dans son cœur et dans sa chair, il avait connu l'injustice et le remords. Maintenant, à soixante-cinq ans passés, il n'aspirait plus qu'à être enseveli dans la terre de ses ancêtres.

Avant de partir, il mit ses affaires en ordre et fit ce qu'il croyait être juste, bravant l'indignation de Louise Marie Garance : il fit donation des Erables à Anne et Réjean. Maître Pharamond reçut avec stupéfaction cette demande contraire au droit, car un fief noble, et c'était le cas de la seigneurie des Erables, ne pouvait revenir à une fille. Selon la coutume de Paris qui s'appliquait en Nouvelle-France, « femelles n'héritent point en fiefs avec les mâles en collatéral et le frère exclut la sœur dans la succession noble du frère décédé ». C'est à Jean-Baptiste qu'auraient dû revenir les Erables, tout comme le château et les terres de Thal à la mort de son père. Il fallut donc demander dérogation au roi lui-même. Se souvenant de l'œuvre pionnière de Paul Chomedey de Maisonneuve et ayant eu connaissance du rôle qu'avait joué auprès de lui Quentin de Thal des Saugeaies, Louis XIV donna son accord à cette requête si peu légale – à la condition, toutefois, qu'elle ne fasse pas jurisprudence.

Anne et Réjean accueillirent ce cadeau inestimable avec des larmes. Devant le manoir, Quentin leur remit la clef de bronze bénie par le successeur du père Léonard – qui reposait maintenant dans le petit cimetière moussu où il avait enseveli tant de ses paroissiens. Tous trois allèrent ensuite s'incliner sur la tombe de Marie-Angélique envahie d'un tapis de roses. Le fleuve avait cette même radiance dorée que le jour où Marie-Angélique était arrivée sur le *Saint-Pierre*.

« Eh bien mon ami, pressons, je vous prie ! »

En pelisse à capuchon bordé de renard gris – pour éviter que l'air marin ne gâte son teint –, la vicomtesse de Thal des Saugeaies s'impatientait. Ces adieux n'en finissaient pas. Qu'avait-elle à faire d'embrasser Manon, Anne, Marguerite et Madeleine, comme si elle avait un quelconque lien de parenté avec ces femmes du peuple ? Elle avait hâte d'être à bord du trois-mâts. Enfin, elle avait obtenu ce qu'elle voulait : rentrer en France, revenir parée du titre de vicomtesse, nantie d'un château, d'un domaine et de fourrures à faire se damner les dames de la Cour, elle l'orpheline de la Salpêtrière qui avait été contrainte à l'exil !

Le matelot en charge de la chaloupe fit signe au vicomte qu'il était grand temps d'embarquer.

« Que Dieu et le roi vous protègent, qu'ils protègent le Canada, dit Quentin en donnant l'accolade à Télésphore, puis à Réjean.

– Dieu nous aura en sa sainte garde, mais le roi, croyez-vous qu'y s' préoccupe de nous aut' et qu'y nous abandonnera point quand bon lui semblera, cause que sa politique elle a que faire du Canada ? » répondit Réjean, désabusé.

Quentin ne répondit pas, mais il se dit que cet homme dans la force de l'âge, qui était né dans ce pays et n'en connaissait point d'autre, n'avait pas tort : la colonie était trop éloignée des intrigues de Versailles pour ne pas servir un jour ou l'autre de monnaie d'échange aux intérêts supérieurs du royaume, comme l'avait déjà été Terre-Neuve.

Serrant le bras de son fils, Manon regarda les voiles carrées du trois-mâts se gonfler sous la risée et la coque s'incliner lentement, Manon songeait à sa fille. Elle avait la conviction que le message envoyé par Télésphore lui était parvenu et qu'elle la reverrait sous peu.

Elle avait raison.

« Y 'a une goélette qu'a j'té l'ancre devant l'île aux Basques ! La *Magdeleine* de Biscaye ! Peux-tu l'croire, ça ! Des Basques à l'île aux Basques ! Paraît qu'y z' ont été chassés d'la baie des Français par la flibuste anglaise, à c'que m'a raconté l'second. Un brave gars, Bixente qu'y s'appelle. J'ui ai dit d'venir à souper pour nous conter c't'affaire. »

Tout excité, Mathieu s'était empressé de rapporter l'événement à son aîné Corentin. C'est que les Basques ne venaient plus depuis des décennies chasser la baleine dans le Saint-Laurent. Mais les cétacés n'étaient pas épargnés pour autant, car les pêcheurs de la côte nord avaient pris la relève et l'hécatombe continuait de plus belle.

Le soir, à table, entre une cuillerée de soupe aux fèves et aux queues de violon et une lampée de bière de pruche, Bixente raconta aux frères l'attaque de Chipoudy et de Petikoudiak, expliquant comment ils n'avaient dû leur survie qu'à leur fuite dans le havre de Beaubassin. Bien qu'il fût un dur à cuire, il pleurait presque en avouant qu'il avait laissé sa promise, Emmeline, la sœur de celle-ci, Phémie, et leur institutrice, Marie-Reine, une sœur de la Congrégation de Notre-Dame. Il ignorait, hélas, ce qu'il était advenu d'elles.

« Marie-Reine ?! Ah, ça ! Mais c'est nôt' sœur ! » s'écrièrent en même temps Corentin, Mathieu et Benoît. A la curiosité qui les avait suspendus au récit de Bixente, succéda brusquement l'inquiétude. De longs mois, un hiver entier, puis encore un printemps étaient passés depuis cet événement... A présent, Corentin comprenait pourquoi Télésphore lui demandait de tout mettre en œuvre pour retrouver sa sœur. Dès la réception du message de son beau-père, il avait pris langue avec le sachem des Etchemins, espérant que l'appel ainsi transmis de bande en bande, de campement en campement, parviendrait jusqu'à Marie-Reine à travers la forêt. Il n'avait toujours pas de réponse.

Depuis ce jour, Bixente revenait chaque soir chez Corentin, en quête de nouvelles, attendant un miracle. Et le miracle se produisit ! Le chef des Etchemins rapporta que les trois femmes, ainsi qu'une quatrième du nom de Radegonde qui avait marié un guerrier micmac, avaient été recueillies par la tribu de Wopk, « lumière du matin ». Le sachem les avait conduites jusqu'à la baie des Chaleurs où elles s'étaient embarquées à bord d'une flûte qui remontait présentement le Mijeogun – le Saint-Laurent. Mathieu et Bixente prirent aussitôt la mer sur la goélette d'Elzéar Victor – qui ne se fit pas prier car il adorait les histoires d'amour – pour aller à leur rencontre. Et de fait, peu de temps après, les voiles latines du providentiel navire se découpaient sur le ciel laiteux au large de cap Chat. Non seulement les deux fiancés se retrouvèrent enfin, mais le taquin Cupidon, fidèle à sa réputation, décocha à cette occasion une de ses flèches à celui qui s'y attendait le moins : au premier coup d'œil, Mathieu Peltier tomba en amour avec Phémie Bonaventure.

C'est ainsi qu'à la lune des tombées, dans le flamboiement de l'érablière, Manon put réaliser son vœu : avoir toute sa couvée autour d'elle – et même un peu plus – à Saint-Ignace. La lignée des Peltier dit la Liberté s'était agrandie, et tout portait à croire que ces Canadiens n'avaient pas fini d'enraciner des générations dans ce pays que Dieu et le roi leur avaient remis en partage...

Epilogue

8 septembre 1760.

Les régiments sous les ordres du maréchal de Montcalm viennent d'être décimés sur les plaines d'Abraham. François-Gaston de Lévis, son commandant en second, ordonne de brûler les drapeaux « pour se soustraire à la dure condition de les remettre aux ennemis ». Après une ultime guerre qui aura duré sept ans, la sombre prédiction formulée par Réjean Peltier sur le quai de Québec en 1701 s'accomplit : le roi de France abandonne la colonie à l'appétit de ses ennemis anglais. C'en est fini de la Nouvelle-France. La faute, en grande partie, à Louis XIV qui déclencha la guerre de Succession d'Espagne en mettant le duc d'Anjou sur le trône espagnol, montant ainsi l'Europe entière contre la France. Du traité d'Utrecht en 1713, au « Grand Dérangement » – la déportation de quelque dix mille Acadiens en 1755 –, l'Angleterre a fait payer cher aux Canadiens français l'ivresse orgueilleuse du Roi-Soleil...

En ce triste jour de capitulation, deux vieilles dames se soutiennent mutuellement sur le sentier qui mène au cimetière de Saint-Ignace. Elles ont près de soixante-dix ans et se ressemblent comme au temps de leur jeunesse. Comme chaque soir, quand le couchant éclaire le promontoire qui s'avance sur le fleuve, Marguerite et Madeleine vont prier sur les tombes voisines où reposent, réunies dans l'éternité, Marie-Angélique de

Sommerville, Anne de Thal des Saugeaies et Manon Bidequin. Mais ce soir, alors que le buisson de roses mousseuses au-dessus de cette dernière demeure devrait déborder de fleurs parfumées, elles ne trouvent que des branches dénudées, et le sol jonché de pétales que le vent emporte vers le miroir du Saint-Laurent.

On dit – peut-être n'est-ce qu'une légende – que le rosier n'a jamais refleuri, mais que personne à Saint-Ignace n'a osé l'arracher.

Juillet 1967.
L'éminent visiteur a choisi de venir au Québec par le fleuve. C'est voulu, pensé. Il n'a pas embarqué sur n'importe quel navire, mais sur un croiseur antiaérien de la marine nationale, au nom chargé d'histoire : le *Colbert*. Tout le pays a pavoisé. De Québec à Montréal, le long du Saint-Laurent, sur ce Chemin du Roy aplani à la sueur des colons pour un monarque qui ne daigna jamais venir saluer le labeur de ses sujets, des centaines de drapeaux fleurdelisés s'agitent pour saluer le général de Gaulle. Trois cents ans après la défaite des plaines d'Abraham, ce président qui incarne la République de France vient réparer l'oubli de son royal prédécesseur. Du balcon de la mairie de Montréal, il prononce ces mots qui vont stupéfier le monde : « Vive le Québec... Vive le Québec libre !... Vive le Canada français ! »

L'ovation éclate, grossit, enfle, s'engouffre dans le boulevard Dorchester, escalade la façade de la basilique, grimpe la rue de La Montagne, redescend la rue Guy, atteint la rue Saint-Paul, puis la rue Notre-Dame, s'enroule autour des arches de métal du pont Jacques Cartier, elle gagne la Pointe à Callières, bondit, traverse le fleuve jusqu'à l'embouchure de la Yamaska.

Alors, des flots monte un murmure :
« Je me souviens... »

Remerciements

A mes enfants, à mes amis proches ou lointains par la distance et non par le cœur.

A tous ceux qui m'ont aidée de leurs conseils et m'ont accompagnée dans ce voyage imaginaire aux sources d'un pays qui m'est particulièrement cher :

Frédéric Lepeltier, Laurent, Sophie et Hugo Lepeltier; Irène Jarry; Evelyne Abitbol (Université Concordia-Montréal); Virginie Langlois (étudiante – Chicoutimi); Nelson Cazeils (chercheur-écrivain – Montréal); Yvonne Simard (Destination Québec); Raymond Barril (explorateur – Montréal); René Gros-Louis (trappeur huron – Réserve faunique des Laurentides); Normand Smith et Cyrille Sanchez (ambassade du Canada en France); Raymonde Litalien (historienne – ambassade du Canada en France); Viviane MacDonald Stewart, Bruce Bolton, Eileen Meillon (Fondation du musée de la Nouvelle-France, Fort Sainte-Hélène-Montréal); sœur Madeleine Juneau (Congrégation de Notre-Dame – Montréal); Luc et Mariette des Islets (Québec); le Centre culturel canadien à Paris; René Legère et la Société nationale des Acadiens (Moncton); Robert Pichette (écrivain, éditorialiste au *Globe and Mail* – Moncton); Gérald Leblanc (écrivain – Moncton); Augustin Saint-Laurent (Centre d'interprétation du fleuve et des vents – cap Chat); le musée des Ursulines à Québec; le musée de la Civilisation à Québec; le musée de Pointe-à-Callières (Montréal); le musée des Fourrures à Lachine; Parcs Canada; le Groupement de recherche sur les mammifères marins à Tadoussac; le Musée maritime du Québec – Les Islets; le musée des Migrations – Montmagny; la corporation des pilotes du bas Saint-Laurent; Le Québec maritime; la nation huronne (Lorretteville); la nation abénaki (Odanak); la nation micmac; la nation des Montagnais (Les Grandes Bergeronnes).

Lexique de termes anciens canadiens français et acadiens

Aboiteaux : marais asséchés, polder.
Abouetter : appâter un hameçon.
Achaler : importuner.
Affronteux : trompeur, effronté.
Affuculant : m'as-tu-vu (équivalent d'escareux).
Amancher (s') : s'habiller.
Amarrer : attacher.
Ancrer : se fixer sur un lieu de pêche.
Apichimon : équipement d'hiver.
Appareiller la terre : préparer la terre pour l'ensemencement.
Appareillé : habillé.
Apola (en) : rôti.
Arrachis : amas de racines.
Arrime : pile en longueur de morue sèche.
Astiné : obstiné.
Atalaiak : tour de guet utilisée par les pêcheurs basques pour repérer les bancs de cachalots.
Atoca : canneberge, sorte d'airelle.
Attrape : casier à homards.
Achaler : attiser, ennuyer.
Amancher : réparer, arranger, radouber.
Attisée : flambée.
Babiche : pas dégourdi, mollasson. Désigne aussi les lanières de peaux de chevreuil utilisées pour le treillis des raquettes.
Babin : hautain, pédant.
Bâdrant : qui veut en mettre plein la vue.
Bagoulard : qui parle beaucoup.
Baille : cuve à linge.

Les Canadiennes

Bannik : pain sans levain des sauvages, qui avait la particularité de se conserver longtemps. Le mot signifie littéralement « manger avec les doigts ».
Balestan : bateau de pêche à deux mâts.
Banc des seaux : banc où l'on posait les baquets d'eau claire à l'entrée de la maison.
Baragan : poireau sauvage.
Bardasseux : qui brasse du vent, qui fait de l'esbroufe.
Barrachois : lagune.
Baratton : baratte.
Barbette : faux à morue.
Bardocher : recouvrir un toit de plaques d'herbe.
Barrer : fermer à clé.
Basin : toile dont la chaîne est faite de fil de lin et la trame de coton.
Bassitagan : bouillon de canard garni de grains de tournesol et de riz sauvage.
Becquillon : lampe-écuelle en fer munie d'un bec.
Ben crère : comme de raison.
Blé d'Inde : maïs.
Bleuet : grosse myrtille. Désigne aussi les habitants de la région du Saguenay-Lac Saint-Jean, « capitale » Chicoutimi, berceau du mouvement indépendantiste québécois.
Bord : pièce. Le grand bord : pièce principale; le bord à dormir : chambre; passer de l'autre bord : passer à côté.
Bouchure : clôture.
Boudrier : varech.
Bourrer la face (se) : se remplir la panse.
Brimbale : perche utilisée pour tirer l'eau du puits.
Brocher un filet : mailler un filet.
Brodurer ou brocher : tricoter.
Burgau : gros bigorneau servant de porte-voix.
Butin : mobilier.
Buvard : ivrogne.
Cabane : lit clos.
Caderat : cachalot.
Cajeux : charrette grossièrement fabriquée avec des rondins.
Câlisse : pas fiable, sournois, trompeur.
Capot : gros manteau de campagne en forme de cape et taillé de manière qu'on puisse y enfouir la tête.
Catalogne : tapis fait à la main avec des guenilles.
Cauteleux : mauvais coucheur, perfide.

Ceinture fléchée : ceinture tissée de motifs de laines de couleurs vives en forme de flèche, attribut emprunté aux autochtones et adopté par les coureurs des bois.
Cenelles : fruits de l'aubépine.
Cerise à grappe : fruit du cormier.
Cerise de terre : amour en cage.
Chacotte : chicane, dispute.
Chacotter : ennuyer, tracasser.
Chasse-pinte : marmite.
Chavirer (v.t.) : renverser.
Chialeux : qui se plaint tout le temps (SYN. : lamenteux).
Chicoutaie : sorte de framboise sauvage de couleur orangée, au goût amer, utilisée comme condiment.
Chomer (ne pas) : avoir ses aises.
Chouenner : perdre son temps.
Cirouane : emplâtre.
Coquemard : bouilloire.
Coquillage du Saint-Esprit : scutelle ou dollar des sables.
Courir la galipote : courir les cabarets.
Coutange : dépense.
Croche : tordu, mal bâti.
Corcheton : serpe en forme de demi-lune, utilisée pour couper les légumes.
Dalle : tuyau de descente des eaux de pluie.
Déraper : lever l'ancre, déguerpir.
Dévirer (se) : se détourner.
Dressoir : buffet.
Droguet : toile bleue utilisée pour les tabliers.
Echapper : laisser tomber.
Epeurant : qui effraie.
Falot : petit fanal en fer-blanc de forme cylindrique, percé de petits trous et surmonté d'un couvercle conique.
Ferrandine : étoffe de soie tramée de laine ou de coton.
Folle avoine ou manomini : riz sauvage.
Forlaquer : mal se conduire.
Fourole : bonnet de laine généralement rouge (SYN. : tuque).
Fourgailler : brasser, remuer.
Frappe-d'abord : petite mouche noire provoquant de minuscules plaies urticantes.
Gabbno : bloc de granit noir en encorbellement.
Gadelle : petit fruit sauvage rouge avec lequel on faisait des gelées et du vin cuit.
Gadousier : vaurien, mauvais plaisant.

Gagne : bande, groupe.
Gaumine (se marier à la) : se marier sans le consentement des parents en se présentant devant le curé.
Gourgane : fève des marais.
Grande demande (la) : demande en mariage.
Gras-cuit : pain sans levain.
Gréer (se) : s'habiller pour partir.
Guidoune : sens premier : jeune fille ; puis : femme de petite vertu.
Hucher : crier après.
Jabomin : groseille sauvage.
Macher : meurtrir, contusionner.
Maganer : gâcher, abîmer.
Malécœureuse : dédaigneuse.
Maringouin : moustique.
Masco : cormier.
Massacrer : endommager, briser.
Martinet : petit chandelier plat à manche.
Mataché : peinturluré, barbouillé.
Micouenne : cuillère en bois ou en écorce, louche.
Mitasses : hautes guêtres faites de peau de chevreuil ou d'orignal portées par les trappeurs.
Moqueux : moqueur.
Nichouette : benjamine.
Niquedouille : nigaud, bêta (équivalent de niaiseux).
Pansu : corpulent.
Picoté : grêlé.
Picotte : petite vérole.
Pigouiller : agacer, tripoter.
Piroune : oie.
Plaquebière : ronce.
Plas : plancher.
Plancher d'en haut : plafond.
Pomme de pré : airelle à gros fruit rouge.
Poulamon : petit poisson proche de l'éperlan.
Pourcil : dauphin ou cochon de mer.
Pow wow : cérémonie de fête amérindienne.
Radasse : colliers de porcelaine ou de perles en verre de Venise, utilisés pour le troc des fourrures avec les Amérindiens.
Râcheux : rugueux, âpre.
Ramancheux : rebouteux.
Ravauder : vagabonder, rôder.

Les Canadiennes

Relevée : après-midi.

Robes noires : expression employée par les Amérindiens pour désigner les missionnaires et plus particulièrement les Jésuites.

Sagamité : bouillie de maïs enrichie de graisse animale, plat de résistance des Amérindiens.

Sargaillonne : jeune fille coureuse.

Se ranger : rentrer chez soi.

Seuillon : seuil de la porte.

Sourge : pain levé.

Tapabord : chapeau plat en feutre à large bord porté par les hommes et dont on rabat le bord pour se protéger du vent et du froid.

Tête-croche : entêté, têtu.

Toboggan : traîneau plat, tiré à force d'homme, en écorce de bouleau dont la proue est roulée sur elle-même, utilisé par les trappeurs pour transporter leurs effets et le produit de leur chasse.

Tralée : ribambelle, bande.

Travouil : voiture traînante tirée par le cheval.

Trembleux : peureux.

Trimbaleux : terme péjoratif pour désigner les coureurs des bois.

Tripe de roche : sorte de mousse comestible, utilisée aussi pour faire des pansements.

Vaisseau : terrine.

Vigneaux : échafaudages sur lesquels on faisait sécher la morue.

Virée des chemins : là où se termine le sentier en forêt.

Voisin de ligne : fermier le plus proche.

Wampun : assemblage de coquillages porté en pectoral par les Amérindiens et chargé de pouvoirs spirituels et protecteurs ; objet de troc entre les nations amérindiennes. Offrir un wampun blanc était un gage de paix.

Chronologie *

1533	Premier voyage de Jacques Cartier qui découvre le golfe du Saint-Laurent.
1535	Deuxième voyage de Jacques Cartier, qui remonte le fleuve Saint-Laurent jusqu'à Hochelaga et nomme la colline où est implanté ce village huron « Mont-Royal ».
1598	Première tentative de colonisation française en Amérique du Nord par le sieur de La Roche sur l'île de Sable, au large de l'Acadie, qui échouera après cinq ans.
1604	Pierre Dugua de Mons, son lieutenant Samuel de Champlain et le sieur de Poutrincourt arrivent avec quatre-vingts hommes en Acadie. Ils s'établissent à l'île Sainte-Croix sur la rivière Saint-Jean durant l'hiver 1604-1605. Le scorbut tue près de la moitié des hommes.
1605	Samuel de Champlain décide de quitter l'île Sainte-Croix et d'établir la colonie à Port-Royal. Alliance entre les Français et les Micmacs.
1607	Devant les difficultés, les Français abandonnent l'Acadie.

---

* *Sources :* Chronologie de l'histoire du Québec
  pages.infinit.net/histoire/quebec
  Chronologie de l'Epoque moderne : le règne de Louix XIV.
  Membres.lycos.fr/chronologia/Chronologie/moderne.

Les Canadiennes

1608	Samuel de Champlain fonde la première « habitation » permanente sur la rive nord du Saint-Laurent au lieu-dit de Kébec (« là où les eaux se resserrent », en langue algonquine).
1609	Première attaque des Iroquois. Alliance des Français avec les Hurons.
1610	Le sieur de Poutrincourt revient en Acadie avec son fils Charles Biencourt, et Claude et Charles La Tour. Conversion au catholicisme du chef micmac Membertou.
1613	Attaques de Samuel Argall. Destruction totale de Port-Royal. Poutrincourt retourne en France. Son fils Charles demeure en Acadie avec les La Tour.
1618	Début de la guerre de Trente Ans.
1621	Sir William Alexander obtient de Jacques Ier, roi d'Angleterre, une charte pour fonder la « Nova Scotia » en Acadie française. Les territoires qui vont des côtes atlantiques à la Gaspésie sont rebaptisés « New Scotland ».
1628	William Alexander vient s'établir à Port-Royal avec soixante-dix colons écossais.
1629	Siège de Kébec par la flotte des frères Kirke et capitulation.
1632	Par le traité de Saint-Germain-en-Laye, l'Acadie est rendue à la France.
1635	Arrivée des premières familles de colons en Acadie à bord du *Saint-Jéhan*.
1642	Fondation de Ville-Marie (future Montréal) par Paul Chomedey de Maisonneuve.
1643	Naissance de Louis-Dieudonné XIV, roi de France et de Navarre. Régence d'Anne d'Autriche. Première attaque de Ville-Marie par les Iroquois.
1653	Paul Chomedey de Maisonneuve revient de France avec un contingent de cent engagés pour défendre Ville-Marie : c'est la Grande Recrue. Marguerite Bourgeoys, future fondatrice de la Congrégation séculière de Notre-Dame en Canada et première institutrice en ce pays, fait partie du voyage.
1654	Attaque de Sedgawick et prise de l'Acadie par les Anglais.

Les Canadiennes

1659   Marguerite Bourgeoys, revenue en France pour trouver des volontaires pour son œuvre, escorte les « premières », jeunes filles venues prendre mari en Nouvelle-France et dotées par la Société des Messieurs de Montréal (ordre des Sulpiciens). Arrivée à Kébec du vicaire apostolique, François de Laval.

1663   Arrivée du premier contingent de « Filles du Roy » – nom que leur donne Marguerite Bourgeoys, qui se charge de leur formation et de leur acclimatation. Dotées, à l'initiative de Colbert, ministre de la Marine et des colonies, sur la cassette royale, elles ont été recrutées par l'intermédiaire des institutions religieuses et regroupées à l'orphelinat de la Salpêtrière, jouxtant l'hospice du même nom, tenu par les Filles de La Charité.
La Nouvelle-France passe sous administration royale et est élevée au statut de province française.

1665   Colbert nomme Jean Talon intendant de la Nouvelle-France.
Débarquement du régiment de Carignan-Salières avec pour mission d'envahir l'Iroquoisie. Défaite des Iroquois.

1667   Par le traité de Breda, l'Angleterre restitue l'Acadie à la France. Période d'expansion de la colonisation en dehors de Port-Royal. Installation de seigneuries et de fermes à Beaubassin, Cobéquid, Pisiguid, Chipoudy, Petikoudiak.

1672   Départ de Jean Talon.
Louis de Buade, comte de Frontenac, devient gouverneur de la Nouvelle-France.

1673   Arrivée du dernier contingent de « Filles du Roy ». Au total quelque huit cents jeunes femmes ont ainsi émigré en Nouvelle-France.
Expédition de Louis Jolliet et du révérend père Marquette pour découvrir la « Grande Rivière », le Mississippi.

1674   François de Laval devient le premier évêque de Nouvelle-France.

1676   L'abbé Petit fonde la première école acadienne à Port-Royal.

1682	Rappel de Frontenac en France. La Barre nommé gouverneur de la Nouvelle-France.
1682	L'explorateur Cavelier de La Salle plante les armes royales sur la rive du Mississippi et donne à ce territoire le nom de « Louisiane ».
1683	Mort de Colbert. Son fils le Marquis de Seignelay lui succède au portefeuille de la Marine et des Colonies.
1685	Révocation de l'édit de Nantes. Début des « dragonnades » contre les protestants contraints à l'émigration. Le catholicisme devient religion d'Etat en France. Prémices d'une reprise des hostilités des Iroquois appuyés par les Anglais de Nouvelle-Angleterre. Brizay de Denonville remplace La Barre au poste de gouverneur de la Nouvelle-France.
1689	Massacre de Lachine. Rappel de Denonville et retour de Frontenac à Québec. Levée de l'armée et des milices canadiennes pour combattre les Iroquois.
1689-1697	Guerre de la ligue d'Augsbourg opposant la France à l'Allemagne, l'Angleterre, la Hollande, l'Espagne et la Suède. Première crise financière due à la guerre.
1690	Tentative d'invasion de la Nouvelle-France par les Anglais. L'amiral Phips, commandant la flotte anglaise, s'empare de Port-Royal mais est défait devant Québec.
1691	Frontenac monte trois expéditions punitives contre les colonies de Nouvelle-Angleterre et contre les villages iroquois. Malgré ces succès, une guerre larvée se poursuit par l'intermédiaire des tribus amérindiennes. Les attaques iroquoises détruisent les villages et les fermes autour de l'île de Montréal. La colonie connaît une année de disette.
1697	La paix de Ryswick met fin à la guerre de la ligue d'Augsbourg. Bien que la France ait montré au cours de ce conflit sa supériorité militaire, Louis XIV accepte le *statu quo ante bellum*. Dans

	les colonies, l'Acadie redevient une nouvelle fois française.
1698	Mort du gouverneur de Frontenac à Québec. Louis-Hector de Callières, déjà gouverneur de Ville-Marie et de l'île de Montréal, lui succède au poste de gouverneur de la Nouvelle-France. Mort de Charles II d'Espagne.
1700	Callières ouvre des négociations avec les Iroquois. Marguerite Bourgeoys s'éteint à Ville-Marie à l'âge de quatre-vingts ans. Mort de Guillaume d'Orange, roi d'Angleterre. La reine Anne accède au trône. Le testament de Charles II désigne le duc Philippe d'Anjou, petit-fils de Louis XIV, pour lui succéder sur le trône d'Espagne sous le nom de Philippe V.
1701	Louis XIV, suivant les avis de son épouse morganatique Madame de Maintenon et de son grand argentier Pontchartrain, accepte le testament de Charles II plaçant un Bourbon sur le trône espagnol. Par ce geste, le roi de France renie les accords de partage passés précédemment avec l'Autriche et l'Angleterre. Vienne et Saint-James, redoutant une fusion des monarchies française et espagnole, déclenchent la guerre de Succession d'Espagne. La « Grande Paix » signée à Montréal entre les Français, la ligue des Cinq Feux et l'ensemble des nations amérindiennes des Grands Lacs et des Pays d'En Haut, met fin aux guerres iroquoises.
1710	Naissance du futur Louis XV.
1713	La guerre s'achève par le traité d'Utrecht, par lequel la France cède à l'Angleterre l'Acadie, Terre-Neuve et les territoires de la baie d'Hudson. George Ier, roi d'Angleterre, exige que les Acadiens prêtent à nouveau serment de neutralité en cas de nouveau conflit entre la France et l'Angleterre.
1715	Mort de Louis XIV.
1755	Début de la guerre de Sept Ans entre la France et l'Angleterre. Les Acadiens ayant refusé de prendre les armes contre les Français, les auto-

Les Canadiennes

rités anglaises décident de déporter la totalité de la population acadienne, soit dix mille personnes. Ce drame restera inscrit dans l'Histoire sous le terme de « Grand Dérangement ».

1763 Défaite de Montcalm face aux troupes anglaises sur les plaines d'Abraham devant Québec.

Par le traité de Paris qui met fin à la guerre de Sept Ans, la France abandonne la Nouvelle-France qui devient le Bas-Canada. C'est la fin du « régime français ».

Ville-Marie est désormais désigné sous le nom de « Mont-Royal » qui deviendra « Montréal ».

La quasi-totalité de la noblesse et des officiers rentrent en France. Seuls restent les colons, pour la plupart descendants des « Filles du Roy ».

Bibliographie

Alain Beaulieu et Roland Viau, *La Grande Paix*, Libre Expression.

Jean Daigle, *Relations commerciales de l'Acadie avec le Massachusetts*, Université d'Ann Arbor – Michigan.

Paul Doucet, *Vie de nos ancêtres en Acadie* (sous la direction de) Ed. Acadie.

Jean-Marie Fonteneau, *Les Acadiens, citoyens de l'Atlantique*, Ed. Ouest-France.

Gilles Havard et Cécile Vidal, *Histoire de l'Amérique française*, Flammarion.

Léopold Lanctôt, *L'Acadie des origines*, Ed. du Fleuve.

Emile Lauvrière, *La Tragédie d'un peuple, histoire du peuple acadien de ses origines à nos jours*, Librairie Plon.

John Reid, *L'Encyclopédie du Canada*, Ed. internationales Alain Stanké.

Cécile Roland-Bouchard, *Le Pinereau*, Ed. Leméac.

Michel Roy, *L'Acadie des origines à nos jours*, Ed. Québec/Amérique.

Robert-Lionel Seguin, *Les Jouets anciens du Québec*, Ed. Leméac.

Robert-Lionel Seguin, *L'Injure en Nouvelle-France*, Ed. Leméac.

Robert-Lionel Seguin, *La Sorcellerie au Québec au 17e siècle*, Ed. Leméac.

Robert-Lionel Seguin, *La Vie libertine en Nouvelle-France*, Ed. Leméac.

Jacques Vanderlinden, *Se marier en Acadie française*, Ed. d'Acadie; chaire d'études acadiennes – université de Moncton.

John Webster, *Acadia at the end of the seventeenth century*, The New Brunswick Museum.

Les Canadiennes

Ethnologie québécoise

Le Souffle de l'esprit – coutumes et traditions des Indiens d'Amérique, Québec/Amérique.
Les Grands Traités de la France, Archives des Affaires étrangères xve-xxe siècle.
Les Oiseaux aquatiques du Québec et des Maritimes, Ed. Michel Quintin.
Bernard Assiniwi, *Cuisine amérindienne*, Ed. Leméac.
Frédéric Bastien, *Relations particulières*, Boréal.
Honoré Beaugrand, *La Chasse-galerie – Légendes canadiennes*, Fides.
Serge Bouchard, *Chroniques de chasse d'un Montagnais de Mingan*, Civilisation du Québec.
Marielle Boudreau et Melvin Gallant, *Cuisine traditionnelle en Acadie*, Ed. d'Acadie.
Edith Butler, *Acadie sans frontières*, Ed. Leméac.
Pierre Carle et J.-L. Minel, *L'Homme et l'hiver en Nouvelle-France*, Cahiers du Québec/Heurtebise.
Nelson Cazeils, *Dix siècles de pêche à la baleine*, Ed. Ouest-France.
Nelson Cazeils, *Les Femmes et la mer*, Ed. Ouest-France.
Nelson Cazeils, *Monstres marins*, Ed. Ouest-France.
François-Xavier de Charlevoix, *Histoire et description générale de la Nouvelle-France*.
Cécile Chevrier, *Acadie, esquisse d'un parcours*, Société nationale de l'Acadie.
Léo-Paul Desrosiers, *Iroquoisie*, Septentrion.
Diéreville, *Relation du voyage à Port-Royal en Acadie*.
Jean-Claude Dupont, *Contes de bûcherons*, Ed. Quinze.
Jean-Claude Dupont, *Histoire populaire de l'Acadie*, Ed. Leméac.
Jean-Claude Dupont, *Légendes amérindiennes*, Ed. J.-C. Dupont.
Jean-Claude Dupont, *Légendes des campagnes*, Ed. J.-C. Dupont.
Jean-Marie Fonteneau, *Les Acadiens, citoyens de l'Atlantique*, Ed. Ouest-France.
Georges-Hébert Germain, *Les Coureurs des bois, la saga des Indiens blancs*, France Loisirs.
Thomas Edmond Giroux, *Le Jour de l'Indien*.
Régine Hubert-Robert, *L'Épopée de la fourrure*, Ed. de l'Arbre.
André Lachance, *Vivre, aimer et mourir en Nouvelle-France*, Libre Expression.
Jacques Lacoursière, *Histoire populaire du Québec*, Septentrion.

Les Canadiennes

Thérèse Lambert, *Marguerite Bourgeoys éducatrice*, C.N.D., Bellarmin.
Gustave Lanctôt, *Histoire du Canada*, Librairie Beauchemin.
Sébastien Lapaque, *Lettres de Madame de Sévigné*, choisies et présentées par Anthologie Librio.
Raymonde Litalien, *Les Explorateurs de l'Amérique du Nord 1492-1795*, Septentrion/Klincksieck.
Geneviève Massignon, *Trésors de la chanson populaire française recueillis en Acadie*, Bibliothèque nationale de France.
Robert Pichette, *Les Religieuses pionnières en Acadie*, Ed. Michel Henry.
Bernard Pingaud, *Madame de La Fayette par elle-même*, Le Seuil.
Marcel Trudel, *La Nouvelle-France par les textes*, Cahiers du Québec.
Voltaire, *Le Siècle de Louis XIV*.

Cet ouvrage a été composé et imprimé par la
SOCIÉTÉ NOUVELLE FIRMIN-DIDOT
Mesnil-sur-l'Estrée
pour le compte des Éditions Plon
76, rue Bonaparte
Paris 6ᵉ
en avril 2005

Imprimé en France
Dépôt légal : avril 2005
N° d'édition : 13900 – N° d'impression : 72989